【改訂増補】

イラン現代史
—従属と抵抗の 100 年—

吉村慎太郎

有志舎

New Edition

A History of Modern Iran:

Struggle against Dependence in a Hundred Years

Written by Shintaro Yoshimura

© 2020 by Shintaro Yoshimura

ISBN 978-4-908672-39-2

Printed in Japan

はじめに——「イラン現代史」を学ぶにあたって

　「イラン」（原音では「イーラーン Iran」）と聞いて、どのような
イメージを持たれるだろうか。なかには、西隣の「イラク」（「イ
ラーク 'Iraq」）と混同する人もあるかもしれない。イラクが第一次
世界大戦後に、英国の植民地政策の延長線上でオスマン帝国（1299
–1922）から切り取られ産声をあげたアラブの国であるのに対し、
イランの場合には「ペルシァ」として知られた国の長い歴史と伝統
ある文化を引継ぎ、アラビア語ではなく、ペルシァ語を公用語にし
ている国であるといえば、理解し易いかもしれない。
　ところで、もともと「ペルシァ」という呼称は、紀元前 6 世紀に
東はパンジャーブ地方から、西はエジプト方面まで、また南はアラ
ビア半島の一部から北は黒海北岸まで広く支配を及ぼしていたアケ
メネス朝（B.C. 550-331）の脅威にさらされた古代ギリシャが、同
王朝の行政・文化の中心地ファールス（Fars）地方を、「ペルシス
Persis」と呼んでいたことに由来する。それがヨーロッパ諸語に入
り、一般に「ペルシァ」と呼ばれるようになった。それから、5 世
紀後に同じファールス地方に成立したサーサーン朝（224-651）に
もこの名称が付された。しかし、興味深いのはこの呼称が以来、政
治の中心がファールスでなくとも、その後イランに成立する諸王朝
に用いられ続けてきたことである。
　たとえば、18 世紀末に興ったガージャール朝（1796-1925）を例
にとれば、その創設者アーガー・モハンマド・シャー（1742-97）

は、もとはカスピ海南東岸のゴルガーン地方のトルコ系ガージャール族出身である。そして、初めて首都を現在のテヘランに移したこの王朝についても「ガージャール朝ペルシャ」と呼ぶことが多い。「ペルシャ」という呼称は、古代ギリシャ以来ヨーロッパ世界から用いられ続けた国際的通名である。つまり、それはイラン内部の政治的変化、時代、地域、さらに民族的な違いを超え呼び慣らされてきた呼称であるといえる。

　しかし、1935年3月22日（イラン・イスラーム暦1314年1月1日）に、「アーリア人」を意味する「アイルヤー Ayrya」から派生した「イラン」が、それに代わる国名として時のパフラヴィー王朝（1925-79）により正式採用された。ただ、ここで誤解を避けるために付言すれば、この国名が1935年以前も国内的に用いられていたことは、先のガージャール朝時代に発行された通貨に、「シャーハンシャーヘ・イーラーン（イランの諸王の中の王）」と刻印されていることからも分かる。それゆえ、1935年の決定は、国際的通名（「ペルシャ」）を、自称の「イラン」に変更したに過ぎない。

　それはともあれ、本書の課題は、こうしたイランという国家の広く「現代史」の流れを検討することにある。その場合、その「現代史」がいつから始まったと考えるかを問われるかもしれない。それに関して諸説はあろう。だが、ここでは今、眼前にある現代イランの理解のために、歴史的に遡及すべき最低限の時代区分として、あえて「近現代史」とはせずに、「現代史」という言葉を用いたと考えてもらいたい。

　これと関連し、副題の「従属と抵抗の100年」も、説明が必要である。たとえば、イラン民族運動の金字塔として理解される立憲革命（1905-11）の終焉から、すでに100年以上が経過した。本書は

特に、この立憲革命以来の「従属と抵抗」の現代史を読み解こうとするのだが、もちろんその革命をひとつとっても、これに先立つ19世紀以来のイランの政治社会や国際政治への検討抜きには語れない。つまり、この100年以上もの「従属と抵抗」の背景と歴史的条件を知るためにこそ、先行する19世紀という時代への目配りも必要であると理解していただきたい。

　これとともに強調すべきは、挫折や修正を余儀なくされ、また運動の方向性を大きく歪められたにせよ、イラン現代史とは「従属と抵抗」に彩られた歴史であることにある。その点は、79年イラン（・イスラーム）革命から現在に至るまで続くひとつの重要な特徴として見ることができる。そして、立憲革命も、1950年代初頭の石油国有化運動も、多くのイランに住む人々からすれば、遠い過去の出来事ではなく、現代に連なる身近な抵抗運動として息づいている。立憲革命や石油国有化運動に関する研究や史料が、この国で陸続して出版されるのもそれゆえである。

　本書は、常にこの国の歩みを左右してきた欧米列強の度重なる介入と支配、それを受容し、あるいは反発して形成されたイランの国家権力、それらに対する国民的抵抗運動の展開に焦点を当てながら、従属と抵抗の歴史を論述することに心掛けた。その歴史を通じて、この国に暮らす人々がいかなる理想を追求し、その実現に飽くなき努力を積み重ね、またその過程でいかなる制約と苦悩に直面してきたかを知ることができるであろう。

　すでに述べたように、かつて「ペルシァ」と呼ばれたイランのサーサーン朝期の美術品が、今から1200年以上前の奈良時代にシルクロードを通じて日本に渡来していた。漆胡瓶、白瑠璃碗、金銅八曲長杯、狩猟紋や花喰鳥の紋様など、その一部は御物として正倉

院に奉納されている。そして、第二次世界大戦後、日本は、イランをはじめとする中東諸国から石油・天然ガスを輸入し、戦後復興と高度経済成長を遂げてきた。この間歴史的に種々の交流が文化的にも重ねられ、現在も同様であることは指摘しなくてはならない。

　その意味で、イランは日本にとって遠い「異国」とばかりはいえないが、にもかかわらず日本においてイランの歴史的歩みへの理解が余りに皮相的であることも否めない。たとえば、1880年に明治政府からイランとの国交樹立の可能性を探る一環として、3カ月以上この国に滞在した吉田正春（外務省理事官）の旅行記（吉田正春『回疆探検　ペルシャの旅』中公文庫、1991年）にも、その点を見ることができる。ときに基本的な事実誤認や誤解・偏見も多い。それを100年以上前のことと笑うことはできない。「イスラム原理主義」国家という言葉を用いて、宗教に拘泥する政治的な後進性や脅威を強調する風潮がメディアを中心に根強いからである。

　ダイナミズムに溢れた歴史的個性と奥深さの理解を通して、石油に限らず、日本がいかにイランとの間で直接・間接に関係を持ち、歴史的課題を共有してきたかをうかがい知ることもできよう。これにより地理的にも、また精神的にも遠いと考えられがちなイランに親近感を持って、歴史的歩みを真摯に見据えることも可能ではないかと考えられる。

　以上のような素朴な願いを抱き、本書の初版は2011年に刊行された。それから10年近くがするなかで、イランとこの国をめぐる国際情勢にも重大な変化が目撃されている。そのため、本書は2011年度版を改訂しただけでなく、2001年から2019年末までの展開を詳細に記した第8章を増補したものである。これにより、イランが辿った歴史的変転をさらに理解して頂き易くなったように思

う。少しでもこのような意図を汲んで、本書を読み進めてもらえれ
ば、著者としてこれ以上の喜びはない。

＊　なお、固有名詞・地名について、本書ではすでに日本で定着しているもの
　は別にして、できる限り原音に忠実な表記を採用した。しかし、ペルシァ語
　とアラビア語のどちらの母音（前者は「a、e、o」、後者は「a、i、u」）を採
　用するかについて様々な意見もあり、混乱が生じる。とりあえず本書では、
　原則として近現代のシーア派とイラン関連ではペルシァ語、イスラーム全般
　に関わる際にアラビア語の読みに従って表記したことを付記しておきたい。

目　　次

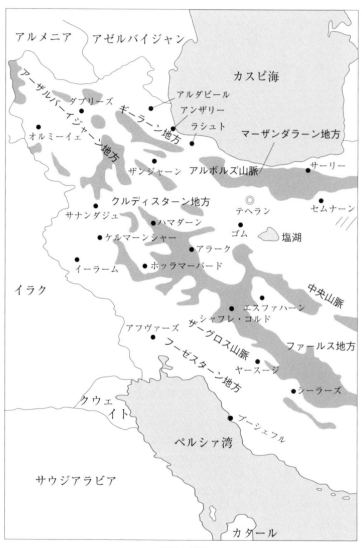

イラン全図

トルクメニスタン

ホラーサーン山脈

●ゴルガーン

ホラーサーン地方

●マシュハド

キャヴィール砂漠

アフガニスタン

ハームーン湖

●ヤズド

ルート砂漠

●ケルマーン

ファールス地方

●ザーヘダーン

バルーチスターン地方

バンダレ・アッバース
●

【図表・写真一覧】

イラン全図

序　論

「域内大国」イランの特異性

　イランの国土は、比較的高地にある。イラクとの国境沿いには
トルコのアララト山を基点としたザーグロス山脈がある。そこに
は、アーザルバーイジャーン地方から南部ペルシァ湾に向け、3,000
メートル級の山並みがおよそ 1,600 キロメートルに渡って連なって
いる。また、北のカスピ海の南には、東西 600 キロメートルに及ぶ
アルボルズ山脈が走っている。カスピ海とイラン高原を遮断する
かのようにそびえ立つその山並みは、3,600 メートル以上からなり、
なかでも高峰ダマーヴァンド（5,671 メートル）は富士山にも似た
左右対称の美しい雄姿を備えた山である。雪に覆われたアルボルズ
山脈を望めば、あたかもスイスにいるかのごとき景観が見られる。
さらに、イラン北東部にもアルボルズ山脈と接続する山並みがそび
え立つ。こうした山々が国土全体の半分を占め、その裾野の高原地
帯に多くの都市が形成されてきた。2016 年当時で 860 万人以上の
人口を擁する大都市テヘラン（テヘラン州全体では 1,500 万人以上）
もこうした都市のひとつであり、標高約 1,200 メートルの高地にあ
ることは知られている。

　このようなイランは、地図 1 に見るように、東はアフガニスタン
とパキスタン、北はカスピ海を挟んで東側はトルクメニスタン、西
側はアルメニアとアゼルバイジャン両共和国と、西ではトルコとイ
ラクと陸上で国境を接している。南はペルシァ湾とオマーン湾が広
がる。そして、北ではカスピ海でロシアとカザフスタンと領海で接

している。

　歴史的には東西文明の「十字路」と見なされる西アジアに位置したイランは、国際政治的側面から、中東諸国のひとつとして分類されることが多い。ここでは、イラン現代史の展開を理解するうえで重要と思われる中東におけるこの国の特異性を見ておきたい。

「中東」域内のなかのイラン

　「中東」とは周知のように、ヨーロッパ諸国が進出・支配の対象として設定し、極めて政治・戦略的意味合いを強く残した空間概念である。かつては、オスマン帝国（1299-1922）の版図と重なり、同じくヨーロッパから地理的に近い「東」を意味する「近東」という呼称も、さらにそれを東へと広げた地域概念として「中近東」（イランやアフガニスタン辺りまで）も使用されたが、現在ではこの中東という地域区分が国際連合やその他国際機関、そして日本の外務省でも一般的に用いられている。しかし、この空間内に含まれる国家と地理的広がりについては、かならずしも一様ではない。たとえば、国連では「中東・北アフリカ」というようにセットで用いる場合が多く、日本の外務省もそれに従っている。

　他方、日本の中東研究者の間では、若干の異同はあるものの、エジプト、リビア、アルジェリア、モロッコ、モーリタニアなど北アフリカ諸国を中東に含め、別扱いしてはいないが、いずれであれ政治的性格の濃厚なこの空間に、アラビア語、トルコ語、ペルシャ語の3大言語文化圏が含まれるという考え方に異論はなかろう。そして、イランはそのなかで言うまでもなく、ペルシャ語文化圏を代表する国である。

　ところが、「ペルシャ」という旧国名のせいで、イランは「ペル

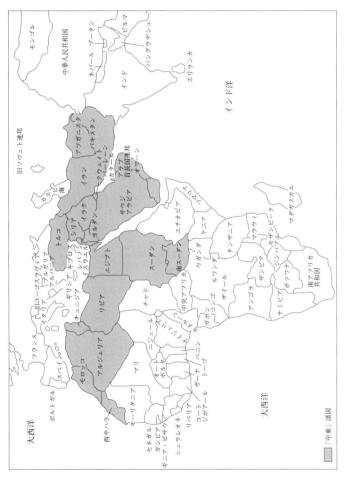

地図1 「中東」のなかのイラン

表1　イラン民族言語集団の総人口比（%）

民族集団	言語	宗教	%
ペルシァ系	ペルシァ語	シーア派	51%
アーザリー	アーザリー語	シーア派	26%
クルド	クルド語	スンナ派、一部シーア派	10.3%
バルーチ	バルーチー語	スンナ派	1.8%
ガシュガーイー	トルコ語方言	スンナ派	1.2%
トルクメン	トルコ語方言	スンナ派	1.5%
バフティヤーリー	バフティヤーリー語	シーア派	1.7%
ロル	ロル語	シーア派	1.5%
アルメニア	アルメニア語	キリスト教	0.8%
その他	?	?	4.2%

【出典】Patricia J. Higgins, Minority-State Relations in Contemporary Iran, in Ali Banuazizi and Myron Weiner (ed.), *The State, Religion, and Ethnic Politics*, Syracuse University Press, Syracuse,1988, p.178 より一部修正して作成.

シァ民族の国」としばしば誤解されがちである。しかし、現実はそうではない。もちろん、民族別の人口センサスが取られたことがないため、推定でしかないが、ペルシァ語を母語とするペルシァ系民族は、せいぜい50%前後と見られる。これに次ぐ民族集団はイラン北西部を中心に居住する、トルコ語を含むテュルク語系のアーザリー人である。また、イラクとトルコにも分断され、全体で2,000万人以上の人口規模を誇りながら、「祖国なき民」として知られるクルド人がイラン北西部クルディスターン地方に住んでいる。その他、表1にあるように、総人口比で2%に満たない多くの少数民族が挙げられる（併せて地図2参照）。

　このように見ていけば分かるように、イランはペルシァ系がようやく過半数に達するほどで、基本的には「多民族国家」である。そして、重要なことは上述の中東に見られる3言語文化を国内的に抱えていることである。さらに、アルメニア人、アッシリア人（ともに、キリスト教徒）のほか、サーサーン朝ペルシァ期に国教に定められ、「拝火教」としても知られるゾロアスター教の信徒、さらに

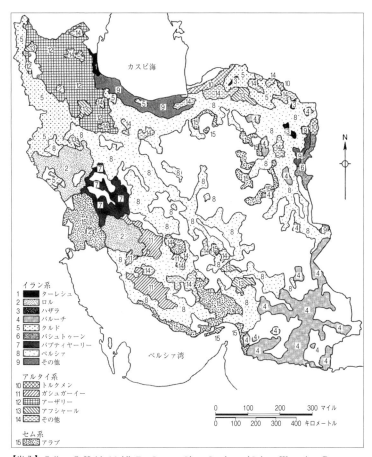

【出典】 Colbet C. Held, *Middle East Patterns: Places, Peoples, and Politics*, Westview Press, Boulder, San Francisco and London, 1989, p.374.

地図2 イラン国土と民族分布

極めて少数となっているユダヤ教徒（現在 1 万人弱）といった宗教的少数派集団（前二者の場合には民族集団でもある）を含め、イランは「多宗教宗派」の国でもある。

その点の理解をさらに推し進めれば、イランはこうした多様な民族や宗教宗派集団の存在から、東西南北の周辺世界と重なり合う国である。言い方を変えれば、イランの民族や宗教的問題は、周辺諸国の問題と相互にリンクせざるをえない側面を有している。歴代イラン政府が民族別センサスを発表せずに神経質であるのも、かかる現実への配慮、ないしは懸念を反映している。

こうした複雑な性格をまといながらも、イランは紛れもない中東地域に位置する大国である。その点はまず、この国がトルコ、エジプトと共に、現在 8,000 万人規模の人口を有していることに見ることもできる。また、国土面積は 164 万 8,195 平方キロメートル（日本の約 4.4 倍）に達し、サウジアラビアやアルジェリアなどよりは狭いが、トルコとエジプトのそれをはるかに凌ぐ広さである。

これらの指標以上に重要なのは、イランが域内諸国に先駆け、言わば時代をリードするかのごとき運動を歴史的に展開してきたことにある。詳細は後に譲るが、1950 年代初頭に、イランはモサッデグ首相指導下で、いずれの中東諸国にも先駆け石油資源の国有化運動を開始したが、それは数年後の G.A. ナーセル（1918-70）率いるエジプト政権によるスエズ運河国有化の決定はもとより、60 年代以降の中東産油国の自前の石油産出の試みを含めた資源ナショナリズムの風潮や運動へと連動していったことは否定できない。

また、「イスラーム」的反体制運動という性格を顕著にあらわし、紆余曲折を経ながら「イスラーム共和政」の樹立に結果した 79 年のイラン革命も、中東その他多くのムスリムの居住する国々でイス

ラーム政治運動が拡散していく重要な契機のひとつとなったと捉えられる。そして、2002年から国際的な関心の的（あるいは懸念材料）となっているイランの「核開発」問題も、石油天然資源が枯渇することを考えれば、いずれ石油・ガス産出国が近い将来辿るべき方向性を、この国がいち早く打ち出していると考えられる。

　さらに、イランが域内「大国」であることは、経済力の面からも指摘できる。たとえば、イランは世界で第三位の石油産出国であり、天然ガスと石油の確認埋蔵量の点でも第二位、あるいは第三位といわれている。そして、GDPは4,540億ドル（2019年世界銀行推定）であり、世界では27位にランクされている[1]。このGDP数値、あるいはランクを超える中東の国としては、トルコ（19位）とサウジアラビア（18位）があるので、イランは中東諸国内で第3位の位置を占めることになる。もちろん、こうしたGDPだけでは経済力の指標として不十分とはいえ、イラン革命前の国王（シャー）政権下で日本を凌ぐほど急速な勢いで経済発展を遂げた歴史もある。また、対イラク戦争（1980-88年）でも、イラン経済の懐の深さは実証されている。

　マンパワーの点でも、イランは特筆される。首都テヘランのエンゲラーブ通り（テヘラン大学南）に特に集中する書店街は必見であり、そこを歩けば、いかに教育と学問に熱心な国であるかを一目で実感する。確かに、石油・天然ガス収入への依存度の高さと経済的な低迷が続くものの、イランは教育への情熱にも溢れた若いマンパワーを備えており、その点で経済発展の可能性と潜在力は決して他の中東諸国にひけを取ることはない。

歴史のなかの「イラン人」

　ところで、極めて近現代的性格を持つ中東という概念が成立する以前から、歴史的に「イラン人」は種々の分野でその能力をいかんなく発揮してきた。それは、イランに住む多くの人々の誇りの源でもある。古代ギリシャを脅かしたアケメネス朝ペルシャ（B.C. 550-331）やサーサーン朝（224-651）の栄華もその点で指摘される。そして、サーサーン朝が滅び、ウマイヤ朝（661-750）によるアラブ支配から特にイスラーム期に移行するイランは、9～10世紀のイラン系地方諸王朝としてターヒル朝（821-91）、サッファール朝（861-1003）、サーマーン朝（873-909）などが成立したとはいえ、数多くの異民族支配王朝の下に置かれた。特に、11世紀から15世紀末にはガズナ朝（977-1187）、セルジューク朝（1038-1194）イル・ハーン朝（1256-1336）、ティムール朝（1370-1507）など、イランはトルコ系とトルコ・モンゴル系諸王朝の支配領域に組み込まれている。そうした異民族支配のなかにあって、多くの「イラン人」が軍人、官僚、政治家、文人・学者として、多大な足跡を残してきた。実際、その事例は枚挙に暇がない。

　その例として、アラブ支配王朝であったウマイヤ朝による非アラブ・ムスリムに対する差別に抗して、アッバース朝創設に向けてホラーサーンを拠点に活躍したアブー・ムスリム（?-755）は、奴隷身分のペルシャ系出身者であった。そして、成立したアッバース朝下ではイスラーム文化の学問分野での活動も活発化し、なかでもペルシャ系の書記官僚によって展開された「シュウービーヤ運動」というペルシャ文化運動も展開された。また、アラブ支配から脱却するイラン系サーマーン朝下では、「ペルシャ詩人の父」と呼ばれるルーダキー（?-940）やダキーキー（?-978年頃）を輩出する「ペ

ルシァ文芸復興」が発生している²⁾。また、この時代までに近世ペルシァ語(アラビア文字を用いたペルシァ語)も成立した。サーサーン朝崩壊後最初のペルシァ語文献が現れるまでの期間は、「沈黙の2世紀」と呼ばれるが、その後ペルシァ文化と伝統の復活・強化に関わる動きが活発化した。

なかでも、サーマーン朝期からイランの地を最初に支配したトルコ系ガズナ朝の支配期の文人として、フィルダウスィー(「フェルドウスィー」、934-1025)が挙げられる。彼の一大叙事詩『シャーナーメ(王書)』は、ペルシァ文学最大の傑作として広く「イラン人」に愛されている。また、天文学、数学をはじめ地理、薬学など多方面に渡る博学者ビールーニー(973-1050頃)、さらに欧米世界で「アヴィセンナ」として著名な哲学者・医学者イブン・スィーナー(980-1037)も同時代に活躍した

ガズナ朝を滅ぼし、ニーシャープールからホラーサーン一帯、さらに西進して支配領域を拡大したトルコ系セルジューク朝の繁栄期に、宰相を務めたニザームルムルク(1018〜20-92)も指摘しなくてはならない。彼は、軍事・行政のみならず、教育・文化面でも功績を残した。主要都市に建設された一群のマドラサ(神学校)は、彼の名を取って「ニザーミーヤ学院」と呼ばれた。また、彼の積極的な教育文化政策との関わりで、イスラーム法学者・神学者・神秘思想家として名高いガザーリー(1058-1111)に加え、ジャラーリー暦を考案した天文学者・数学者として、また広く『四行詩集(ルバイヤート)』の作者として知られるウマル・ハイヤーム(1048-1131)も挙げられる。ニザーミー(1140-1202?)、アンヴァリー(-1189?)、アッタール(1142?-1221?)といったそうそうたる詩人もセルジューク朝下で輩出された。

続くモンゴル支配期にも数多くの文人、政治家が活躍した。神秘主義思想分野でペルシア文学史上もっとも高名な詩人のひとりルミー（1207-73）や、ペルシア散文学の最高傑作に位置づけられる『薔薇園』を著したサアディー（1210?-92?）もこの時代に現れた。また、イル・ハーン朝期には、先に言及したイブン・スィーナーの六代目の弟子で、ペルシア語哲学用語の確立に功績を残しただけでなく、『イル・ハーン天文表』の編纂やその他数学・科学で多大な貢献を残すナースィルッディーン・トゥースィー（1201-74）がいる。また、宰相ラシードゥッディーン（1249/50-1318）は、ペルシア語による世界史（『集史』）を執筆した歴史家、医師としてだけでなく、同朝君主に政策提言を行う傍ら、図書館、病院、学校、天文台の建設に尽力した。さらに、ティムール朝下では、ゲーテの『西東詩集』の詩作に影響を与えたハーフィズ（1326?-90）はこの時代に名を馳せたペルシア抒情詩人である。

　以上挙げた以外にも、その類まれな業績から西洋世界にも知られた学者や詩人、政治家も数多く輩出してきた。ともあれ彼らを筆頭に歴史に名を残す人々の足跡は、現代の「イラン人」によって自らの祖先が残した重要な偉業と見なされ、また愛され続けている。

「多民族的」シーア派アイデンティティ

　イランは周知のごとく、「イスラーム国家」である。2016/17年（イラン・イスラーム暦1385年）統計の数値を挙げれば、総人口79,926,270人中、ムスリムは79,598,054人とされ、その比率は99.6％を占め、他の宗教的マイノリティを圧倒している[3]。これと同程度の比率でムスリムの多い国を中東域内で指摘すれば、サウジアラビア、イエメン、トルコ、リビア、モロッコが挙げられるが、

イランで支配的なイスラームは、世界のムスリム総人口（約13億人）の9割ほどを占める多数派のスンナ派（または、スンニー派）ではなく、少数派のシーア派である。

しばしば一枚岩的に捉えられがちだが、実際イスラームという宗教は、時に相互に対立的な内容を持つ種々の宗派や考え方からなり、端的に言えば「イスラーム＝イスラームズ（Islams）」と呼ぶに相応しい。そして、スンナ派の考え方も決して一通りではない。それゆえ、いちがいにスンナ派とシーア派を論じることさえ難しいが、とりあえず両派間で相違するひとつの側面を指摘すれば、スンナ派が神アッラー（創造主）と人間（被造物）の単純な垂直構造に基づき、預言者ムハンマド（570?-632）さえ人間と位置づけるなど、いっさいの偶像崇拝を禁止する性格が濃厚であるのに対して、シーア派の場合には明らかに異なる性格を有する。シーア派特有の「イマーム imam」崇拝がそこに関わっている。

詳細は省かざるをえないが、預言者ムハンマドの死後、アブー・バクル、ウマル、ウスマーン、アリーという4人が相次いでイスラーム共同体を指導する代理者、すなわち「カリフ（khalifa）」として正当に選出されたと、スンナ派では考える。彼らの統治期（632-661年）は「正統カリフ時代」と呼ばれる。そして、その後カリフ位はウマイヤ朝（661-750）からアッバース朝（749-1258）において世襲的に引き継がれた。また、コルドバで開かれた後ウマイヤ朝（756-1031）やオスマン帝国（1299-1922）でも、この称号は統治の正統性を示すために時に利用された。

しかし、シーア派では、カリフ位の委譲をいっさい認めず、あくまで上記の内で第四代カリフ・アリー（在位656-661）とその直系子孫こそが、正統な指導者であると主張される。そして、スンナ派

表 2　シーア派 12 イマームの系譜

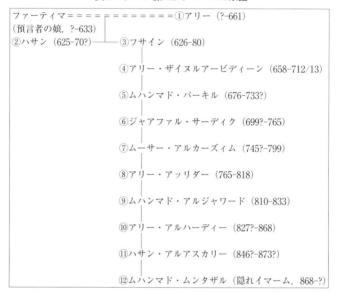

```
ファーティマ＝＝＝＝＝＝＝＝＝＝＝①アリー（?-661）
（預言者の娘，?-633）
②ハサン（625-70?）───③フサイン（626-80）

　　　　　　　　　　　④アリー・ザイヌルアービディーン（658-712/13）

　　　　　　　　　　　⑤ムハンマド・バーキル（676-733?）

　　　　　　　　　　　⑥ジャアファル・サーディク（699?-765）

　　　　　　　　　　　⑦ムーサー・アルカーズィム（745?-799）

　　　　　　　　　　　⑧アリー・アッリダー（765-818）

　　　　　　　　　　　⑨ムハンマド・アルジャワード（810-833）

　　　　　　　　　　　⑩アリー・アルハーディー（827?-868）

　　　　　　　　　　　⑪ハサン・アルアスカリー（846?-873?）

　　　　　　　　　　　⑫ムハンマド・ムンタザル（隠れイマーム，868-?）
```

＊生没年については諸説があり，確定できない部分も多いが，特に以下参照；
Moojan Momen, *An Introduction to Shi'i Islam*, Yale University Press, New Haven and London, 1985, pp.23-45, 161-171.

では集団礼拝の「導師」をもっぱら意味する「イマーム」が、シーア派でも同様の使い方はあるとしても、特にイスラーム共同体の正統かつ唯一の指導者の意味で用いられてきた。「コーラン」にまとめられた神の言葉を正しく理解できるのは、預言者の血を引く従弟であると同時に、預言者の娘（ファーティマ）を娶ったアリー以外にないと、シーア派ではみなされている。そして、アリーが非業の最期を遂げた後は、その息子ハサンとフサイン兄弟へ、さらにその後はフサインの子孫へと、イマームの権能は引き継がれたと考える。無謬な「イマーム」への崇拝を特徴とするシーア派とは、「アリー派」（Shi'a 'Ali）を意味し、「党派」や「一党」を指す「シーア」

という言葉のみが、同派を指すものとして一般的に使われている。

このように預言者の政治的指導面での後継者選出をめぐって成立したシーア派も、また歴史的には「5イマーム派」と呼ばれるザイド派や「7イマーム派」というイスマーイール派などに分かれるが、それらについて割愛するとして、そのなかで主流派に当たる「12イマーム派」(al-Ithna 'Ashariya) が現在イランで支配的なシーア派である。これは、アリー以来12人の歴代イマームと彼らの統治の正統性を主張し、最後の第十二代ムハンマドが874年に地上から姿を隠した、すなわち「隠れ」状態に入り、いずれ「救世主」として再臨すると信じている宗派である。そのため、彼の名に「待たれる人」(Muntazar) という形容的な言葉も付け加え、「時代の主」(Saheb al-Zaman) との異名もある。

主に、バルーチ、トルクメン、さらに一部クルドとアラブ系を中心に8～9%のスンナ派を除けば、12イマーム・シーア派信徒がイラン総人口の90%前後を占めると推定される。隣国イラク（60%前後）とバハレーン（約55%）がイランに次ぐシーア派比率の多い国である。そして、1979年革命の達成後、シーア派系住民を少数でも抱えた湾岸諸国は、革命の飛び火を極度に警戒した。

ところで、シーア派が圧倒的多数を占めるこうした状況と、既述の多民族構成とはいかなる関係にあるのだろうか。それを考えるためには、シーア派が国教化されたサファヴィー朝成立（1501年）まで遡る必要がある。この国教化策は明らかに、西のオスマン帝国に対する「民心の統一」策の一環であった。その背景には、15世紀半ばにコンスタンチノープル占領によりビザンツ帝国（395-1453）を滅ぼしたトルコ系のスンナ派オスマン帝国が第九代スルタン・セリム1世（在位1512-20）下で、近接するメソポタミア地方

からエジプト、アラビア半島西部沿岸を支配領域に加えるなど、新興のサファヴィー朝にとって深刻な脅威であったからである。これに対して、領域内の多民族の支配下住民に一体的な帰属意識を扶植する必要性も生まれた。そのため、サファヴィー朝は王朝建設の母体となった神秘主義教団を解体し、レバノン方面から招聘したシーア派ウラマー（宗教学者）を庇護し、その政策のもとで帝国領内住民のシーア派改宗を推進した。

サファヴィー朝に先立つ4世紀以上前、カスピ海南岸地域からその後南部ファールスやイラク方面まで支配した12イマーム・シーア派を国教に定めたブワイフ朝（932-1062）が存在した。このことから、シーア派ムスリムが域内に居住していたことは推測される。しかし、オスマン帝国に対抗する窮余の一策として、こうした政策がなかったならば、恐らく現在ほど高いシーア派の人口比をイランに見ることはなかったかもしれない。

ともあれ、首都「エスファハーンは世界の半分」と称されたサファヴィー王朝の繁栄に終止符を打ったのは、オスマン帝国ではなく、東のアフガン族であった。1722年にアフガン族の侵入から14年後に、サファヴィー朝はあっけなく幕を閉じたからである。とって代わったアフシャール朝（1736-96）もしかし、王朝創設者ナーデル・シャー（1688-1747）が暗殺され、ホラーサーンの一地方政権と化した。そして、ガージャール朝（1796-1925）の成立まで、シーラーズを都にザンド朝（1751・65-94）が開かれるというように、国内王朝の短期的交替と混乱は18世紀に続いて起こっている。

だが、ここで重要なのは、ザンド朝を創設したキャリーム・ハーン（1701/02-79）が名目的にせよサファヴィー朝再興を謳ったことにある。多民族的社会イランの宗派的一体化とそれに基づく統治

の正統性をシーア派という少数宗派にこそ見出したからであろう。以上の点から、多民族国家イランに緩やかな「民族」連合的要素としてシーア派アイデンティティが加わったことの意味は決して小さくはない。

「イラン人」とは？

さて、これまで「イラン人」という場合、括弧付きで使用してきたことにお気付きだろうか。ペルシァであれ、イランであれ、それは基本的には国家を指すため、誤解をはらむ余地は少ない。だが、「イラン人」の場合にはそうはいかない。

とりあえずここで、イラン国籍者としての「イラン人」の類型を試みるだけでも、その性格が多様であることが分かる。たとえば、1）ペルシァ系民族に属し、シーア派ムスリムである者、2）ペルシァ系民族に属し、スンナ派ムスリムである者、3）ペルシァ系民族に属し、イスラーム以外の宗教を信奉する者、4）ペルシァ系民族に属さず、シーア派ムスリムである者、5）ペルシア系民族に属さず、スンナ派ムスリムである者、6）ペルシア系民族に属さず、イスラーム以外の宗教を信奉する者など。

50％前後のマジョリティを占める1）に対して、2）も極めて少数ながらいるに違いない。3）にはゾロアスター教徒やユダヤ教徒が含まれるであろう。4）にはアーザリーを中心に、アラブ、クルド（の一部）、トルクメンなどが挙げられる。そして、5）は主にクルドとバルーチなどから構成される。また、アルメニア人やアッシリア人は6）に分類される。しかし、これはそれぞれの諸個人が抱く帰属意識（アイデンティティ）の問題にまで深く立ち入るものではなく、言語／民族／宗教に属することを前提にした分類に過ぎ

ない。たとえば、1）であっても、シーア派ムスリムであることにまったくアイデンティティを持たない者も当然いる。特に、今日では宗教への無関心や嫌悪さえ抱く若者が増加傾向にある。逆に、イラン国籍を有さず、海外に暮らし、両親の「イラン人」意識を受け継ぐ者の存在も無視できない。

　加えて、先に概観したような歴史を踏まえれば、さらに問題は複雑化し、果たして「イラン人」とは誰かを判断することはさらに困難となる。トルコ系（ギズィルバーシュ）出身のアフシャール朝やガージャール朝一族、さらにザンド朝キャリーム・ハーンの一族を含め、多民族性を保持するイラン社会の多くの構成員（非ペルシァ系）は、果たして「イラン人」であったと言えるのか、あるいは彼らを「異民族」と呼ぶかどうかなど。彼らはそれ以前にイランを支配したアラブ、トルコ、そしてモンゴルという「異民族」と、どう異なる存在であったと考えるべきかといった問題も浮上する。

　もちろん、ここで「イラン人」とは誰かという問いに、直ちに満足の行く回答を見出せない。しかし、これまで検討してきた諸点からいえば、「イラン人」とは幾つかの共有する歴史的・文化的基盤に支えられた人々の総称であるということはできる。具体的には、ペルシァ語とその文化、それに関わる歴史的な偉業を、自らの帰属意識や自負のなかで捉える人々という、緩やかな理解である。たとえ多数派のペルシァ系民族やシーア派に属さなくとも、イラン国家や社会のあり方や変化に左右される自己を発見し、またそれを自らと家族、そして地域コミュニティの問題の延長線上で捉える人々を指す見方である。外部者が「イラン人」であると見なすかどうかではなく、以上を踏まえて、自らが「イラン人」であるとの自己認識を持つ者を「イラン人」と見なす、ファジーな捉え方といってもよ

い。「運命共同体」的に自らの生活基盤として、イラン国家・社会を捉える主体的発想と条件こそが、「イラン人」が誰かを探る際に重視されるべき条件ではないかと考えられる。

　以上の観点に立てば、イランは単なる多民族国家（multi-ethnic state）ではない。確かに、多様かつ流動的でさえある帰属意識を有する集団的拠りどころとして、言語／民族／宗教が複雑に絡み、そこに諸個人内部の心的葛藤もつきまとってきたし、現在もそうである。としても、それら多様な民族集団が日常的に感じられる種々の相違や葛藤を度外視し、内外の支配権力への異議申し立てや挑戦というかたちで、イランの民族運動を形成してきたということはできる。顕著な例が、立憲革命や石油国有化運動、さらに1979年革命でもある。

　中東において、イランが域内大国化した背景には、民族間の分裂や対立に終始せず、ひとつの民族（国民）として結集してきた歴史も深く関わっている。その意味で19世紀以降の従属に対する抵抗の歴史は、ナショナルな「イラン人」という集団形成の模索と発展プロセスとしても理解されねばならない。

第1章

19世紀帝国主義時代下のイラン

　先にも記したように、サファヴィー朝の崩壊後、イランの国内情勢は混沌としていた。ザンド、アフシャール両王朝はともに短命であり、いっこうに安定した政治社会状況を確立することができずにいた。そうしたなかで、トルコ系ガージャール族を束ねた指導者アーガー・モハンマドが両王朝を打倒し、1796年にガージャール朝を興した。しかし、それはガージャール支配が必ずしもイランの隅々に及び、新秩序をもたらしたことを意味しない。むしろ、旧社会秩序の踏襲が顕著であり、そこに19世紀にイランに本格的な進出を開始する列強への従属化、それに対する次なる20世紀初頭の立憲革命（1905-11年）発生へと繋がる社会内部での動揺・反発、そして抵抗といった種々の基本的な条件を見出すことができる。それゆえ、ここではまず19世紀イラン社会、特に部族、農村、都市とガージャール朝政府との関係を概観したい。

ガージャール朝とイラン社会

　イランで容易に支配したいと望むなら、人々を空腹で文盲のままにしておくように努力せよ[1]。

　これは、アーガー・モハンマドが、甥でガージャール朝第二代国王に即位するファトフ・アリー・シャー（在位1797-1834）に残

した助言として、イランの高校の現代史のテキストにも掲載される言葉である。そこから、さぞかし苛烈な専制支配がイランでその後展開されたとのイメージも生れる。また、経緯は不明だが、ガージャール朝国王に冠せられた「諸王の中の王 Shahanshah」という称号も、国王がイラン社会に強大な権力を振るっていたかのような印象を抱かせる。だが、実際のところそうではなかった。

1891年当時で860万人という人口規模であったイラン社会は、都市と非都市社会に大きく分けて捉えられる。そのうち、前者はおおむね20%程度の人口を占めるに過ぎず、圧倒的に後者がイラン人口の大半を占めていた。20世紀のイラン政治史を著したゴドスは、その20世紀初頭段階で後者のうち、定住農民人口が55%、残る25%が部族民から構成されたと推定している[2]。もちろんセンサスなどはなく、詳細は不明だが、19世紀においてもそうした比率に大きな変化はなかったと考えられる。そのなかでも、ガージャール支配との観点から重要なのは、部族社会である。

前章の地図2に示したごとく、イランにはシャーセヴァン、クルド、ロル、バフティヤーリー、アラブ、ガシュガーイー、ハムセ、バルーチ、ハザラ、そしてトルクメンといった部族（イール, il）が居住している。今ではすっかり面影はないが、19世紀にはそれら諸部族は軍事的に割拠し、各地域で覇を唱える存在であった。そして、ガージャール族はそれらと比べ、決して大規模な部族集団であったわけではない。たとえば、部族というより民族集団と捉えた方がよいクルド（85万）、アラブ（45万）以外にも、30万人規模の部族集団であったとされるバフティヤーリーやガシュガーイー、その半分程度の集団規模のロルやママサーニーなども挙げられるが、ガージャール族はそれらと比べても、はるかに小規模な部族と

して指摘されるに過ぎない[3]。

　それでもガージャール朝政府がその後約130年に渡って存続しえたのは、これまで指摘されているところに従えば、巧みな「操作」による対部族政策によるところが大きい。もちろん上記の大規模な部族は、多くの支族（tileh、あるいは tayefeh）に分かれ、それぞれが支族長（kalantar、kadkhoda、rishdar）によって統括された。ガージャール朝はそうした支族間の対立や指導権争いを時に煽り、相互に敵対させた。それは部族内だけでなく、部族間の敵対関係の操作・介入にも見られた。興味深い例が、ハムセ部族の場合である。それは、ファールス地方において反ガージャール姿勢を示したガシュガーイー部族に対して、同じくこの部族によって脅かされた小規模な周辺5部族をひとつの部族に統合した政策の結果、成立した部族集団である。そして、それら部族と無関係な当時ファールス州総督ガヴァーモル・モルクを部族長（「イールハーン」）に任命し、彼のもとで統率が図られた。そして、ハムセ部族の結成によって、ガシュガーイーの脅威を相殺しようとした[4]。

　このように王朝に歯向かう部族に対する政策は巧妙を極めたが、一方でガージャール政府は敵対的ではない部族集団には、既存の部族長や支族長の権力温存を図り、自治を許した。加えて、協力的なそれら集団指導者には「イールハーン」や、それに準じる「イールベグ」という地位（と称号）を与え、各領域内での彼らの支配権を認めた。彼らには「トユール」と呼ばれる徴税権と一体となった下賜地も与えられた。この点で、先の「諸王の中の王」という称号も、対外的に正統性をアピールすると同時に、国内的には諸部族長の「第一人者」としての意味合いを込めたものと考えられる。

　農村に対する政策でも、上記と同様の性格が見て取れる。もちろ

ん、部族のすべてが遊牧部族ではなく、一部（たとえば、クルド）は定住農業に従事する農村社会の一部であり、また遊牧・半定住（半遊牧）部族であっても、その部族長が上記のトゥール保有者であれば、農村を支配する地主にほかならない。それゆえ、部族社会と農村社会の峻別は難しい。それはともかく、19 世紀に 1 万カ村を数えた農村でも、ガージャール政府は地主権力に介入しない基本政策を採用した。政府にとって重要なのは、トゥール保有者を含めた地主層から国家収入の 80％と推定された地税の徴収にこそあり、それに支障がない限り、地主権力のあり方に干渉することはなかった。

　彼ら地主層は部族長や支族長以外に、王族、官僚、商人出身者からなり、時に何十カ村も所有する大地主であった。したがって、不在地主の場合が圧倒的に多く、実際農村では地主名代（kadkhoda、kalantar）が各農村で組織される「ボネ」（boneh）と呼ばれる耕作農民チームを束ね、耕作や収益の配分を差配する役割を担った。ボネを構成する小作人は多くの場合、分益小作であった。それは、土地、水、種子、耕作牛、労働力のいずれを有するかで配分される収益が決定される形を取り、労働力のみを提供できる小作人には、収穫量の 5 分の 1 が与えられるのみであった。その反面、彼ら小作人は土地に縛り付けられず、生活と安全はある程度保証されていたという指摘もある [5]。といっても、その生活が豊かで、自由であったということはできず、それは当該農村の事情や時代状況によって大きく左右されたことは間違いない。たとえ困窮を強いられた生活を過ごしていても、農村はそれぞれに自給自足的で閉鎖的な社会であったから、他の村落農民と連携し、反地主闘争を展開するような条件に恵まれていなかった。

次に都市に眼を移せば、19世紀後半に20万人前後の規模の人口を有した首都テヘランや、それに準じる大都市で、州総督としての皇太子の赴任地となることが慣例化したタブリーズを例外に、その他王族・貴族が派遣された州都、さらに10万人に満たない中小都市でも、地主や富裕商人を中心とした地方名士の権力は強く、ガージャール政府はそうした権力を是認する政策を原則採用した。その点で、部族や農村社会に対する政策と大きな相違はない。ここでも、商人や職人からの徴税が重要であり、そのため有力者の地位を脅かすのではなく、彼らと癒着し、各都市の事情に合わせた政策が採用された。また、都市はおおむね幾つかの街区（mahalle）から構成され、街区長（kadkhoda）が政府派遣官吏との徴税上の折衝や他の街区との問題解決など、自らの街区の利益を保全する役割を担った。これは、他の街区の利益を犠牲にすることにも繋がった。それゆえ、都市も一枚岩であったわけではなく、街区居住住民間の競合と争いも発生し、また政治的に利用された。もっとも暴力的な例として、「ヘイダリー・ネマティー」というコミュナルな紛争も挙げられる。

　これについて不明な点も多いが、そもそも15世紀前半まで生きたふたりのイスラーム聖者、ソルターン・ミール・クトゥボッディーン・ヘイダルと、セイエド・シャー・ネマトッラー・ヴァリー（前者がシーア派、後者がスンナ派）の名に由来するという。そして、サファヴィー朝によるシーア派の国教化後、第五代国王アッバース1世（在位1588-1629）の治世に、彼らの支持者を分断・対立させることで、大衆蜂起の阻止を狙った政策が採用され、その結果こうしたふたつの集団が成立したといわれる[6]。その後、相互に悪口雑言を浴びせ合う両集団間の対立は、シーア派への改宗が進

んだ後も残存しただけでなく、むしろラシュト、アルダビール、デズフール、ヤズドなど多くの諸都市に、時にその集団名を伴いつつ拡散した。そこにコミュニティに対する為政者の対立操縦の結果を見ないわけにはいかない。特にイスラーム神聖月（ムハッラム月）祝祭日に流血の惨事が発生し、19世紀に入ってもそうした事態は続いた。だが、一方が他方を圧倒し、殲滅するには至らなかった。

　そうした対立的要素を抱えながらも、都市部では専制支配への抵抗基盤が商人層や同職組合（asnaf）所属の職人層を中心に形成されつつあったことにも注意を要する。彼らはザカート（救貧税）支払いや寄進、モスク建設の財政支援を通じ、宗教勢力との関係を緊密化した。また、商品流通に伴う情報交換から、政府による重税、干渉、その他横暴な支配に結束して立ち向かう自衛力を徐々に培いつつあった。後のタバコ・ボイコット運動（1891-92年）とそれに続く立憲革命で、彼らが積極的に運動参加し、政治的発言権を強めていったところに、農村と異なる自立的社会基盤形成の姿を見ることも可能であろう。

　以上のごとく、内部分裂と対立的様相は19世紀のイラン社会の特徴であり、ガージャール朝権力はそこでの地方権力や内部対立に依拠していた。そうであるからこそ、大規模な軍事力や官僚機構も有さずに済んだ。前者は部族軍に、後者は地方有力者層に依存し、最低限の高級官僚さえ抱えればよかった。ちなみに、ガージャール政府には当初歳入管理官（mostoufi）や徴兵官（lashkarnevis）がいた程度であり、19世紀後半には財政、外務、司法、内務、俸給・寄進を司る省庁が設けられるようになるが、それでも各省が多くの官吏のもとで運営されていたわけではない。その意味で、著名なイラン近現代史家アブラハミアンの指摘するように、テヘランやそ

の周辺に限ったところで成立していた「専制装置なき専制」こそ、ガージャール支配の特徴であった[7]。

宗教勢力の動向と構造的変化

ところで、「諸王の中の王」以外に、ガージャール朝国王が用いたもうひとつの称号として、「（地上における）神の影 Zell-allah」も挙げられる。イスラームの唯一神アッラーからの支配権委譲を意味する点で、「王権神授説」になぞらえた理解も可能だが、シーア派宗教勢力は先の部族集団と同様、19 世紀には王朝権力から半ば独立した社会的（時に政治的）存在であったことに注意する必要がある。この点も重要なので、その背景として 18 世紀以来宗教勢力が辿った一連の変化についても若干検討しておきたい。

すでに述べたように、サファヴィー朝によって国教として採用されたシーア派イスラームは、以来徐々にイラン社会に定着・浸透していった。しかし、同王朝が崩壊し、内乱の頻発と無秩序状態の蔓延を特徴とした 18 世紀を通じて、こうしたシーア派宗教勢力はそれまでのように国家の庇護に依存できない状況に直面した。なかでも、アフシャール朝の創設者ナーデル・シャーは、自らの支持者に多くのアフガン系スンナ派ムスリムを抱えていた事情に加え、広くスンナ派地域までの支配領域の拡大を目論み、シーア派宗教勢力の宗教的寄進地（ワクフ）さえ没収していた[8]。こうして、王朝が弾圧する側に回ったことで、多くのシーア派ウラマー（宗教学者）はイランから脱出した。

彼らウラマーが向かった先は、現在のイラクの首都バグダード周辺に位置するシーア派の四大聖地、すなわちカルバラー（第三代イマーム・フサインの殉教地）、ナジャフ（初代イマーム・アリーの

墓所）、カーズィマイン（第七代、第九代イマームの墓所）とサーマッラー（第十、第十一代イマームの墓所）である。以前よりシーア派ムスリムの巡礼地として、「アタバート」と総称されてきたそれら聖地は彼らの移住でいっそう発展を遂げた。その地に在住する高位のウラマーがイランの政治動向に直接影響されることがなくなったことは、ひとつの大きな変化と捉えられる。また、この地域の統治権者オスマン帝国がヨーロッパ列強の進出で弱体化し、介入の余力を持たなかったことも幸いした。

　ウラマーらのアタバート移住後、さらにそこでは一連の重要な変化が起こる。それはまず、預言者や歴代イマームの伝承の学問的な探究を重視し、立法解釈（ijtihad）に否定的な立場を取りつつ、聖地で支配的であったアフバール学派に対して、カルバラー在住のアーガー・ムハンマド・バーキル・ワヒード・ビフバハーニー（1704/05-91）がこれに異を唱え、彼らの破門・追放を通じて、自らが指導するウスール学派を勝利に導いたことにある[9]。ウスール学派の特徴的な主張は立法解釈の再開であり、その重要性は社会の変化に対応した法解釈の権限行使を通じて、以後宗教勢力と社会との関係が緊密化する条件となった。これとともに、19世紀のガージャール朝期にはピラミッド状の階層構造がウスール学派支配下の宗教界で徐々に形成されるという次なる変化へと繋がった。

　ここでいう階層構造とは、一定レベルの学識に達したウラマー、すなわちモジタヘド（立法解釈権能者）を権威ある対象に据え、それ以外の一般信徒を含むすべてのシーア派ムスリムがその判断に従うことを前提にしている。それゆえ、前者は「モガッラド moqallad（模倣される者）」、後者は「モガッレド moqalled（模倣する者）」と呼ばれる。この二分された階層のなかで、立法解釈権

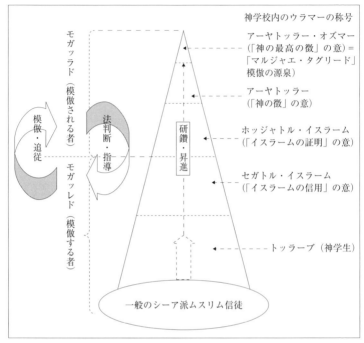

図1　シーア派の宗教的階層構造とマルジャエ・タグリード制度

を認められた者、すなわち「モジタヘド mojtahed」は、「ホッジャトル・イスラーム」という称号を持つウラマーであったが、モジタヘドの数的規模が大きくなるにつれて、後述するレザー・シャー期（1925-1941 年）には「アーヤトッラー」という称号も一般化し、そのなかで最高の権威者にアーヤトッラー・オズマー（「大アーヤトッラー」）という称号が与えられるようにもなる。そして、図1に示した階層構造が今日では定着するようになった。つまり、全体として「マルジャエ・タグリード」（marja'-e taqlid、「模倣の源泉」）制度と呼ばれる制度・慣行の祖形は、この 19 世紀半ばまでに成立

したのであり、1979年革命において「大アーヤトッラー」のムーサヴィー・ホメイニーが革命指導者の地位を確立しえたのも、ひとつにこうした階層構造に基づいていた。

　ところで、政治権力が及ばない地域の宗教権威を筆頭とするウラマーは、「隠れ」状態の第十二代イマームが再臨し、その後彼が行う統治にのみ合法的な正統性を見出していた。その点で、「神の影」という称号を用い、自己の権力の正統化を図ろうとしたガージャール朝権力にとって、シーア派宗教勢力が厄介な存在であったことに間違いはないが、ここでもガージャール朝はそうした半独立的な宗教勢力を直接従属させるのではなく、シーア派の「擁護者」として振る舞うことを忘れず対応した。彼らを特に司法分野に取り込み、その影響力を巧みに利用し、イスラーム的秩序を王朝支配の強化に役立てようとしたからである。他方、宗教勢力の側でも、そうしたガージャール朝に公然と抗うことはなかった。

　このような宗教勢力を含め、社会の側の既存の有力者層とガージャール朝との間の「もたれ合い」政治はしかし、徐々に空洞化していく。そうした傾向の触媒となったのが、19世紀初頭から開始されるヨーロッパ列強の対イラン進出と支配であった。

19世紀前半の英・露進出とイランの従属化

　さて、イランはなぜヨーロッパ列強の進出を受けるようになったのだろうか。もちろん、そこには、イランに限らず、広くアジア・アフリカでの植民地支配による富の収奪というヨーロッパ列強の側の欲望が絡んでいる。しかし、イランの場合、当初からその対象ではなかった。むしろ、プラッスィーの戦い（1757年）で、ベンガル土侯とフランスの連合軍を打ち破り、着々とインド植民地化を

進めた英国に対し、他のヨーロッパ列強が東方進出を目論み、インド奪取を目指す際、イランはそのルート上に位置する点で重視された。その先頭を切ったのがフランスである。1798年のナポレオン率いるフランス軍のエジプト侵略・占領もかかる目的を見据え実施されたことは知られている。イランも、インド進出のまずは橋頭堡として着目されていた。

この点から、まずはガージャール朝期に入って、動いたのは英国であり、1800年にジョン・マルコムを団長に使節団が派遣され、対イラン支援を申し出た。そこには他に先駆け、インド防衛の前線にイランを位置づけようとする英国の思惑がある。しかし、1803年にザカフカース（コーカサス山脈南）領有をめぐって発生したロシアとの戦い（第一次イラン・ロシア戦争）で、英国からの支援を得る希望を失ったイランに、フランスが接近した。1807年にガルダンヌ将軍率いる軍事使節団がテヘランに派遣され、「フィンケンシュタイン条約」が同年末に締結された。これによって、イランの軍政改革への支援を約束したフランスは、しかし、その半年前にロシア（とプロイセン）との間で、「チルジット平和条約」を締結しており、そうした事情は両国関係にも影響した。そして、英国の圧力を受けたイランは対仏関係よりも外交攻勢を強めた対英関係を優先することになる。

変転する国際関係に翻弄されるイランの姿をここに見ることはできるが、それはほんの始まりに過ぎなかった。上述の戦争で勝利したロシアが1813年締結の「ゴレスターン条約」で、ザカフカースのグルジア、カラー・バーグ、ギャンジャ、バクーとターレシュ一部を併合したことを受け、危機感を募らせたイギリスが数度に渡って使節団を派遣し、1814年に締結された「英・イラン防衛同盟条

約」によって、イランはヨーロッパ列強間の熾烈な勢力争いの渦に
巻き込まれていくからである[10]。確かにこの条約では英国に敵対
的なヨーロッパ諸国との同盟の無効化と引き換えに、イランがそう
した国々からの侵入を受けた場合、英国が軍派遣を含む軍事支援や
補助金支払いを約束した「同盟」的な性格が打ち出されていた。し
かしその一方で第三条では「イラン・ロシア両国間の領土上の境界
線は、イギリス、イラン、ロシアの承認」によるとして、国境線画
定問題でのロシアとの取引に将来的に介入する英国の意図が露骨に
示されていた。また、「イラン側からの侵略」で始まった戦争には、
英国に補助金支給の義務はなく（第四条）、それを判断するのは英
国であった。これに基づいて、実際第二次イラン・ロシア戦争（1826
-28年）では、英国はイランからの支援要求を拒否した。そして、
戦後英国は自国に不都合な条項を削除している。

　そうであれば、イランがもはや対等な「同盟」相手として英国に
頼ることができないことは火を見るよりも明らかであった。前回同
様に、第二次イラン・ロシア戦争で敗北を喫したイランはトルコマ
ンチャーイ条約（1828年）において、エレヴァンとナヒチェヴァ
ン地方を喪失し、賠償金500万トマーン（約250万ポンド）の支払
いにも同意を余儀なくされた。さらに、併せて調印された通商保障
協定では、ロシアからの輸入商品への5％従価税の採用、公用物資
の免税、イラン在住ロシア臣民の治外法権規定も盛り込まれた[11]。
これは、ヨーロッパ列強がその後イランと結ぶ不平等条約の雛形と
なり、イランの国際的な凋落はここに決定的となった。

　もちろん、こうした事態はイラン国内に反露感情を生み出した。
そして、1829年2月にトルコマンチャーイ条約の実施監督のため
にイランに派遣されたロシア軍人グリボエードフ使節団員34名の

殺害という悲惨な事件も発生した。ここに見られる国内的不満を和らげ、国際的地位の挽回を図ろうと、第三代国王に即位するモハンマド・シャー（在位 1834-48）は、父ファトフ・アリーの遺志を継ぎ、アフガニスタン遠征を強行した。1837 年に英領インドへの進出を目論むロシアの支持を得て実施されたそのヘラート包囲攻撃はしかし、ペルシャ湾での軍事行動さえ行う英国の政策に遭遇し、最終的に失敗に終わっている。

さらに、英国は従属的なアフガニスタン政府樹立を目指し、第一次アフガン戦争（1838-42 年）を実施した。しかし、そこで思わぬ敗北を喫した結果、英国の進出の矛先は国力衰退の著しいイランに集中的に向かうこととなった。そして、1841 年通商条約を通じて、英国も関税優遇措置や治外法権など、ロシアと同様の「最恵国」待遇を受ける権利をイランから獲得した。こうして、19 世紀前半に角逐を繰り返すヨーロッパ列強中心の国際政治に飲み込まれたイランは、列強による植民地化の危機に直面する。その結果、これに対する抵抗も様々な形で展開されている。

近代化政策と宗教的／民族的抵抗の始まり

第二代国王ファトフ・アリー・シャーには、息子 57 人（と娘 47人）がいたといわれる。そのなかで、誰よりも軍改革の必要性を痛感していたのは、アーザルバーイジャーン州総督で皇太子のアッバース・ミールザー（1789-1833）であった。彼は、2 度のロシア戦の最前線でイラン軍を指揮しながら結局のところ敗北を経験し、明らかに脆弱な自国の軍事力を思い知った。それゆえ、第一次ロシア戦争後から脱走した元ロシア兵や英仏出身の将校を雇い入れ改革に努めていた彼は、ヨーロッパ式の軍制改革に着手した。その結

果、1808/09 年に兵力 6,000 の歩兵隊兵力は 1831 年には倍増し、また砲兵隊（兵力 1,200）や騎馬連隊も備え、全体で 10 個大隊を擁するイラン軍が編成された。また、トルコマンチャーイ条約によってロシア国境の一部となったアラス川沿岸にはヨーロッパ式の築城を行い、さらに諸都市への官吏派遣によって、情報ネットワークを整備した[12]。

また、彼のイニシアチブで産業基盤の育成のための工場設立や、イランにとって初の試みとなるヨーロッパへの留学生派遣も実施された。自らもヨーロッパ史の理解を深め、タブリーズを「自国の西欧化の拠点」に変えようとさえした彼がしかし、肝臓病のためわずか 44 歳の若さで死去したことは、イランにとって大きな痛手となった。というのも、これによって富国強兵・殖産興業を目指すイランの改革は頓挫したからである。翌年父ファトフ・アリーも死去し、ガージャール朝王位はアッバース・ミールザーの息子モハンマド・シャーに受け継がれた。その統治末期から第四代ナーセロッディーン・シャー（在位 1848-96）の統治初期にかけて、支配層や宗教勢力を脅かす事態が発生した。世に知られた「バーブ教徒の反乱」がそれである。

反乱指導者セイエド・アリー・モハンマド（1819-50）は、第三代イマーム・フサインの血を引くシーラーズの商人（食料品商）家庭に生まれた。幼くして父を亡くした後は、後見人となった（母方の）叔父のもとでペルシア湾岸の港町ブーシェフルで商いの手伝いをするなど、彼はどこか預言者ムハンマドと類似した境遇にあった。そして、宗教に強い関心を示していたものの、マクタブ（私塾）での初歩的宗教教育しか受けていなかった彼は、20 歳になる頃、聖地カルバラーに 1 年ほど滞在した。シェイヒー派指導者セイエ

ド・カーズィム・ラシュティー（1798-1843）とのそこでの出会い
が彼の運命を変えた。シェイヒー派は、シャイフ・アフマド・アフ
サーイー（1753-1826）が創始した12イマーム派の一学派で、そ
の特徴は夢や霊感を重視し、それを通じて神や隠れイマームとの交
信が可能であると主張していた。先述のアフバール、ウスール両学
派とも異なる性格をそこに見ることができる。また、後者の「マル
ジャエ・タグリード制度」に基づく信者の二分化的な構成も原則認
めない立場を採用したとも指摘されている[13]。

　アリー・モハンマドがラシュティーの影響を受け、故郷に戻っ
た翌1844年に彼のもとを訪れたラシュティーの弟子が問答を繰り
返すなかで、彼が真実への「入り口」（「バーブ」）であると認め
たという。その結果、指導者ラシュティーを失ったシェイヒー派
を中心に、彼は隠れイマームの代理として、多くの支持者を集め
るようになる。女性詩人ファーティマ・ベイゴム・バラガーニー
（1814-52）もそのひとりであった。モッラー（下位の宗教学者）
の娘で、モジタヘドの妻でもあった彼女は、ラシュティーより授
かった「ゴッラトルアイン（目の慰め）」の名で知られた。「一夫
多妻だけでなくヴェールにも反対し、親族や敬虔なムスリムの間
に恐れと醜聞を巻き起こしたが、……しかし彼女の公の説教は熱
意を共有する人々から拍手喝采を浴び、（信者の）輪を広げ」た
と、フランス人作家で東洋史家ゴビノー（1816-82）も書き残して
いる[14]。

　バーブの主張は既存の宗教権威を激しく批判するものであった。
メッカ巡礼後、自らが「救世主」であるとした主張も、またイスラー
ム法の停止やコーランに代わる啓典としての『バヤーン』（バーブ
自身の教説集）の採用も、既存の宗教的秩序を否定するものとなっ

た。その結果、当初「中立的」であったガージャール朝政府は宗教勢力の反感に突き動かされ、彼を幽閉した。マーザンダラーンや、タブリーズ、ザンジャーン（テヘランの西）とネイリーズ（ファールス州）などの諸都市を中心に、政府軍とバーブ教信者が衝突する事件も発生し、ナーセロッディーンが第四代王位に就いたばかりのガージャール政府にとって由々しき事態となった。そして、バーブはタブリーズで異端審問のうえ、最終的には銃殺刑に処される。

また、国王暗殺未遂事件（1852年）との関連で、ゴッラトルアインやその他信者も徹底弾圧にさらされた。処刑・殺害されたバーブ教徒の数は 3,000 人とも、それをはるかに凌ぐ数であったといわれる。当時繰り広げられた残虐さは、150 発もの銃弾で引きちぎれた死骸を目撃したオーストリア人将校をして、「イスラームには慈悲心がない」といわしめている [15]。もちろん、問題はガージャール朝政府と宗教勢力が既存の秩序維持を重視し、バーブ教を強く危険視した政策的結果にこそある。

バーブ教はその後、弟子のバハーオッラー（1817-92）とソブヘ・アザル（1830-1912）によって受け継がれた。前者が男女両性の平等や平和主義を強く打ち出す「バハーイー教」として成立する一方、後者は「アザリー・バーブ」と称され、数千人規模の宗教的コミュニティの一宗派として生き残ることとなった。もちろん、シーア派宗教勢力も政府も、今日でさえそれらを「異端」として厳しい迫害対象に据えていることから、それらの信者は自らの信仰を明らかにすることはない。いずれにせよ、「救世主」思想を前提に据えたバーブ教が都市社会層の一部から支持を獲得し、ガージャール朝と既存の宗教勢力を大きく揺るがしたことは、国内外の権力への従属に発した深刻な政治社会的歪みとともに、それに対する「下からの」宗

写真1　ミールザー・タギー・ハーン・アミーレ・キャビール

教的な抵抗運動の事例として注目される。

　ところで、バーブの反乱への徹底弾圧を決定した国王ナーセロッディーンの宰相ミールザー・タギー・ハーン・アミーレ・キャビール（1807-52）によって、「上から」の改革がそれに前後する時期に実施されている[16]。彼は、先のアッバース・ミールザーの側近ミールザー・ボゾルグ（1778/79?-1822）に仕えた料理人の家に生まれた。そして、ミールザー・ボゾルグに才能を見出され、軍徴兵官や財務官を経験した彼は、先に言及した「グリボエドーフ事件」後に派遣された使節団とともに滞在したモスクワやサンクトペテルブルグのほか、オスマン帝国との国境画定交渉のために訪問したエルズルムで、種々のロシア事情やオスマン帝国の脱宗教的な改革路線（「タンズィマート」）、さらにヨーロッパ列強の植民地主義的な政策について理解を深め、彼の改革の方向性はこうして形成されたという。

　実際、バーブの反乱を鎮圧するのと同時並行的に、アミーレ・キャビールが着手した改革は広範囲に及んでいる。徴税官の派遣により部族長や州総督を含め地方有力者からの徴税拡大や国有地の見直し・開発などによって政府の増収を図る一方、官吏の給与削減な

どで支出を抑えつつ、財政の健全化を目指した。また、軍事面ではアッバース・ミールザーの遺志を継ぎ、部族からの徴兵による兵力の拡大、イタリアやオーストリアからの軍事顧問の招聘や武器製造工場の設立に着手した。

その他、灌漑施設の拡充、道路・河川整備や鉱山開発などの公共事業の実施、職人や学生の外国への派遣事業のほか、さらに薬学・医学・博物学・自然科学・数学・外国語などを教授す

写真2　ナーセロッディーン・シャー

るイランで最初の近代的高等教育機関「ダール・アル゠フォヌーン」も、彼の発案で首都に開学した。従来「知識」（エルム）といえば、主にイスラームや伝統的な学問領域に限定されていたことから、多くの近代的知識人、教育者、官僚などの育成に繋がる基礎がこれにより置かれた意味は大きい。その他、司法分野では宗教裁判所への政府の統括と慣習法（オルフ）裁判所の優越、ムスリムではない被告への改善も図られた。しかし、宗教的慣例・行事の制限や禁止にまで踏み込めず、司法改革も彼の失脚とともに廃止された[17]。

さらに対外政策面では、イランの従属化の点で際立って影響力を行使した英露両国に対して、情報収集ネットワークを両国公使館にまで広げ、貿易の多角化を図り、両国への利権譲渡に伴う特権的措置の撤回さえ試みられた。彼のこうした対外関係の再構築は、イラ

ンの外交原則として良く知られた「均衡肯定 movazene-ye mosbat」
論と「均衡否定 movazene-ye manfi」論のうち、後者の立場の先駆
けとなった。英露両国の圧力に積極的に対応し、それらのパワーバ
ランスのなかでイランの生き残りを模索する前者に対して、彼が採
用した後者の原則は列強の圧力に抵抗し、独立と主権保持を目指し
たものである。後述する 1950 年代初頭の石油国有化運動指導者モ
ハンマド・モサッデグ（1880-1967）の立場がアミーレ・キャビー
ルの「均衡否定」論を踏襲する方針であったことも、これまでに幾
度となく指摘されている。

　既存の秩序を覆すがごときかかる改革は、しかしバーブの場合
と同様、当時の支配層に受け入れられなかった。若干 20 歳の国王
ナーセロッディーンが宮廷、政府、宗教界の有力者層の敵意に突き
動かされた結果、改革実施から 1 年足らずのうちに宰相を解任され
たアミーレ・キャビールは約 1 カ月半の幽閉後、カーシャーンの浴
場で手首を切った姿で発見された。それは自殺ではなく、宮廷の陰
謀による殺害とも見なされている。

　鎖国政策を取り払い、新秩序建設に向かった日本と同様に、イラ
ンも有能な高官に恵まれた。しかし、国王が彼らを奨励しながら、
最終的に排除した点に日本との相違があるという [18]。対外的圧力
に対して、独立・主権確保と国力強化を目指した改革の動きが、国
内秩序の温存に躍起となる支配層に阻まれたことは、その後のイラ
ンの弱体化に拍車をかけた要因のひとつとして理解できる。

　ナーセロッディーンはアフガニスタンへの帰属が決定していな
かったヘラート地方奪取を計画し、1856 年にこれを実行に移す
が、それは直ちに英国の宣戦布告に直面した。短期で終結した戦争
敗北後に調印されたパリ条約によって、ヘラートとアフガニスタン

への領土的野心を放棄せざるをえず、イランの命運は定まった。インド植民地の温存と勢力範囲としてのイランの確保を目指す英国と、これに対抗して南進策を推し進めるロシアが競合し、イランはそれら両国にひたすら従属する道を辿る。かかる従属化は、ガージャール朝が採用した英露両国への利権譲渡で以後加速していく。

「売国」政治とタバコ・ボイコット運動

サファヴィー朝期にすでに前例があったとはいえ、ガージャール朝期、特にナーセロッディーン支配期に行われた利権譲渡は、「異常」のひと言である。まず、ハーネギーン＝テヘラン＝ブーシェフル間の、その後テヘラン＝バルーチスターン、そしてテヘラン＝ジョルファ間での電信線敷設利権が1862〜68年にかけて順次、英系「インド・ヨーロッパ電信会社」（本部はモスクワ）に譲渡されたのを皮切りに、鉄道や道路の敷設利権、河川航行利権などが次々と英露に譲り渡された[19]。それだけならまだしも、元ユダヤ系ドイツ人で、1845年にロンドンに移住し、71年には英国政府から男爵の爵位まで与えられたポール・ジュリアス・ロイター（ロイター通信創設者、1816-99）への包括的な利権譲渡は事態の深刻さをいっそう感じさせる。

1872年に締結されたこの利権協定によれば、貴金属や宝石類を除く全ての天然鉱物資源の採掘に止まらず、ダム・橋・道路・鉄道・工場などの建設関連、森林資源の活用、税関の管理運営、郵便・電信線の整備、銀行開設など、あらゆる分野での排他的な権利がロイター卿に与えられた[20]。その見返りに、鉄道関連の収益の20％、その他の分野での収益15％の支払いが約束された。そして、15カ月以内に鉄道関連事業が開始できない場合、善意の証として4

万ポンドの支払いにも同意した。余りの包括的性格のゆえに、後にインド総督を務め、また第一次大戦後には英国の対イラン政策にイニシアチブを発揮するジョージ・N.カーズン（1859-1925）は、自著『ペルシァとペルシァ問題』（初版1892年刊行）のなかで、ロイター利権が「世界に公表されたとき、ある王国の全産業資源の外国人への最も完璧かつ異常な譲渡であり、それは歴史上類を見ず、恐らく誰も夢見たこともないほどである」と記している[21]。

　したがって、イラン国内での反対も強く、また英国政府もこの利権譲渡支持に躊躇した。その結果、最終的には翌73年にはイラン側から撤回される。そして、長期に及んだ交渉の末、1889年にロイター卿には「ペルシァ帝国銀行 Bank-e Shahanshahi-ye Iran」開設利権が鉱山開発に関わる利権とともに改めて譲渡される。この銀行は、紙幣の発行権を持ち、その後のイラン経済動向をいかようにも左右し、また英国政府がそれを通じて経済支配が可能な特殊な金融機関としての地位を占めることになる。また、この利権譲渡と「均衡」を取るうえで、1890年にはロシア人ヤコフ・ポリャコフに「貸付銀行 Bank-e Esteqrazi」の開設利権が与えられた。4年後にロシア政府によって買取られたこの銀行は、英系帝国銀行と競合し、ロシアの対イラン政策と直結した金融機関の地位を占めた。

　このように、ガージャール朝は後先を考えずに、競合する英露に次々と「民族資産」を譲渡していった点で、その政策が「売国的」と非難されても仕方がない。特に、改革を頓挫させ、「アーモンドボンボン（砂糖菓子）とベルギーを区別できる使用人は国の役に立たない」[22]とさえ語っていた国王ナーセロッディーンは、渡欧費用を含む遊興費に利権料の一部を費やした。当時、国家予算は宮廷のそれとほぼ同一であったから、国王には利権譲渡がもたらす国

民生活への被害を憂慮する発想もなかったに違いない。かかるガージャール朝国王と政府の未熟さもイランの不幸の元凶のひとつであった。1891 年発生のタバコ・ボイコット運動は、以上の利権譲渡という「売国政策」への全国的な抗議運動である。

　1890 年 3 月に国王ナーセロッディーンが英国公使の仲介で引き合わされた英国人ジェラルド・タルボトにイランのタバコ栽培と販売・輸出に関する 50 年の独占権を与えたことがこの運動の発端となった。謁見の際、手土産として国王に 25,000 ポンド、宰相アミーノッソルターンに 15,000 ポンドを支払っていたタルボトは、利権譲渡の見返りに毎年イラン国庫に 15,000 ポンドのほか、利益配当（資本比率 5％分）とそれを含む経費控除後の純益 25％を納めると約束した[23]。1891 年早々に、「タバコ・レジー Tobacco Regie」として知られる会社が創設され、事業開始のために 200 人以上の英国人スタッフが徐々に現地入りした。そして、利権内容が 1891 年 2 月に公表されるや、タバコ関連の商人たちを中心に不満と反感が広まった。

　当時、タバコはナーン（パン）と同様に、重要な日常生活物資であり、喫煙者数 250 万人、タバコ関連就業者数は 20 万人規模とも推定された。そのため、タバコ利権が英系外国企業に独占されるという事態は、抗議運動拡大を促す条件となった。加えて、ロシアもこの利権譲渡に反対の意向を示し、さらにオスマン帝国との間で結ばれた同様の利権契約額が 80 万ポンドであったことから、今回の契約の不当性も問題視された[24]。

　抗議運動はシーラーズ在住の商人、彼らと密接な関係にあるウラマーらから始まり、タブリーズやエスファハーン、ガズヴィーン、マシュハド、そしてテヘランなどの諸都市に拡大した。当初、相互

に連携した運動ではなかったため、国王側では抗議運動が発生した都市に脅迫的な通告で対応していたが、運動はいっこうに鎮静化せず、逆に飛び火する傾向を強めた。そして、抗議の手法も利権撤回を求める電文打電から、抗議集会開催、バーザールの閉店ストへと多様化した。エスファハーンではウラマーのひとり、アーガー・ナジャフィーから、タバコその他英国製品を「不浄」とする宗教令（ファトワー）が発出され、それらの売買・使用のボイコット運動も始まった。宗教都市マシュハドでは、第八代イマーム・レザー墓廟内のゴーハルシャード・モスクへの商人たちのバスト（聖域避難・籠城）も実施された。1891 年 12 月初め、サーマッラー在住の宗教権威（マルジャエ・タグリード）、ミールザー・モハンマド・ハサン・シーラーズィーから発出された以下の「タバコ禁令」がガージャール朝政府に利権撤回を余儀なくさせる。

　　慈悲深く自愛あまねき神の御名において。今日タバコの使用はいかなる形態であれ、時代の主（「隠れ」状態にある第十二代イマーム—筆者）に反対して戦うに等しい行為である[25]。

　テヘランの有力モジタヘド、ミールザー・ハサン・アーシュティヤーニー宛に出されたこの宗教令は、そもそもアーシュティヤーニー自身が作成し、その効果を高めるために、シーラーズィーに発出を依頼したとする見方もある。とはいえ、その絶大な効果を憂慮したガージャール朝政府当局はその流布を抑え、宗教学者の一部を抱き込み、宗教令が有力商人マレコットッジャールにより「偽造」されたとの情報を流そうとしたともいわれる。他方、利権が撤回されない場合、「聖戦準備に取り掛かるように」との偽情報も巷に流

されるなか、事態を憂慮した国王はアーシュティヤーニーに公の場でタバコを喫煙するか、さもなければイランを退去するかを迫った[26]。彼がイランからの退去を選択したとのニュースは瞬く間に広がった。激高したテヘラン住民が宮殿に押しかけ、またバーザールの抗議の閉店ストが実施されるなかで、死傷者も出る騒乱状態に発展した。この間、「タバコ禁令」は王妃や宮廷の女官、キリスト教徒やユダヤ教徒も含め、全国一斉で遵守され、政府は自らの無力を思い知らされた。

　その結果、翌1892年1月4日にはナーセロッディーンはタバコ利権の破棄を公式発表し、その後タバコ・レジー会社との間で契約破棄による賠償交渉も実施された。交渉の末、結局イラン政府が賠償金50万ドルを利率6％でペルシァ帝国銀行から借り入れ支払いすることになった。これは、外国借款依存の性格をイラン財政にもたらす端緒となった。

　以上に従えば、タバコ・ボイコット運動が商人とウラマー主導の運動であったことは間違いない。しかし、世俗的な革命や政治改革を目指す知識人たちもこの時期までに活動を展開していた。たとえば、19世紀後半からファテアリー・アーホンドザーデ（1812–78）、ミールザー・アーガー・ハーン・ケルマーニー（1853-96）、ミールザー・マルコム・ハーン・ナーゼモッドウレ（1833-1908）、アブドゥル・ラヒーム・ターレボフ・タブリーズィー（1834–1911）、ジャマーロッディーン・アフガーニー（1838/39-97）など、あまたの思想家・活動家がガージャール政治を糾弾していた。イスラーム（・シーア派）や宗教勢力、逆に「世俗化」についての考え方は彼らの間で多様であったが、零落と従属の道をひた走るイランの現状への危機意識では共通していた[27]。

特に、エスファハーン近郊のアルメニア人家庭（父親がイスラームに改宗）に生まれたマルコム・ハーンは、フランス留学経験を活かしながら、当初国王ナーセロッディーンの信頼さえ獲得していた「改革派官僚」であったが、その後紆余曲折を経て、文筆活動を通じて活躍した反体制的知識人として知られている。そして、1890年からロンドンで発行された『ガーヌーン（法）』紙上で、彼はイランの窮状の元凶としてガージャール朝と支配層を厳しく糾弾し、現状打開のため「法の支配」を通じた国家再建と人道主義の確立を訴え、後述する立憲制導入についての政治意識を広めた。『ガーヌーン』紙とともに、イスタンブルとカルカッタでそれぞれ発行された『アフタル（星）』と『ハブルル・マティーン（固き絆）』紙も、密かに国内に持ち込まれ、立憲運動に向けた思想的な下地作りに貢献したことで知られている。

　ともあれ、タバコ・ボイコット運動はイラン史家 N. R. ケディーの言葉を借りれば、「政府から勝利を獲得する道筋を示した」が、しかし「反政府姿勢が民族主義者、改革派、宗教者の間の多様な目標を覆い隠し」達成されたことも事実であった[28]。このタバコ・ボイコット運動を民族運動の遺産として継承した立憲革命においても、イランの政治勢力間の「特殊な連携」をいかに達成するかが問われた。それが革命の成否を左右する重要な課題であった。

第2章
立憲革命の展開と政治危機の深化

　レザー・ケルマーニーという名の革命主義者によるナーセロッディーンの暗殺後、モザッファロッディーン（在位 1896-1907）が第五代国王に即位した。しかし、イランの従属化と疲弊を加速するガージャール政治に変化はなかった。即位から1年後、彼は前国王時代から悪評を買うアターバケ・アアザム（1858-1907）を大宰相に任命し、彼の下で「売国的」政策も続けたからである。

　さらにいえば、1900年に2,250万ルーブル（75年返済、利息5%）、1902年に1,000万ルーブル（同）の借款受入に加え、ロシアの傀儡と言われたベルギー人J.ノーズの北部税関長任命も相次いだ。その年12月に、彼が立案した輸出入関税協定もロシアとの間で締結された。従量と従価のいずれかの関税率を商品ごとに詳細に定めたこの協定は、ロシアからの輸入物品への関税を低率に抑え、イランの製造業者と貿易業者に深刻な打撃を与える内容であった。他方、ロシア優遇策と均衡を取るかのように、1901年5月に北部5州を除くイラン全土の石油採掘利権がオーストラリア人鉱山開発業者ウィリアム・K.ダーシー（1849-1917）に譲渡された。この利権契約は後々英国の最大の国益となり、イラン内政への干渉強化の要因ともなる。

「立憲革命」の発生

　アターバケ・アアザムが1903年に解任されると、その後任宰相

写真3　セイエド・モハンマド・タバータバーイー

にはエイノッドウレ（1845-1926）が抜擢された。彼の下でも、英系ペルシァ帝国銀行との間で1904年までに総額30万ポンド（15年返済、利率5％）の借款契約が締結され、従来の政策は続いた。

　こうした状況下で、1904〜05年に革命を目指す2組織、すなわち「革命委員会」と「秘密結社」が結成されている。前者は世俗的な性格を有し、マレクル・モタキャッレミーン（1861-1908、説教師）、ジャマーロッディーン・ヴァーエズ（1862?-1908、説教師）、ミールザー・ジャハーンギール・ハーン（1875-1908、『スーレ・エスラーフィール』紙発行者）、レザー・モサーヴァート（『モサーヴァート』紙発行者）らを主要メンバーとした。モタキャッレミーン以外の3人は、先述の「アザリー・バーブ」支持者といわれる。他方、後者の組織は『イラン人覚醒史』を著したナーゼモル・イスラーム・ケルマーニー（1863/64-1918）ほか、テヘランの有力モジタヘド、セイエド・モハンマド・タバータバーイー（1841-1920）親子を含むウラマーが中心となり、宗教的で穏健かつ改革的であった[1]。ただ、反ガージャール姿勢で共通する両組織はタバータバーイーの信任の厚いケルマーニーを仲介役として、立憲制の導入過程では活動を共にした。ガージャール専制

に不満をもつ商人層の融資で建設されていた図書館や学校が、モスクとともにこれら両組織の運動拠点となった。

　ところで、ペルシア語で「立憲制」を意味する「マシュルーテ」（あるいは「マシュルーティヤト」）は当時のイラン人には耳新しい言葉であった。たとえば、歴史家、思想家、言語学者のアフマド・キャスラヴィー（1890–1946）は以下のように書き残している。

　　私は当時16歳だった。……水曜日にバーザールの閉鎖を聞いたが、理由は分からなかった。翌木曜日正午前に家から出ると、興奮した人々に出くわした。彼らは群れをなしてどこかへ行くところだった。ふたりの者が語っていた。「パンを安く売っぱらって灯りを消してしまったんだってさ。」「パンを安くするんじゃなくて、いったい何が欲しいんだい？」「立憲制だってさ。」「立憲制って何だい？」「お前も行って訊いてくるがいい。」……私も初めて立憲制の名を聞き……その意味が知りたくて彼の後について行った。……開け放たれた家に人々が溢れかえり、緑の美しい中庭で……若い宗教学者が……まさに今説教をしようとしていた。皆が静まり返り、彼の話に耳を傾け、立憲制の意味を知りたがっていた。……彼は「花が咲くとき、夜鶯は歓喜の余り鳴く。……いつまでスミレのように、怠惰でいるのか。水仙は目覚めているのに、哀れにもお前は眠っている」といった詩を詠んだ。その後、彼はトルコ語（アーザリー語—筆者）で立憲制の意味を語った。そのなかで人々の苦難、宮廷の圧政と国の恥辱が語られ、多くの人々が涙した。このときの感動は、30数年過ぎた後もいまだに忘れることはできない[2]。

このように、立憲制は反動的なガージャール政治と決別し、明るい将来を約束する政治制度と捉えられたようである。先にあげたタバータバーイーも、「我々自身は立憲王国を見たことはないが、聞いたことはある。それを見たことのある人々が我々に語るところでは、立憲制は王国の安寧と繁栄をもたらすものである。我々も情熱を傾け、立憲制度を打ち立てたのである」[3]と語っている。この言葉にも、立憲制への期待がうかがえる。

それとの関連で、日露戦争の勝利に示された日本の躍進を指摘する必要もある。たとえば、先の「秘密結社」第一回会合で、ナーゼモル・イスラーム・ケルマーニーが世界情勢との関わりで、「東のアジアの兄弟国」として日本に注目するようメンバーに注意を喚起していた。また、「大山（巌）元帥」や「ポート・アーサー（旅順の英語名）」の名も人々の口に上り、「日本がイラン人に大きな教訓を与え、驚かせた」と記されている[4]。イランを含む西アジアの国々で、今なお「親日的」感情が強いのも、同じアジアの日本が大国ロシアに勝利したことへの高い評価が関係する。そして、議会開設と憲法制定を意味した「立憲制」が日本の勝利を可能にした条件と見なされても不思議ではなかった。こうして、「立憲制」はガージャール朝の「売国的」政策と英露の進出・支配を食い止める制度的な「シンボル」として受け入れられるようになっていった。

ところで、1905年は、農作物の不作による食糧価格の高騰に加え、コレラの発生が追い打ちをかけ、イランの政治社会的危機がこのうえなく深化した年であった。そうした状況であったからこそ、ガージャール専制と直接間接に関わる事件に対して、社会も敏感に反応した。4月にはノーズによる関税取り立てと敵対的政策に激高した商人層による抗議運動も発生した。前年にも仮装パーティー

でウラマーの衣装を着用した彼の写真が出回り、イスラームへの侮辱と非難され、彼の解任要求が出されたばかりであった。また、60〜70年ほど前まで神学校とムスリム墓地が存在した跡地に、ロシア貸付銀行施設が建設された結果、これに激昂した住民がその施設を打ち壊すという事件も発生していた。

　社会的不満がいつ爆発しても不思議でない1905年の12月、砂糖価格の高騰の責めを負わされたふたりの砂糖商人が鞭打ち刑に処される事件が起こり、これが立憲革命発生の直接的な契機となった。砂糖価格高騰は日露戦争とロシア革命の影響で輸入砂糖が不足したためであったが、政府は彼ら商人を処罰し、価格引下げを狙った。バーザールは抗議の閉鎖ストを実施し、鞭打ちを指示したテヘラン総督アラーオッ・ドウレ（1866/67-1911）の罷免を要求した。運動にはタバータバーイーのほか、同じくモジタヘドのセイエド・アブドッラー・ベフバハーニー（1840-1909）も参加した。そして、9世紀に生きたシーア派イマーム伝承者として著名なアブドゥル・アズィームの墓廟（テヘラン南郊都市レイ）では、彼ら率いる約2,000人の抗議のバスト（聖域避難・籠城）も実施された。

　バストとは、イランやアフガニスタンで犯罪者や謀反人も含め、身の危険を感じた者が権力者の追及から一時的に逃れることを許した社会的慣行であり、歴史的には13-14世紀まで遡れる。集団で行う場合、しばしば示威行動として理解された。今回の場合も、総督とノーズの罷免、イスラーム法の適用のほか、「正義の館 'adalat-khaneh」開設の要求を政府に突きつける政治的抗議の手段となった。そして、「圧政」を正す「正義の館」という言葉は、徐々に「議会 majles」へと呼び直されていった。そして、アラークに向かう途中の国王の乗った馬車が、「ムスリム指導者に敬意を払う」よう

強く要求する婦人たちの一団に取り囲まれる事件も発生していた[5]。世論に圧倒された国王から、翌1906年1月にようやく「正義の館」創設を認める声明が発表された。

ところで、当時政府は郵便・電信、公益・産業、教育・ワクフ担当の省も設置し、全部で8省からなる組織となっていたものの、そこに大規模な官僚機構があったわけではない。有力王族・高官からなる国王諮問機関という程度の機能を果たしていたに過ぎなかった。そうした政府内でも、立憲制に関して様々な議論が展開された。なかでも宰相エイノッドウレを筆頭に宮廷相バハードル・ジャング（1855-1918）らは「正義の館」、すなわち議会が開設されれば、「国王の息子が果物売りの息子と等しくなるに違いない」、または「政府が不要となる」と、強硬に立憲制に反対した[6]。それゆえ、先の声明に反して、立憲派の逮捕・投獄、追放といった弾圧政策が採用されることにもなり、6月にはこれに抗議する運動に軍が介入し、死傷者が出る流血事件も発生した。

この状況を受け、7月にタバータバーイーは政府の圧政を糾弾し、改めて「正義の館」開設を要求した。それに呼応したベフバハーニーと神学生を中心に約1,000人にも達した人々は、テヘランから南にある宗教都市ゴムへの移動という抗議行動に出た。622年に預言者ムハンマド率いるムスリムがメッカからメディナに移住したことは一般に「聖遷（ヒジュラ）」として知られている。それになぞらえたこの首都脱出は「大聖遷 Hejrat-e kobra」として、また先のアブドゥル・アズィーム廟でのバストが「小聖遷 Hejrat-e soghra」として立憲革命史では呼び慣らされている。また、テヘランに残った住民も商人層を中心に、英国公使館敷地内に押しかけ立て籠もりを開始した。その敷地がこのバスト実施の場として選択されたの

写真4 立憲革命（英国公使館敷地内でのバストの風景）

は、ベフバハーニーが当時英国公使臨代と懇意であった事情があり、そこであれば、政府の武力介入も不可能と判断されたからである。一方、英国にもタバコ・ボイコット運動後のガージャール朝とロシアの緊密な状況を覆したいとの狙いがあった。

7月23日に858人であったバスト参加者数は翌日5,000人、4日後には13,000人に膨れ上がった。そして、すべての者の財産・生命を保障できる治安の確立、ウラマー、商人、その他同職組合メンバーから構成される「正義の館」開設などを盛り込んだ5項目要求が政府に突きつけられた。高揚する世論の前に、ガージャール朝政府には立憲派の要求に応じる以外、事態を鎮静化する方策はなかった。宰相エイノッドウレも解任され、8月5日に国王から議会開設と必要な法制度改革を認める勅令が下った。

これを受けた立憲派と住民は歓喜し、バーザールの閉鎖を解くと

ともに、イルミネーションが灯され、「国民的勝利」を祝う祝賀が3日以上に渡って盛大に開催されたという。そして、ゴムから宗教学者や神学生が続々とテヘランに帰還し始めた。

それから1ヵ月後の9月9日、選挙法（全33条）が公布された。それに従って実施された選挙を通じて、10月7日には早くもイランで初の「国民議会（Majles-e Shoura-ye Melli）」が召集され、立憲的な政治体制の枠組みが急ぎ整えられた。国王の病状悪化と反立憲派（専制派）の巻き返しへの警戒から、見切り発車的な性格は強いが、ともかくここに立憲制は導入された。しかし、立憲派にとってそれからが苦難の始まりであった。

立憲派の分裂と英露協商

不平等条約撤廃、財政再建、国内治安確立など山積する課題に直面していた第1議会（定数156人、任期2年）はしかし、直ちにそれらに着手する余裕はなく、立憲制の定着こそが最重要課題であった。立憲制導入を認めた勅令が発表された当時、アーザルバーイジャーン州総督ポストにあった皇太子モハンマド・アリーはその勅令を無視し、また選挙法第9条に規定された選挙管理評議会（アンジョマン）と対立していた。そうした彼が、1907年1月8日に死去したモザッファロッディーンの後を継ぎ、第六代国王（在位1907-09）に即位し、当然成立したばかりの立憲制に反対することが予想された。また、立憲派が一枚岩でなかったことも、議会政治の順調な滑り出しを阻害する要因であった。

すでに述べたように、立憲制はその獲得過程では一種の制度的な「シンボル」に過ぎず、具体的内容を伴っていなかった。1906年12月30日に批准・公布された「憲法 Qanun-e Asasi」[7]も、議会の制

度と職務権限、議案提出手続き
や上院設置に関わる諸条件など
が規定されたのみであり、立
憲派の内部に深刻な対立が表
面化した形跡はない。だが、セ
イエド・ハサン・タギーザー
デ（1878-1969）、ヴォスーゴッ
ドウレ（1868-1951）ほか 10
人程度からなる特別委員会作成
の草案をもとに議会で審議さ
れた「憲法補則 Motammem-e
Qanun-e Asasi」（全 107 条）[8]
は、主権在民や国民の権利・
義務、三権分立、国王と政府
権限、その他国体上重要かつ
機微な内容を含み、意見対立

写真5　セイエド・アブドッラー・ベ
フバハーニー（左）とシェイフ・ファ
ズロッラー・ヌーリー（右）

も深刻化した。タバータバーイー、ベフバハーニーとともに、立憲
制の「三つの証明」と称されたモジタヘド、シェイフ・ファズロッ
ラー・ヌーリー（1843-1909）が、その草案内容に異論を唱えた。

　ヌーリーの主張の論点は、「イスラーム法（シャリーア）」遵守
を最重要と捉え、立憲制はあくまでそれに従属すべきという点にあ
る。このように、事実上の憲法と呼びうる憲法補則に宗教的性格を
持ち込もうとする彼の主張を、「マシュルーテ」と区別し、「マシュ
ルーエ mashru'eh」（「イスラーム法第一主義」）と呼ぶことができ
る。同補則第 2 条には上級ウラマーの「立法行為監督組織」の設立
が認められたのは、ひとつの妥協点であったが、それ以外ウラマー

の役割や権限は行政面に反映されておらず、また司法面でもイスラーム法に関わる事案の裁判権のみがモジタヘドの権能として明文化（第27条）されたにとどまっていた。また、ムスリム優位を訴える彼は、「帝国臣民は法の前で平等の権利を有する」（第8条）にも強く反発した。そして、1907年6月に彼の指導下でウラマーや神学生を中心に、500人規模の立憲制反対のバストがアブドゥル・アズィーム廟で実施された。しかし、10月には第1条で12イマーム・シーア派を国教と規定しながら、ウラマーの権限を極力抑えた憲法補則が議会で可決された。国王モハンマド・アリー率いる専制派がヌーリー率いる「マシュルーエ派」と同盟する余地はこうして生まれていった。

　加えて、議会成立後に発生した労働運動や農民反乱の激化から、タバータバーイーを中心とする穏健なモジタヘドが動揺したことも指摘されねばならない。前者は、1906年冬のブーシェフル港湾労働者のストライキを筆頭に、同年12月から翌1907年1月の約16,000人規模の電信局労働者の賃上げスト、数カ月後の印刷労働者や外務省・財務省職員によるスト、カスピ海アンザリー港の船頭による罷業など、枚挙に暇がない。一方、農民運動も1906年冬から翌年にかけて、ギーラーン、アーザルバーイジャーンといった北部から南部諸州に拡大した。ギーラーン州ラシュトでは、地主の圧迫に抗議する農民約500人がモスクでバストを敢行し、地代支払い拒否を宣言した。その他北部諸州では、農民による地主への殴打、地主宅への放火・略奪事件も起こっている[9]。

　農民運動は統一的な指導者に欠け、相互に連携した運動とはならなかったが、ギーラーン地主層から議会宛に送付された電文は、「農民たちは立憲王政の意味をたちまち自由であるかのごとく想定

し……彼らは反抗し、耕作に自ら責務があるとさえ見なしていない。……家々のすべての農民が混乱した」状態にあると伝えた。これに対し、タバータバーイーは、「議会開設の目的は圧政の除去にあった。貴方たちはこれを不法行為の道具としている」と、かかる運動が処罰対象になると打電し、事態の収拾にやっきとなった[10]。

　ガージャール専制に反対した立憲革命の延長線上にあったこうした労働者・農民運動は、タバータバーイーを含む穏健な立憲派指導者には想定外であった。特に、1904年にロシア領アゼルバイジャンの石油産出都市バクーでイラン人石油労働者を主体に組織化された「イラン社会民主党」や、選挙管理評議会として組織化された後も解散せずに、生活物資の価格安定、食糧退蔵者の処罰、貧困層への小麦分配に当たった「アンジョマン」（結社）の組織的活動を通じ、立憲革命が「社会」革命化していく事態をそこに見出すことができる。特に、タブリーズのアンジョマンは、国王や政府の議会軽視と専制的姿勢に強く反発し、「議会代表の急進的・革命的な層の願望と思想の担い手」と見なされた。タバータバーイーやベフバハーニーらの事前承認なしに、「議会の重要な問題は何も解決できなかった」という当初の状況とは異なり、宗教勢力の政治指導力は明らかに低下していた[11]。

　以上の点から、先に記した「王国の繁栄と安寧をもたらす」と語ったタバータバーイーの期待とは裏腹に、1907〜08年にかけて専制派対立憲派の対立に加え、立憲派対マシュルーエ派、さらに立憲派内での保守・穏健派対革命派という、複雑な対立構造が姿を露にし始めていた。こうした状況下で、専制支配の復権を目指す国王モハンマド・アリーは、1901年からロシア、中国、日本を経て、ヨーロッパ諸国からエジプト、そしてメッカ・メディナを旅行して

写真6　モハンマド・アリー・シャー

いた元宰相アターバケ・アアザムに帰国を要請した。立憲派から「祖国の裏切り者」と罵倒されながら、1907年4月に帰国した彼は直ちに首相に任命された。しかし、8月31日に彼は暗殺された。そして、この事件以上に立憲革命の展開に重大な影響を与えたのは、同日に締結された「英露協商」である。

ところで、英露両国は、変動激しいイランの政治社会情勢を座視していたわけではなかった。公使館敷地の使用を立憲派に許した英国も、急展開する立憲革命の植民地インドへの波及を警戒した[12]。他方、ロシアは何より税関長ノーズの罷免（1907年2月）に直面し、またイラン議会でのタブリーズ・アンジョマンの影響力拡大から、非難の矛先が自国に向く危険性を察知していた。ドイツの進出がこうした両国の懸念をいっそう深めた。

1903年3月、ドイツ銀行総裁とオスマン帝国通商・公共事業相の間で、すでにバグダード鉄道建設計画が調印されていた。この鉄道は現在のトルコとシリア・イラク国境におおむね沿いながら東進し、モースルからバグダード、そしてバスラに南下し、ペルシャ湾に接続する計画であった。1907年夏には、現在のイラク国境近くの都市ハーナキーンとテヘランの間での鉄道敷設交渉もドイツ・イラン間で開始されていた。オスマン帝国・イラン間の国境紛争の仲

介（1905 年秋）、さらに借款供与交渉を行うドイツの動きは、1900 −04 年にイラン全体の輸入割合で英国が 37%（輸出 11%）、ロシアが 45%（同 73%）を占め [13)]、事実上イランを独占市場としていた英露両国にとって共通の脅威となった。

　その結果、秘密裡に締結された英露協商の骨子は地図 3 にあるごとく、イラン国土を勝手に「勢力範囲」分割し、その範囲内での政治的・経済的支配を強化するところにあった [14)]。自由な利権獲得が了解された「中立地帯」の設定を含め、そこに英露協商の露骨な「帝国主義」的性格を見出すことは難しくない。そして、両国間での批准交換の翌 9 月 24 日、協商内容がイラン政府とその他諸外国に通知された。そして、何よりこの協定の本当の意図を明らかにし、イランの反協定世論の創出に重要な役割を果たしたのは、内容が公表される前の 9 月 9 日から協定批判の論説を連載した『ハブルル・マティーン（固き絆）』紙である [15)]。同 10 日付け記事では、「イランの秩序と国王の主権維持」を名目とした英露軍の派遣と駐留の継続、その後の財政的支配・被支配関係の成立に連動する危険性が警告された。そして、同紙はイラン外相が協商無効を英露両国に即刻通告すべきと強く要求した。

　だが、当のイラン議会の反応は鈍く、10 月 5 日の議会ではタギーザーデやモスタシャーロッドウレなど一部議員から激しい批判が展開されたものの、「しかし、より多くの議員はその（協定の）危害の程度に気付いていなかった。あるべき興奮と活気が見られなかった。『この協定は英露政府間でのみ有効であり、我々の行動は自由である。我々が望めば、ロシア人に南部の利権を、逆に英国人に北部の利権を与えることもできよう……』といった回答がこの状況で提出された」[16)] とあるように、楽観的姿勢も議会に存在した。

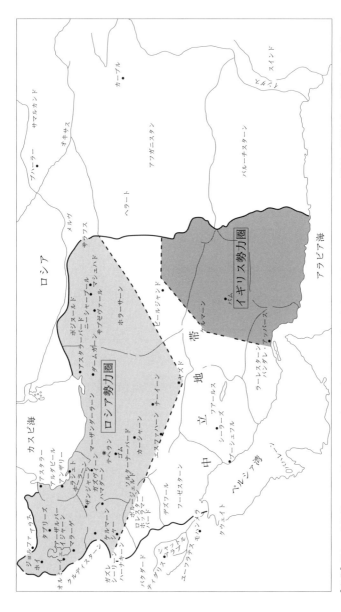

地図 3　1907 年英露協商によるイラン国土の分割

【出典】Edward G. Browne, *The Persian Revolution of 1905–1909*, Frank Cass & Co. Ltd., London, 1969 所収の地図より一部修正して掲載。

ヌーリー指導下の「マシュルーエ派」の分裂・台頭と英露協商締結は、いずれも立憲派との対決姿勢を強めたモハンマド・アリー専制派にとって議会転覆計画に有利な条件となった。特に、英露協商はロシアと同様、英国がもはや立憲革命を支持していない政策姿勢を確認させた。1907 年 12 月のテヘランのトゥープハーネ広場で、反議会デモというかたちで明確化した専制派の反撃に対して、議会は国王との和解も模索するが、翌 1908 年 2 月末には、国王の命を狙った 2 度の爆弾事件も発生し、立憲派と専制派の間の緊張は悪化の一途を辿った。

　6 月 3 日、突如国王は城壁外に移動し、そこに 2 個連隊の武装勢力とその後イラン・コサック軍（1879 年創設）が加わった軍キャンプが設営された。自らの身の安全を確保するとともに、以後軍を遠隔操作して電信局の占拠、立憲派の逮捕、戒厳令の布告を実施した。そして、6 月 23 日に国王の命令を受けたロシア人将校 V. リヤーホフ大佐指揮下のコサック軍が議会建物を包囲砲撃し、クーデターが実行に移された。議会建物や立憲派有力者の自宅は軍の略奪対象となり、出版自由法の導入やトユール制（既出）廃止など、ガージャール朝支配に諸改革をもたらそうとした第 1 議会は閉鎖された。また、タバータバーイーやベフバハーニーを含む立憲派指導者が逮捕・投獄され、モタキャッレミーン、ジャハーンギール・ハーンといった「革命委員会」（前出）の主要メンバーは処刑され、この過程で命を失った者の数は 250 人に及んだ。第一次立憲制がこうして幕を閉じ、「小専制 Estebdad-e Saghir」期が到来した。

市民武装蜂起の展開

　このような事態に市民的抵抗を試み、立憲制の回復へと事態を切

り開く先導役を担ったのは、北部農業地帯で産出される穀物の集積地としての重要性から、皇太子が総督として赴任し、その統治から国の政治的将来をいち早く知りえる立場にあったタブリーズ市民であった。また、イスタンブルやバクー経由で民主主義や社会主義の政治思想の吸収に事欠かない位置に、タブリーズはあった。社会民主党やアンジョマンの活動、そして先に引用したキャスラヴィーの経験も以上と無関係ではない。バーブ教との関連で言及したシェイヒー派のコミュニティが存在したことも併せて指摘すべきであろう。ウスール学派が支配的なイランで、「世直し」に繋がる立憲制への期待がシェイヒー派を中心に、強固な抵抗姿勢を作り出したと考えられるからである。

　タブリーズ市民武装蜂起自体は、そうしたシェイヒー派の拠点アミールヒーズィーとヘヤーバーン地区から始まった。指導者は両地区でそれぞれ「ルーティー」（義侠の徒）として知られ、第一次立憲制期からすでに立憲制の護持のため、政治社会活動に従事していたサッタール・ハーン（1868/69-1914）とバーゲル・ハーン（?-1916）である。専制派と連絡を取り、立憲派弾圧に中心的役割を担っていた「アンジョマネ・イスラーミー」（イスラーム結社）やその武装勢力に対抗した彼ら両名は、再建されたタブリーズ・アンジョマンとの緊密な連携のもとで、「モジャーヘダーン」（義勇軍）を指揮した。労働者、職人、農民、神学生、部族民や一部女性を含むアーザリー系住民がその中核を構成した。また、バクーやティフリスの社会民主党から派遣された労働者・職人、ロシア社会民主労働党コーカサス連合所属のグルジア人、革命政党「ダシュナク」のアルメニア人も駆けつけ、モジャーヘダーン総兵力は約2万人にまで膨れ上がったともいう [17]。

写真7　タブリーズ市民軍（前列中央右がサッタール・ハーン、その左隣がバーゲ
ル・ハーン）

　これに対して、国王政府は6月末以来専制派アンジョマンの抱え
る武装勢力やシャーセヴァンを中心にした部族軍を動員した。一進
一退の戦況に国王政府は、元宰相エイノッドウレの総督任命、ロ
シア人将校指揮下のコサック軍や徴募兵の派遣を含め、その後3〜
4万の兵力を投入した。これに対抗し、タブリーズ義勇軍は塹壕を
掘って市内を防衛し、激しい砲撃を耐え忍んだ。また、国王軍は周
辺地域からの義勇兵の参加、武器弾薬と食糧搬入の阻止のために、
タブリーズを包囲し、主要街道を封鎖した。約10カ月にも及んだ
封鎖の結果、貧困層に多くの餓死者が出るまでにタブリーズ住民は
悲惨な状況を強いられた。そして、市街戦開始直前にプレスビテリ
アン系ミッションスクール教師として赴任した米国人H．バスカー

ヴィル（?-1909）も立憲制死守に共鳴し、義勇軍に参加している。

1907年協商以来共同歩調を採用していた英露は、タブリーズ在住のヨーロッパ人コミュニティに犠牲が出ることを危惧し、介入せざるをえなくなった。ロシアを仲介役に、国王政府とタブリーズ間で休戦交渉も行われたが、あくまで「選挙実施と議会開会」を主張するタブリーズ側と、武装解除を要求する国王政府側の交渉は進展しなかった。この状況から、1909年4月にロシア軍（兵力2,600）が越境し、市内に入城した結果、事実上の休戦が成立した。この休戦が成立する直前の戦いで、先の米国人バスカーヴィルは銃弾を受け戦死している [18]。こうした状況は、『タイムズ *Times*』紙でも報じられている。ともあれ、封鎖解除の反面、ロシアの軍事占領下で検挙を恐れた多くの義勇兵は逃亡を余儀なくされた。

ところで、当時シーア派聖地ナジャフには4人の有力モジタヘドがいた。彼らのうち、ムッラー・カーズィム・フラーサーニー（1839-1911）、シャイフ・アブドゥッラー・マーザンダラーニー（?-1912）、ミールザー・フサイン・テフラーニー（?-1908）の3人は、国王と専制派支持のヌーリーに批判的であり、立憲制を死守しようとするタブリーズ・アンジョマンと義勇軍への支持を明確に打ち出していた [19]。タブリーズ抵抗軍の必死の戦いとともに、こうした宗教権威の精神的な支援が、他の諸都市における小専制打倒、立憲制回復に向けた政治気運を側面から作り出す条件となったことは間違いない。

1909年1月初めにアリーゴリー・ハーン（1856-1917）とサムサーモッサルタネ（1856-1917）兄弟率いるバフティヤーリー部族軍がエスファハーンを占領し、専制派打倒の第二の狼煙をあげた。同市に立憲派アンジョマンが再建されたのに続き、3月末までに南部

シーラーズやブーシェフルでも立憲派が勝利した。また、それに先立つ２月、ギーラーン州の都ラシュトでは、社会民主党組織を支持基盤に、ダシュナク所属のアルメニア人革命家イェプレム・ハーン（1868-1912）がタブリーズ蜂起に敬意を評した「サッタール委員会」を組織化し、専制派州政府の打倒に成功した。そして、運動の基盤強化のためにマーザンダラーンの有力大地主セパフダーレ・アアザム・トノカーボニー（1847-1926）を立憲派新総督に据え、州内の統治権をほぼ手中に収めることに成功した。そして、このギーラーン軍とエスファハーンを進発したバフティヤーリー軍は相互に連携しつつ、７月に無血に近い状態で首都テヘラン解放に成功した。多くの人命を犠牲に、ここに約 13 カ月に及んだ内戦と小専制にようやく終止符が打たれた。

革命の終焉と英露支配

　テヘラン奪回とともに、小専制を宗教的に鼓舞した「マシュルーエ派」指導者ヌーリーも革命高等法廷の判決で処刑された。他方、ロシア公使館に一時避難していた国王モハンマド・アリーは、同年９月に彼の所有する宝石の返還や所有地の政府への委譲、立憲政府への反対活動の停止と引き換えに年金支給さえ約束され、アンザリー港から国外に退去した。第２議会の召集に向け、すでに動き出していた委員会の下で、選挙法も大幅に修正された。

　第１議会選挙は、1,000 トマーン以上の財産を持つ 25 歳以上の有産階層を選挙人資格とし、他方女性も犯罪者同様に選挙人資格外とされ、さらに各選挙人が６階層（①王子・ガージャール一族、②ウラマー・神学生、③貴族・名士、④商人、⑤地主および農民、⑥同職組合）から割り当てられた数の代表を選出するという点で、変則

的な内容の選挙法に基づいていた。また、そうした階層別選出を原則に、総議席中60議席がテヘランに配分されるという首都偏重も特徴としていた（他の州・準州は12ないし6議席）。しかし、第2議会選挙では上記のごとき第一次選挙法を廃し、選挙人財産資格も資産、納税額、年収という縛りを設けつつ、条件を緩和し、また選挙人年齢も20歳以上に引き下げた。さらに、テヘランへの15議席の配分によって首都偏重を改め（その他各州・準州、5部族・4宗教的少数派単位ごとに議席配分が大きく修正）、それぞれの議席の3倍の代表者を第一段階で選出し、その後第二段階で定員に見合う数の議員に絞り込む（段階）選出方式が採用された[20]。

　このように一新された1909年の第二次選挙法であれ、「普通選挙」といえない点で前選挙法と同様であったが、選ばれた第2議会（定数120人、任期2年、1909年11月開会）も一枚岩の議会とならなかった。その点は、「テヘラン解放と新政府の樹立後まもなく、相違と不和の毒草が地表に這い出し、争いが公然化した」[21]という、ある歴史家の言葉にも示される。そして、イランで初めて誕生したふたつの政党に、その対立は集約された。

　ひとつは、王族、地主、部族長と宗教勢力などから構成された「社会穏健党」（以下、「穏健派」）である。これは、「進歩的、イスラーム的、漸進的な発展の見解に沿うもの」と自らを位置づけ、「労働者の状況改善への配慮、知識の普及と義務教育、軍の増強」を掲げたが、専制派とは一線を画しながらも、おおむね現状維持を重視する特権的支配層の見解を代弁した。

　他方、「人民民主党」（以下、「デモクラート」）がその対抗勢力となった。第1議会議員タギーザーデを筆頭に、英国で教育を受けた元外交官ホセイン・ゴリーハーン・ナヴァーブ（テヘラン選出

議員）、第一次大戦後に親ソ的な「社会主義者党」を結成するガージャール朝王子ソレイマーン・ミールザー（1875-1944）やレザー・モサーヴァート（既出）など、西洋思想に感化された文筆家、官僚、そして近代的知識人層から構成された緩やかな政党であった。「民衆の立憲制原則の保持」を党目標に据えるこの党は、「完全な政教分離、強制的な秩序の確立、農民間での土地分配、反貯蓄法の制定、義務教育、農業銀行の設立、直接税より間接税の優先、上院議会の設置反対」など、さらなる変革実施を求めていた[22]。

　そして、1910年段階で穏健派が30議席、デモクラートが21議席を占めた。その他、「統一進歩党」や「進歩主義者党」も組織化されたが、それらは上記の対立を深める両党との関係で、最終的には穏健派に合流していく政党であり、1911年には穏健派の議席数は49議席にまで増大した[23]。1910年7月にタギーザーデの指示で行われたモジタヘドのベフバハーニー暗殺など、デモクラートの一部活動家の過激な動きが無所属を含め、他の政治勢力の反発を引き起こしていたからである。そして保守と革新に分かれた政党間の権力闘争が影響した悲劇的な事件として、「アターバク公園事件」も指摘しなくてはならない。

　この公園には、専制派打倒のためにラシュトからテヘランに駆けつけた武装集団、その数約1,000人が当時キャンプしていた。そこには、社会主義革命家ハイダル・ハーン・アムーオグリー（1880-1921）率いる約300人が上記のデモクラートを、そしてギーラーン革命軍の一翼を担ったサルダーレ・モフイー指揮下の約600人が穏健派を、それぞれ支持する武装勢力がその公園内に集まっていた[24]。テヘラン解放の立役者であったため、政府から給与を支給された彼ら元モジャーヘダーンは、北部駐留ロシア軍と反乱を続ける専制派

支持の武装勢力を恐れ、当時故郷に戻ることができずにいた。しかし、彼らの武力が政争に利用される可能性もあり、セパフダーレ・アアザム内閣（1909年10月成立）の時から、その武装解除とテヘラン退去が問題となっていた。また、タブリーズを事実上占領したロシア軍による逮捕・殺害の可能性から、テヘランに逃れてきた英雄サッタール・ハーンとバーゲル・ハーンも、1910年4月にこのキャンプに合流し、政府の対応の難しさに拍車をかけた。

　軍・警察・地方警備隊を除き、いっさいの武器携行を禁止する法案が議会で可決され、モストウフィヨル・ママーレク政府（1910年7月成立）は、8月4日に48時間以内の武装解除を彼ら旧モジャーヘダーンに要求した。サッタールとバーゲル両名による平和的武装解除交渉も進展せず、結局イェプレム・ハーン率いる警察軍（アルメニア人主体）も加わった政府軍と彼らの間で戦闘が発生した。死者25人、負傷者63人、逮捕者300人を数えたこの事件は、単に首都の治安回復の必要性以上に、政府の政治的思惑が働いたものとして、「革命派（デモクラート）と穏健派（社会穏健党）の争いの結果であり、その二分化がモジャーヘダーンにまで及び、……公正にすべての者から銃を取り上げたものではなかった」と、キャスラヴィーは指摘している[25]。そして、サッタールはこの戦闘の巻き添えで負傷し、その傷が癒えないまま数年後に命を落とした。

　このような内部抗争に悲惨な末路を読み取ることが可能な立憲革命は、1911年に入り突然終焉への道を辿ることになる。それは、イラン財政再建のために議会が同年2月3日に可決した米国財政顧問モルガン・シャスター（1877-1960）の招聘から生じた一連の問題に端を発した。5月8日のテヘラン着任早々、イラン財政の無

秩序状態に直面したシャスターは、1ヵ月後には議会に法案を提出し、イラン政府の「財政・会計上の直接かつ効果的な監督権」の掌握と、徴税実施目的の財務局直属のジャーンダールメリー（地方警備隊）創設を含む改革を急いだ。従来のイランの会計業務の慣例を打ち破り、欧米流の規則に基づき、財政運営の再建を意図したその方針は、直ちに穏健派のセパフダーレ・アアザム第二次内閣（1911年3月成立）との対立を引き起こした。赴任後2ヵ月間に財務長官としての職権を強化したシャスターは、穏健派に所属する有力者たちを敵に回すこととなった。

　デモクラートがシャスターを支援し、彼の改革の賛否が両党の対立に拍車をかけた。これにより、テヘランでの政治不安が顕在化した。ここに至って、突然ロシア政府はイラン政治への介入を開始した。発端は、密かに帰国した前国王がシャーセヴァンやトルクメンの諸部族と接触し、専制派の策謀と反乱を開始するなかで、彼の弟ショアーオッサルタネがそれに加担しているとの判断から、サムサーモッサルタネ政府（1911年7月成立）がテヘランにある彼の私邸やその他資産の没収を決定したことにある。シャスター率いる財務局付きの新設されたジャーンダールメリー軍がこの決定を実行に移した。

　これに対して、ロシア政府は最後通牒において、ショアーオッサルタネの負債の抵当権がロシア側にあるため、その資産没収権限はイラン側になく、48時間以内のジャーンダールメリー軍の即時退去のほか、没収時に武装解除された警備のコサック軍の再配備とロシア領事館員に加えられた「侮辱」への謝罪も要求した。それが実施されない場合、ロシア政府は関係断絶も辞さないと表明した[26]。

　イラン政府と議会はこれを受諾し、ジャーンダールメリーの退去

を実施した。しかし、ロシア政府の狙いは別のところにあった。同29日にシャスターとレクーファー（フランス人会計監査官）解雇、外国人顧問採用時の英露両公使館の事前承認、今回の事件で派遣したロシア軍の経費をまかなう賠償金支払いを要求し、続いて48時間以内の実施を求める第二の「最後通牒」が発出されたからである。満足の行く回答がない場合、ラシュト駐屯ロシア軍が進軍するとし、賠償金の増額をも要求した。そこに英露協商に基づき、イラン政治を操ろうとするロシアの露骨な意図が容易に見てとれる。

テヘランでは即時バーザールが閉店し、住民による抗議集会とデモが組織化された。ロシア軍占領下のタブリーズでも、報復を受ける危険性があるにもかかわらず、「住民は続々と金曜礼拝モスクなどに集まり、小学校の学徒さえ運動に参加し、国旗を手に歌いながら、『死か自由か』を唱え、市街・バーザールを行進した」という[27]。その他の諸都市でも、同様の状況が見られた。そして、登院しない議員も多いなかで、期限切れ直前の12月1日午前10時半に74人の議員と閣僚4人が出席し、議会が開会した。

上記最後通牒全文が読み上げられ、審議に移行した議会ではタブリーズ選出議員の最後通牒拒否の演説に多くの議員が賛同した。そして、採決によって、議会は最後通牒拒否を決定した。シャスターはその状況を以下のように述懐している。

正午まで数分残してすべての者に投票が求められた。1、2名の臆病なメンバーがこそこそと議場から逃げ出した。名前を呼ばれた議員は立ち上がり、自らの判断を述べた。名前が呼び終わると、誰もが……自らと家族の安全を賭けていた。……見物人たちの涙と拍手のなかを意気消沈し、脅える閣僚たちが退席

したが、議員たちは人々の前に横たわる行方に思いをめぐらし散会した[28]。

　ところで、この時期のイラン側兵力は、バフティヤーリー軍2,000、アルメニア人部隊300、フェダーイー（モジャーヘダーン）3,000、財務局ジャーンダールメリー軍1,100に過ぎず、他方タブリーズ、ガズヴィーンにそれぞれロシア軍4,000が駐屯し、その総兵力は15,000に達していた。さらに、コサック軍（1,500～1,600）のロシア軍への協力も予想され、武器装備を含めたイラン側の劣勢は火を見るよりも明らかであった[29]。したがって、ナジャフのモジタヘドによるロシア製品ボイコットの宗教令発出や聖戦実施のためのイラン来訪のニュースによって、イラン国民の抵抗姿勢や政治諸勢力の共闘姿勢が強化されようとも、12月6日にガズヴィーンに到着したロシア軍との軍事衝突を回避しなければならないとの政府の動きを止めることはできなかった。

　ロシア軍のテヘラン進軍を翌日に控えた12月20日夜、召集された議会では政府や英国の仲介を受け、創設された特別委員会に決定を一任する案が審議された。2日前（18日）に、テヘラン在住イラン人女性の一団がイスラーム的な衣装（チャードル）の下にピストルを隠し持ち議会に押し寄せ、「仮に議員たちがイランの独立保持のための努力を怠るならば、彼らを殺害し、自らも亡きものにしよう」[30]と迫ったこともあり、20日の議会は秘密裡に召集された。本件の議会決定がすでに下っているとの理由から、投票不参加の議員も出るなかで強行された採決により、委員会創設案が39対19で可決された。この委員会はロシア軍によるタブリーズとラシュト攻撃の報に促され、最後通牒受諾を決定し、ロシア公使館に伝達した。

最後通牒受諾が正式にロシア政府に通知された12月24日、サム
サーモッサルタネ内閣閣僚、穏健派議員らが参加した秘密会議が宮
廷で開催された。新国王に即位したアフマド・シャー（在位1909-
25）は若干12歳であったため、アゾドゥル・モルクの後を継いで
摂政職に就任したナーセロル・モルク（1863-1927）が出席した。
その会議で、国の情勢と議会の抵抗に関する外相からの演説後、あ
らかじめ用意された閣僚署名入りの法案が摂政に手渡された。法案
では、デモクラート系議員による政府への非協力がタブリーズ、ラ
シュトの流血事態の原因として指摘され、英露商品のボイコット運
動も非難された。最後に、議会閉鎖を求める勅令発出が摂政に要請
された。これを承認した摂政から議会閉鎖の勅令が警察長官イェプ
レム・ハーンに下った。

　ロシア軍との交戦を辞さないとした立場から急遽姿勢を変更した
彼の指揮下で、翌日議会建物からは議員が排除された。テヘラン
での戒厳令の布告とともに、デモクラート系の組織が閉鎖されたほ
か、その機関紙が発行停止処分を受けた。これに対して、デモク
ラート党員が抗議集会を組織化したが、政府軍に包囲され、散会を
余儀なくされた。その後、一部の穏健派メンバーを含め、政府措置
に不満を持つ多くのデモクラート議員・活動家が逮捕・投獄され、
地方都市や国外に追放された。第2議会はかくて立憲政府自身の手
で強制解散させられ、革命も幕を閉じた。

　立憲革命の牙城となったタブリーズの状況は、さらに悲惨であっ
た。略奪に走るロシア軍が一警察官殺害事件を利用し、虐殺行為に
さえ及んだからである。ある地区では、「老若男女を問わず、多く
の者をパン焼き窯に投げ込み、灯油をかけて火をつける」蛮行さえ
行ったという[31]。モジャーヘダーンの武装解除と逮捕、軍事法廷

での裁判が実施され、シェイヒー派宗教学者で州アンジョマン指導者セガトル・イスラームを含む8人が絞首刑に処された。ロシア軍に後援された専制派による弾圧で、以後9ヵ月間にデモクラート活動家234人が処刑される事態も目撃されている。

他方、英国もこの間南部支配を着実に強化した。1911年10月インド軍2個騎兵大隊第一陣がブーシェフルに上陸したのに続き、11月末までにさらに2個大隊がイラン南部に派遣された。北部で見られた現地住民への過酷な弾圧こそなかったが、英国も1907年協商の勢力範囲分割を軍事的に既成事実化した。1909年に英国資本で設立されたアングロ・ペルシァ石油会社（APOC）は1913年までに大規模な精油所建設を完了していた。

立憲革命は、専制支配の打倒とその後（1979年まで）存続する憲法・議会制度を樹立した意味で、イラン近現代史に重大な足跡を残す、民主化に向けた政治運動であった。実際、これによってガージャール朝専制支配は以後復活することはなかったが、しかし王朝自体は政府と議会の狭間で揺れ動く弱体ぶりを露呈し存続したに過ぎなかった。だからといって、国民の平等な権利と政治参加を約束する民主化も達成されず、また対英露従属も打破されたわけではない。そうしたふたつの重要課題の実現は、以後イランの民族運動がその後も追求し続けざるをえないものとなる。

第**3**章
第一次大戦と戦後イランの混迷

　ロシアからの最後通牒の受諾とともに、議会の強制解散とデモクラートへの弾圧さえ実施したサムサーモッサルタネ政府は、その後も1年余り存続した。穏健派による支持に加えて、英露の意向も影響したからである。特に、1908年5月にイラン南西部に位置するマスジェド・ソレイマーンで初の大規模油田が発見されて以来、APOC（アングロ・ペルシァ石油会社）が操業を開始した地域がサムサーモッサルタネ首相の出身母体であるバフティヤーリー部族の支配領域に近接していたことから、英国が彼を首班としたイラン政府との関係を重視しても不思議ではなかった。また、サムサーモッサルタネ政府の対ロシア関係もおおむね良好であった。シャスターのテヘラン退去（1912年1月13日）の1週間前には、ロシアの意に適うベルギー人 M. モルナードが北部税関長に任命されていた。

　加えて、政府（内務省管轄下）ジャーンダールメリーの新設も英露の意向を反映した事例として指摘されねばならない。前章で見たごとく、財務局ジャーンダールメリーがシャスターによる徴税実施の手足となったがゆえにロシアの反感を惹起し、最終的に解体せざるを得なかった事情を受け、新設されたこのジャーンダールメリーの活動範囲はイラン南部に限定された。そこでは、資金援助を通じてジャーンダールメリー軍への影響力を強め、南部の反英的な部族蜂起の鎮圧や街道警備に利用する英国の意図が働いていた。そし

て、1913年末までに同軍兵力は36人のスウェーデン人将校指揮下で約6,000人にまで増員されたことも知られている[1]。他方、イラン北部ではロシア人将校指揮下のイラン・コサック軍がロシア軍の別働部隊としての役割を担い、実際13年4月にケルマーンシャーで発生したクルド反乱ではロシアの意向に沿った鎮圧作戦にも参加していたから、ジャーンダールメリーの新設は特段ロシアを刺激する材料ではなかった。

立憲革命直後のサムサーモッサルタネ政府は、立憲派の分裂した状況に加え、このような1907年協商に基づく英露支配の定着という、交錯する内外条件の微妙なバランスのうえに存続した。だが、こうした政府も政治的混乱と動揺を前に、安定的であるはずもなかった。北部ではサーラーロッドウレ（前国王モハンマド・アリーの兄弟）率いる専制派が反政府反乱を継続し、南部ではバフティヤーリーのライバル部族で、反英的なガシュガーイーが政府軍の弱さに付け入り、シーラーズ周辺地域の不安定化を著しく助長していた。街道輸送網が寸断され、当時エスファハーン南のヤズドでも、インドよりもロシアからの商品輸入が容易であった[2]。こうした状況下で、1913年1月には閣内対立からサムサーモッサルタネが辞任し、代わってアラーオッサルタネ（1838-1918）が内閣を率いたが、彼もバフティヤーリー武装集団によるテヘラン騒擾事件の影響下で短期に首相の座を退いた。また、1912年5月以来スイスに滞在していた摂政ナーセロル・モルクは、政府からの度重なる帰国要請を拒否し、国王を補佐する役割を放棄していた。

議会の強制解散後、革命の方向性が失われたことに加え、有力政治家間での権力闘争の表面化、それに伴う内政上の行き詰まりが

誰の眼にも明らかであった。他方、英露支配も上に見たように一段と強化されていた。こうした事態がイランを覆い尽くすなか、1914年7月に第一次世界大戦が勃発した。

第一次大戦下のイランの民族運動

第一次大戦は、イランにとって「対岸の火事」となるはずであった。だが、そのような見方は当時のイランが置かれた条件によって直ちに否定された。すでに述べたように、英露両軍が1911年以来、国土の一部を事実上軍事占領していた。また、英国政府がAPOCの大株主となったことに加え、大戦勃発直前に船舶燃料の石炭から石油への切り替えがW.チャーチル（1874-1965）率いる英海軍省によって決定されていた。英露に戦いを挑むドイツ・オスマン同盟国側は、戦略物資となった石油の関連施設破壊や奪取を狙い、いきおい対イラン侵攻を準備することとなった。英国がオスマン帝国内のアラブの民族感情を利用したように、ドイツとオスマン帝国がイランに渦巻く反英露感情を利用し、戦況を有利に進めようとしても驚くには値しない。

ところで、1913年8月成立のモストウフィヨル・ママーレク（1873-1932、以下「モストウフィー」）政府は、大戦の勃発と同時に「中立」を宣言している。デモクラートに近い党派的立場に立つ彼でなくとも、それまでの経緯と、英露による半植民地化の現状から、協商国を支持する決定を下せなかったに違いない。他方で、逆に、上に説明した状況を踏まえれば、同盟国支持も英露両軍によるテヘラン占領の危険性を増幅するものであり、非現実的な決定であったということもできる。そして予想された通り、イラン国土は協商国と同盟国間の戦場となった。

イランの中立を拒否したオスマン政府は14年12月早々に、アーザルバーイジャーンに軍を進めた。また、オスマン帝国と同盟を結んだクルドによるタブリーズ占領という事態も発生した。さらに、すでに同年9月からアフガニスタンからの対インド攻撃を計画していたドイツは、翌15年夏から対イラン工作活動を開始し、戦前ブーシェフル駐在領事であったW.ワスムスをはじめ、シューネマン、プーギンなど多くの工作員をそれぞれファールス地方、ケ

写真8　ワスムス

ルマーンシャー、エスファハーンにおける反英反乱の組織化のために派遣した。なかでも、「ドイツのロレンス」として知られるワスムスは親英的なアラブやバフティヤーリーに対抗心を持つガシュガーイー部族を動員し、英国の地位を脅かす反英蜂起を組織化することに成功した[3]。またイラク方面からも、フーゼスターン地方のAPOC石油施設を攻撃するドイツ工作員が侵入を繰り返した。

　加えて、テヘランではドイツ公使館が、モシーロッドウレ、エイノッドウレの短期内閣の後を継ぎ、1915年7月に首相に返り咲いたモストウフィー政府との接触を活発化させた。もちろん、目的はイランを正式に同盟国側に立って参戦させることにあり、両者の間でエスファハーンに都を移す計画も協議された。こうしたなかで、11月にロシアが協商国への協力に消極的なイラン政府への圧力行

カフカーズ
ロシア領トルクメニスタン
カスピ海
オスマン帝国
メソポタミア
クウェイト
ペルシア湾
バハレーン
アフガニスタン
英領バルーチスターン

マーコー
ホイ
ハルヴァンド
ケルマーンシャー
オルミーイェ
マハーバード
タブリーズ
アルダビール
アンザリー
ラーヒージャーン
チャールース
ラシュト
ガズヴィーン
サーリー
バーボル
ゴルガーン
テヘラン
フイールーズクーフ
ハマダーン
アラーク・カーシャーン
ホメイン
ナタンズ
ホッラマーバード
ナーイーン
デズフール
エスファハーン
シューシュタル
ヤズド
マスジェド
ソレイマーン
ベフバハーン
ホッラムシャフル
カーゼルーン
ブーシェフル
シーラーズ
バンダレ・アッバーズ
ジャースク
チャーバハール
ボジュヌール
シールヴァーン
グーチャーン
マシュハド
ニーシャーブール
ガーエン
ビールジャンド
ケルマーン
バム
サーヘダーン
ミールジャーヴェ

———ドイツ工作員の活動ルート　▨オスマン帝国の占領地
▨ロシアの占領地　　　　　　■イギリスの占領地

【出典】Movarrekh al-Doureh Sepehr, *Iran dar Jang-e Bozorg, 1914–1918*, n. p., Tehran, 1336.

地図4　第一次大戦下の外国軍によるイラン国土占領

使のため、急遽テヘラン進軍の決定を下した。この通達を受けたテヘランはパニック状態に陥った。というのも、4年前のタブリーズに加え、その後宗教都市マシュハドにある第八代イマーム・レザーの廟に対する砲撃さえも実施したロシア軍の蛮行が再現されるのではないかと、多くの住民の恐怖心を惹起したためである。その結果、前年12月に開会したばかりの第3議会議員、知識人、ジャーナリスト・文筆家、商人、ウラマーがゴムに急遽脱出する「モハー

ジェラト」(移住)も始まった[4]。

　こうした事態は上記の遷都計画を前倒し的に実施するきっかけとなった。だが、1914 年 7 月に第七代国王に正式即位したアフマド・シャーだけでなく、首相モストウフィーほか閣僚も英露両公使館の圧力でこの首都脱出には結局参加せず、その点で当初の遷都計画との内容上の齟齬もきたしている。

　ともあれ、第 3 議会議員 35 人(うち、デモクラート 15 人、穏健派 6 人以外、無所属など)のほか、モジタヘドのタバータバーイーを含むウラマー、詩人アーレフ・ガズヴィーニー(1882-1934)、作家・言語学者のアリー・アクバル・デホダー(1879-1956)などのデモクラート・メンバー、さらにその他政治家、官僚、商人など数百名がこれに同行した。多数の議員の参加で、第 3 議会(定数 136 人、任期 2 年)はわずか 1 年で休会となり、以後議会の不在状況は 1921 年 6 月まで続くことになる。ちなみに、この議会選挙は 1911 年 10 月改正の第三次選挙法に基づき実施されている。女性参政権は認めなかったものの、財産資格を撤廃した男性普通選挙制の採用で、従前と比べ確かに前進した選挙法であった[5]。

　さて、首都脱出には同盟国側の公使・領事とその家族、その他館員も加わったほか、ジャーンダールメリー軍も合流した。同軍将兵がこぞって参加したわけではないが、この軍が行動を共にした背景には、スウェーデン人将校らの反ロシア感情、さらにドイツからの資金提供、そして何よりそのイラン人将校たちが比較的教育を受けた青年層から構成され、立憲主義思想や祖国の独立・主権に敏感な民族主義的志向に優れていたという理由も挙げられる[6]。そのなかには、1921 年に短期的ながらテヘラン(・ガヴァーモッサルタネ)政府に反対し、「ホラーサーン革命政権」を樹立するモハンマド・

写真9　セイエド・ハサン・モダッレス

タギー・ハーン・ペスィヤーン（1892 -1921）の姿もあった。到着したゴムで1915年11月10日に結成される「民族防衛委員会 Komite-ye Defaʻ-ye Melli」において、彼を含む兵力8,000のジャーンダールメリー将兵が軍事部門の中核を担った。

　他方で、この委員会に「亡命政府」の性格を持たせ、イランの親同盟国の世論を喚起したいドイツ公使（プリンス・フォン・リュイセ）の思惑が影響したことも否めない。また、タバータバーイー（穏健派）、ソレイマーン・ミールザー（デモクラート議員、既出）、セイエド・ハサン・モダッレス（神学評議会議員、1870/71-1937）、ネザーモッソルターン（無所属系議員）からなる全権委員会も選出され、各派の意見調整が図られることとなった[7]。そして、テヘラン政府との交渉だけでなく、義捐金や武器調達のためのイラン各地への電報打電もこうした委員会を通じて実施されている。

　デモクラートを中心に、穏健派や中立・無所属の議員経験者も参加したこの運動の展開は、既述の第二立憲制期の苦い経験を克服しようとする民族主義的活動家たちの必死の試みであったということができる。そして、その後ロシア軍の急迫を受けながら、エスファハーンを経てケルマーンシャーに移動したこの運動には、1915年12月段階でドイツとの同盟を約していた州総督ネザーモッサルタネ（1867-1924）も加わり、1916年2月に「臨時政府 Hokumat-e Movaqqati-ye Mohajerin」が創設された。彼を首班にサーラーレ・

モアッザム（外相）、ソレイマーン・ミールザー（内相）、モハンマド・アリーハーン・コルーブ（財相）、その他教育、郵便電信、司法分野での担当相を任命した政府は、成立直後に、ロシア軍の追撃に遭遇し、ガスレシーリーンに移動せざるをえなくなっている[8]。

1916年7月にようやくオスマン軍がケルマーンシャー、そして翌月にハマダーンを占領するに及んで、臨時政府の逃亡生活も終わった。しかし運動内部には、オスマン帝国との関係重視に傾いたネザーモッサルタネに同調する穏健派と、ドイツ重視のデモクラートとの間の路線上の対立も表面化した。また、17年3月のロシアとの戦いでオスマン軍が敗北を喫したことは、軍事的な「他力本願」という臨時政府の性格を露にした。多くのメンバーが退却するオスマン軍と行動をともにし、以後彼らは大戦終了まで主としてイスタンブルでの亡命生活を余儀なくされる。

一方、この間のテヘラン政府の動向に眼を移せば、英露の動向と圧力に振り回され、相変わらず政治危機の渦中にあった。モストウフィー首相は1915年12月に辞任し、その後大戦終了を間近に控えた18年7月18日までに、ファルマーン・ファルマー（1857−1939）、セパフダーレ・アアザム、ヴォスーゴッドウレ、アラーオッサルタネ、エイノッドウレ、モストウフィー、サムサーモッサルタネなど、最長で9カ月、最短で1カ月という短期内閣が続いたことにも、深刻な危機的状況をかいま見ることができる。戦況だけでなく、内部対立をさらけ出した上記の民族運動と同様、当時のイラン政治の脆弱ぶりを象徴していた。

したがって、イラン社会の悲惨な状況も放置されたままとなった。戦闘による農地・灌漑施設の破壊、食糧の徴発、治安の悪化と輸送網の寸断、それらの結果としての物資の不足と価格高騰など、

ありとあらゆる戦争被害が国民を襲った。特に、大戦直後の1919年には、未曾有の凶作やチフスを原因に、200万人もの死者が出たとの指摘もあながち大袈裟とはいえない[9]。こうした事態は、単にその年の農業生産の決定的不振にとどまらず、大戦下の農業・牧畜への打撃、農民を中心とした貧困層の窮状と政府の無策を前提とした異常なまでの「人的」犠牲として捉えるべきであろう。

そうであればこそ、1917年2月、それに続く10月のロシア革命はそれまでの解放の光明を見出す兆しとして理解された。この点は17年4月2日付けで元議員88人の連名でロシア議会議長宛に発出された電文にも認められる。革命の勝利を祝い、献身的な犠牲を払ったことへの敬意を表しつつ、これを機に「兄弟愛を育み、相互理解を遂げることができる民族とならんこと」を願った思いがその電文には込められている[10]。

また、民族防衛委員会結成に参加した前第3議会議員マレコッショアラー・バハール（1886-1951）による以下の指摘も、いかにロシア（10月）革命が歓迎すべきものであったかを物語っている。

ふたりの敵がある人の首を締めつけようと、二方向から縄を投げつけた。双方が縄の先を引っ張り、その哀れな人はもがき苦しんでいた。あるとき、そのふたりの敵の一方が縄先を緩め、「かわいそうに、私はあなたの兄弟です」と言った。その哀れな人は救われた。我々の首にかかった縄を緩めてくれた人こそレーニンである[11]。

宮廷詩人の家庭に生れたバハールは、立憲派支持の活動家として、デモクラートに所属したが、決して社会主義者ではない。それ

ゆえ、単なるレーニン賛美を動機にしたものではなく、むしろ英露支配のくびきからの解放を待望した知識人の素直な心情に基づいた指摘と見ることができる。

　実際、確かに 10 月革命後の新生ソヴェト政府の対イラン政策には、帝政ロシア政府を含む帝国主義列強の植民地支配を真っ向から否定し、イランを含む植民地化されたアジア諸国との新たな関係構築に向かう姿勢が顕著であった。特に、17 年 7 月からの駐留ロシア軍のイランから撤退開始に加え、レーニン率いるソヴェト政府はそれまでのすべての対イラン不平等条約の破棄と利権の無効を宣言した。イラン国土の勢力範囲分割を規定した英露協商も、当然破棄された条約のひとつである。

　他方、1915 年にロシアとの間で「コンスタンチノープル秘密条約」を結び、戦後ボスフォラス・ダーダネルス両海峡とコンスタンチノープル（イスタンブル）の譲渡と引き換えに、英露協商で定められた中立地帯を自国勢力範囲に組み込む約束を得ていた英国は、その丁度 1 年後の 1916 年 3 月には、ジャーンダールメリー軍の多くが同盟国支持に傾斜していたため、ドイツ工作員による反英部族反乱の鎮圧目的で、P. サイクス指揮下に「南ペルシア・ライフル銃隊」（兵力、約 8,000）を組織化していた [12]。にもかかわらず、ロシア革命の結果、英国の軍事力の不十分さは浮き彫りとなった。そのため、英国はロシア人将校指揮下のイラン・コサック軍（兵力 8,000）の指揮権を引き継ぎ、また北部に生じた軍事的真空を補う必要から、「東ペルシア哨戒線軍」と「北部方面軍」を相次いで新設するなどの軍事力の増強を図り、油田地帯駐留のインド軍守備隊の存在を含め、ほぼイラン全土を掌握するに至っている。

　また政治的には、大戦末期の 1918 年 7 月には国王アフマド・

シャーに圧力をかけ、サムサーモッサルタネを辞任させ、親英派ヴォスーゴッドウレ（1868-1951、以下「ヴォスーグ」）を首相に抜擢した。そして、戦後 19 年 1 月開催のパリ講和会議へのイランの出席を認めない方針を打ち出し、国際舞台での発言を封じた。そのうえで、英国は着々と戦後イランの単独支配に向けた準備をひそかに進めていた。それが、19 年 8 月 9 日に調印される「英国・イラン協定」である。

1919 年英国・イラン協定

　パレスチナでのユダヤの「民族的郷土」建設支持を打ち出した A. J. バルフォア（1848-1930）の後任として、英国外相のポストに正式就任した元インド総督カーズン（ロイター利権の箇所参照）が、この英国・イラン協定（以下、「英・イ協定」）の発案者であった。したがって、この協定はカーズンの「頭脳の所産」とさえいわれる。「地中海からパミール高原まで伸び、インド国境だけでなく、さらにその先の我が大英帝国との通信輸送を保全する従属体系の創出」[13] という独自の構想を持っていた彼は、英露協商にも批判的であった。そして、以前から並々ならぬ関心を抱いていたイランをそうした構想のかなめに位置づけた彼は、外相就任（1919 年 10 月）の少なくとも 6 カ月以上前から、戦後対イラン政策立案に積極的に関与していた。

　実際、その協定はイランの従属化を図る内容に溢れている。英露協商と同様に美辞麗句で始まる前文は別として、全 6 条と付随する借款協定の骨子をかいつまんで指摘すれば、以下のようなものとなる。

1）イラン行政省庁での英国人顧問の採用、

2）イラン統一軍結成のための合同軍事委員会の組織化、

3）関税収入その他を担保とした借款（200 万ポンド）の供与、

4）通信輸送手段改善のための英国の全面協力、

5）関税制度見直しのための合同専門家委員会の設置 [14]。

「慈善的」とも考えられる上記内容にもかかわらず、事実英国がイランを単独「保護国化」する意図を有したことは、1）と 2）がイラン側の「負担」であることを明記したことに加え、3）についても年利 7％の条件が付されていたこと、何より当時の英国とイランの国力の相違から、英国が両国の平等な関係構築ではなく、支配・従属関係の促進を意図していたことからも明らかであろう。さらに、協定交渉は極秘裏に行われ、調印に際しては首相ヴォスーグほか、財相と法相への総額 13 万ポンドの賄賂の支払いという問題も指摘できる。こうした「穢れた交渉」を経て調印された英・イ協定は、英国に「この国の政治的、商業的独占を保証する紛れもない手段であった」[15]。だからこそ、戦時下での「モハージェラト」から帰還し、戦後に新たな希望を見出していた民族主義的な活動家にとって、この協定締決は「屈辱」以外の何ものでもないと理解された。

特に、亡命先イスタンブルから帰還したモダッレス（既出）や金曜礼拝導師ホイをはじめとする宗教勢力が反協定運動を指導した。当時、戒厳令下のテヘランでは自由な出版が行えなかったため、モダッレスはエスファハーンで協定非難の声明文を印刷し、それを諸都市に配布する手段に訴え、反協定世論の拡大に努めた。他方、米国公使館からも協定批判の声明が出された。特に、ヴォスーグ政府がパリ講和会議へのイラン代表出席のために努力していた背後で、かかる協定締結交渉を実施していたことへの不快感が表明された [16]。また、当時ファイサル・イブン・フサイン（1883-1933、

後のイラク初代国王）率いるアラブ軍のダマスカス制圧で、「アラブ王国」が成立するという「シリア問題」をめぐって、英国と対立を深めつつあったフランスの新聞紙上でも、同様に英・イ協定批判が掲載された。そこには、大戦中の東アラブの分割を約したサイクス・ピコー密約を英国が遵守しないことへの不満が原因であったとはいえ、米仏のかかる動きも、側面からイラン国内の反協定気運の高まりを助長した。

　その結果、テヘランではバーザールの閉店ストと抗議集会の組織化、首相への投石や暗殺未遂事件さえも発生した。もちろん、政府当局は活動家の検挙と追放を実施し、また英国側は1920年以降に軍事・財政顧問を相次ぎ派遣するなど、協定の既成事実化を急いだ。不穏な状況が徐々にイラン各地で認められるなか、反協定気運は既存の政府がコントロールできない革命政権の成立という事態に発展していく。

北部革命政権の成立

　すでに立憲革命過程でも明らかにしたように、アーザルバーイジャーンの州都タブリーズは、政治的覚醒において他の都市と比べてきわめて先進的であった。1920年4月、そのタブリーズで反政府反乱が発生した。指導者は、1917年3月に「アーザルバーイジャーン民主党 Hezb-e Demokrat-e Azarbaijan」（以下、H. D. A.）を結成し、徐々に政治的影響力を拡大していたシェイフ・モハンマド・ヘヤーバーニー（1880–1920）である。ちなみに、彼はロシアの最後通牒の受入れ是非をめぐる第2議会（1911年12月1日）で、独立と自由をイランから奪い去る権利は誰にもないと演説し、議会による最後通牒拒否の決定を促した商人出身の元デモクラート系議員

であった[17]。

　1919年末に政府と駐留英国軍の選挙干渉を受けながら実施された第4議会選挙では、彼が率いたH. D. A.は同州議席の過半数を獲得し、その後機関紙『タジャッドド（復興）』を通じていっそう激しい政府批判を展開するまでに至っていた。都市青年層、手工業者、「プチブル」といった社会層のほか、政府の不当待遇に根強い不満を抱くジャーンダールメリー将

写真10　シェイフ・モハンマド・ヘヤーバーニー

兵も運動に合流した。そして、それまでの度重なる州政府の弾圧政策に抗議し、武装蜂起へと発展したこの運動はその後同州諸都市にも飛び火した[18]。そして、「自由国」という意味の「アーザーディスターン　Azadistan」独立共和国樹立が、1920年6月24日に宣言されている。

　その東隣に位置し、カスピ海を臨むギーラーン州でも、さらにテヘランの中央政府を驚かせる事態が発生した。すなわち、ソヴェト政府が10月革命に反対し組織化された白衛軍と英軍による革命干渉戦争に直面するなかで、バクーから白衛軍を追撃したソヴェト赤軍が20年5月18日にアンザリー港に上陸したからである。そして、この事件を契機にギーラーン州での反英民族運動は一段と激化した。バクーのイラン人石油労働者を中核として組織された「アダーラト党」（同年6月に「イラン共産党」に改称）に加え、大戦中に反英「テロ」活動に従事した「懲罰委員会」の生き残りエフサーノッラー・ハーン（1883-1937）指導下の極左的な「モジャーヘディー

ン（戦士団）」、ハールー・ゴルバーン率いるクルド族雇農、そして穏健派を支持した戦闘的民族運動家クーチェク・ハーン（1880/81-1921）が指揮する「ジャンギャリー（森林パルチザン）」など、反英諸勢力の統一戦線が結成された[19]。なかでも、立憲革命に参加したクーチェクは1915年からロシア軍にゲリラ戦で挑み、その後英軍を苦しめた敬虔なムスリム闘士として名を馳せていた。同州から、白衛軍および英軍が一掃された6月6日に「ギーラーン共和国臨時政府」の樹立が宣言された。

　北部でほぼ同時期にふたつの革命政権が成立したことは、英国支配を甘受するテヘラン政治との決裂を高らかに謳いあげたに等しく、その衝撃は極めて深刻であった。6月27日に、ヴォスーグ政府が辞任に追い込まれ、モシーロッドウレ（1871-1935、以下「モシール」）を首相に据えた新政府成立も当然の結果であった。モシールは、先に挙げたロシア2月革命発生直後に祝電を打った議員連の指導者であり、デモクラートから広く支持される民族主義的政治家として知られていた。したがって、北部革命政権への影響も決して少なくなかった。

　たとえば、アーザルバーイジャーン革命政権の場合には、新政府からタブリーズに派遣された同じくデモクラート系指導者モフベロッサルタネ（メフディー・ゴリー・ヘダーヤト、1864-1955、後にレザー・シャー政権下で1927-33年首相）が同州革命派内部の動揺を引き起こしたからである。そして、政府軍の急襲を受けた9月14日に見るべき抵抗もなく、革命政権は解体した。戦死したヘヤーバーニーは闘争の思想性を重視した反面、軍事力強化を怠ったという。それが、革命政権が脆くも崩れ去る背景にあったといわれる[20]。

他方、ギーラーンでも 1920 年 7 月に、クーチェク・ハーンが統一戦線から離脱するという事態が目撃された[21]。同州の富裕商人、大地主から支持され、穏健派に属した彼が、社会主義革命の即時実現を唱導し、反イスラーム宣伝や農地改革さえ強行しつつ、指導権を掌握しようとする左派勢力よりも、モシール率いるテヘラン政府との連帯を重視したのは当然の選択であった。しかし、ソ

写真 11　ミールザー・クーチェク・ハーン・ジャンギャリー

ヴェト赤軍がギーラーン政権を背後から支えていたことは、アーザルバーイジャーンの場合との決定的な相違であった。それは、テヘラン政府に軍事的対応を許さない条件として作用しただけではなかった。ギーラーン革命軍の首都進軍の可能性を脅威とみなすテヘラン政府や英国の対応がいっそう問われることになった。

　ところで、モシール政府は対イラン政策をめぐって外相カーズンと一線を画していたテヘラン駐在英国公使 H. ノーマンの意向と結び付き成立していた。ノーマンにとって、「大衆支持の確保のための民族主義者との協力」と「国民議会の早期召集による協定批准の獲得」が重要であり、モシールはそのための適任者として指名された[22]。しかし、彼の政策はノーマンの計算をいち早く狂わせ、根本的に英国の利害と対立した。というのも、モシールは議会による批准成立まで協定実施を延期する旨宣言し、すでにヴォスーグ政府時代から開始されていた第 4 議会選挙のやり直しさえ発表したからである。

　加えて、モシール政府はイスタンブル駐在大使モシャーヴェロ

ル・ママーレク（パリ講和会議イラン代表）をモスクワ派遣使節に任命し、対ソ交渉に臨む外交政策を採用した。それはヴォスーグがソヴェト赤軍のアンザリー港上陸を「侵略行為」として非難し、国際連盟に提訴した結果、同連盟理事会が下した裁定を前提に、ソヴェト側から要請のあった善隣友好関係の樹立に応えた政策でもあった。旧帝政ロシア時代の全ての特権の無効に加え、不平等条約の破棄がソヴェト外交の基本姿勢として表明されており、対ソ友好の重視を否定する理由はイラン側にはなかった。

　実際、1920年10月25日にモスクワ入りしたイラン使節団は、対ソ友好条約締結交渉を開始した[23]。それは、軍事レベルに次ぐ英国の外交上の「後退」と見なすことができる。しかし、こうした独自の政策展開を図ったモシールは、英国外相カーズンから提示された英・イ協定批准のための議会召集の最終期限（10月末）直前に、突如辞任した。これによってイランの政治危機はその後もいっそう深刻化していく。

　以上のごとく、1917年ロシア革命の発生で、イランは1907年協商に基づく英露二極支配からようやく解放されたかに見えた。だが、戦後イランを待ち受けていたのは、英・イ協定という単独保護国化を目指す英国の政策であった。当然、それに反発する反英抵抗運動は高揚することとなった。しかし、反英、反テヘラン中央政府の立場で共通する姿勢を示しながら、そこに生まれた運動は一枚岩的な民族運動へと発展できず、テヘラン政治の動向を受けて動揺した。特に、ソヴェト赤軍の後援により強固に見えたギーラーン革命政権の「寄り合い所帯」的性格も、次第に明らかとなっていった。

　ともあれ、そうした革命政権の成立自体は、イランの国家的解体の様相さえも孕んだ深刻さを帯びた。それが、1921年以降のイラ

ン政治を突き動かす新たな行動主体の台頭の条件として作用したと
見ることができる。

第4章
レザー・シャー独裁王政の成立と変転

　1921 年に入っても、英・イ協定調印に端を発した戦後イランの政治危機は解消されることはなかった。ソヴェト赤軍によって軍事的に後援されたギーラーン革命軍の首都進軍さえも予想され、1月5日には英国政府からいっさいの援助停止と3カ月後の英軍撤退実施も通告された。追い打ちをかけるかのように、英系企業代表者会議ではヨーロッパ人職員の即時解雇や婦女子の国外退去、さらに英系「ペルシァ帝国銀行」による銀交換と小切手の現金化業務停止、その他一部支店の閉鎖も発表された。その結果、王族や大地主など支配階層や富裕商人の間では、「英軍撤退後に、ボリシェヴィキの占領が引き続き起こる」との不安が急激に拡大していた [1]。北部方面から数百人にも達する避難民がテヘランに押し寄せ始めたことも、こうした危機感を募らせた材料であったということができる。

　このような状況下では、かつて立憲革命期の小専制打倒に果たした功績から、「セパフサーラーレ・アアザム（大総司令官）」なる称号を受け、モシールの後を継いで 1920 年 11 月に首相に就任していたセパフダーレ・アアザム（以下、「セパフダール」）内閣も、1921 年1月半ばには、辞意を表明するあり様であった。後任首相も見つからず、セパフダールが続投せざるをえないという政治状況のなか、クーデターが2月21日に発生した。それは、イランの国運を大きく変える直接的な契機となった。この政変を通じて政治舞台に登場したイラン・コサック軍大佐（一説には准将）レザー・ハーン

（国王即位後はレザー・シャー、1878-1944）が徐々に権力を掌握し、自らが初代国王となったパフラヴィー王朝（1925-1979）を創設し、新たな国家建設を開始するからである。

1921 年クーデターと「英国の陰謀」論

ところで、ガージャール朝国王アフマド・シャーに忠誠を誓いつつ、レザー指揮下のコサック軍ガズヴィーン分遣隊（兵力約2,500～3,000）が難なく首都テヘラン制圧に成功したこの1921年クーデターは、しばしば「英国の陰謀」と見なされる。その点は、『イラン百科事典 Encyclopaedia Iranica』の「陰謀論」という項目でも言及されている[2]。また、レザー・シャー独裁を詳細に検討したH.マッキー著『イラン20年史』（全8巻）の第1巻では、この点が詳細に論じられている。実際、そう考えて間違いない証言や資料も多い。

たとえば、レザーに協力したもうひとりのクーデター指導者であり、この政変後に国王から首相に任命される若きジャーナリスト、セイエド・ズィヤーオッディーン・タバータバーイー（1892/93-1969、以下、「ズィヤー」）の「親英的」性格が挙げられる。シーラーズの宗教学者の家庭に生まれた彼は、大戦中に「鉄の委員会」という名の反共テロ組織に参加した経歴を持つほか、戦後APOC（英系アングロ・ペルシャ石油会社）の代表としてバクーに派遣され、また新聞『ラアド（稲妻）』紙の主筆として英国の政策を強く支持していた人物であった[3]。

他方、マーザンダラーン州サヴァードクーフ駐屯軍将校と、ゴレスターン条約（1813年）でロシアに割譲されたグルジアからの移民出身の女性の間に生まれ、ロシア人将校指揮下のイラン・コサック軍に15歳から入隊し、着実に昇進を重ねたレザーの場合にも、

同様に英国との関係性が指摘される。たとえば、1917年のロシア革命後、コサック軍の指揮監督権がロシア人将校からイラン駐屯英軍へと移行するなかで、北部方面軍司令官 E. アイアンサイドがレザーの能力に注目していたという。特に、クーデター 1 週間前のアイアンサイドの日記には、「我々には何よりもクーデターが望ましく」、「私は彼（公使ノーマン）にレザーについて語り」、「レザーを信頼し、……コサック軍に近々行動させよう」と記されているという[4]。

　それだけでなく、当時テヘランにあった同時代人の証言なども加味すれば、「英国の陰謀」としてのクーデター論はそれなりに説得力を持つ。英国は、このクーデターを通じて腐敗した王族、大地主、政府官僚ほか、数百名規模の支配層や政治活動家を逮捕し、それによってイラン政治の一新を図りつつ、その実イランの単独支配のために強力な反ソ的中央政府の樹立を計画したという。そのため、クーデター指導者に既存のイラン政治とは無縁なズィヤーとレザー両名を担ぎ出す必要もあったと考えられる。だが、実際クーデターへの英国の関与はその現地出先機関（英国公使館と駐屯軍）関係者に限定され、カーズン外相率いる英本国外務省による承認を得たものではなかったことは特筆されてよい。

　特にこの点は、当時の英外務省の基本方針が英・イ協定の批准・実施にあり、それが不可能な場合にはエスファハーンに遷都した「南部ペルシァ国」樹立さえ計画していたことに示される。また、米仏ソ 3 カ国は国王アフマド・シャーより首相に任命されたズィヤー率いる政府を直ちに承認したが、英国の場合には政変実施から 1 カ月を要した。そこには、「テヘランの状況があまりに急激に変化し、安定要因が極めて不確か」とのカーズンの判断が影響した。

この間、カーズンを説得したのはノーマンであり、彼は「英国政府の彼（ズィヤー—筆者）への偏見がそのやや思い切った政権到達手段に起因しないことを期待する」と論じ、「クーデターとその結果が腐敗した旧支配層の間でも、ボリシェヴィキからのペルシア救出の最後の希望の光として歓迎されている」として、ズィヤー政府を擁護し続けた[5]。

加えて、「英国があらゆる動きを計画し、またすべての事件をコントロールしたとの考えが誇張」されたともいえる[6]。たとえば、ズィヤーでさえ、英国の思惑に必ずしも忠実でなかったことは、「英国の陰謀」論の限界として注目される。すなわち、反英的国内世論の高まりと北部革命政権の成立という事情から、彼にすれば対ソ関係の再構築と、英・イ協定破棄を含めた対英関係の見直しが緊急を要した政策課題であったことに間違いはない。したがって、「親英」的性格との決別は、クーデターの正当化のために最低限必要な条件となっており、それゆえズィヤー政府の政策もこの点を示すものが多い。たとえば、ソヴェト・イラン友好条約の調印（2月26日）、すでに「死文化」した英・イ協定の破棄決定（4月16日）に加え、北部石油利権の米系企業への譲渡の意向や財政顧問 M. シャスターの再派遣に関する米国国務省への打診が挙げられる。そして、わずか3カ月後のズィヤーの失脚も、彼の政治手腕に期待していたノーマンにとっては大きな誤算であったに違いない。

ズィヤーの指示による逮捕者数は、クーデター後1カ月で約400〜500人に達し、多くは王族、政府高官、大地主が占めた。彼らはそれまで滞納していた税と同額と推定された莫大な保釈金支払いを拒否した結果、投獄状態に置かれた。だが、獄吏の買収によって外部との連絡は可能であり、着々とズィヤー政府打倒の準備が進

写真 12　ズィヤー（左から 6 番目）とクーデター関係者

められた[7]。クーデターを自らに対する英国の「裏切り行為」と見なしたファルマーン・ファルマー一族を筆頭とした元「親英」派だけでなく、クーデター批判を行う危険性から逮捕されたバハールを含むデモクラート系知識人の一部、穏健派の反英的宗教指導者モダッレス（いずれも既出）も反ズィヤー陣営に参加した。また、ズィヤーを首相に任命した国王も、彼の不遜な言動、宮廷費削減のほか、皇太子（モハンマド・ハサン・ミールザー）への接近による新国王擁立の動きをも警戒し、反ズィヤー姿勢を強めていた。

　また、英ソ両国の姿勢がズィヤーの国内的な孤立を加速したことも否めない。「英・イ協定破棄通告とともに、その国へのカーズンの関心が消え失せた」と指摘されるほど、英国政府のズィヤー政府に対する姿勢は、ノーマンによる擁護とは裏腹に冷淡となっていた。ソヴェトの場合にも友好条約を締結したとはいえ、ズィヤーとの間で良好な関係にはなかった。ソヴェト新任公使 F.A. ロトシ

チェーインは、ズィヤーの指示でソヴェト公使館に送り込まれたイラン人秘書官による情報収集活動に反感を募らせ、謁見した国王との間でズィヤーに対する批判的会話を交わしていたともいう[8]。

　クーデター直後の2月26日声明で、ズィヤーは「腐敗した王族・高官の打倒と国家財政再建、正義と公正に立脚した司法改革、……王領地・国有地の農民への分配、生活困窮者の救済とインフレーションの抑制、通信・輸送機関の整備、中央・地方間の格差是正、軍事力再編による治安確立」など、広範な改革主義的政策提案を掲げた[9]。だが、ズィヤー政府はいずれの点でも成果をあげられなかった。こうしたズィヤー政府への反対気運が徐々に醸成されるなかで、いち早く行動を起こしたのが内閣に参加せずにあったレザーであった。彼は同僚のコサック軍将校の復帰を促し、軍内部での権力強化を図りながら、4月末に一部王族の死刑執行命令を独断で中止し、ズィヤーに与しない立場を打ち出したからである。

　5月25日、こうしたレザーと協議した国王発表の首相解任の勅令によって、ズィヤーには国外追放処分が下された。だが、それに対抗する権力はもはやズィヤーにはなかった。「庶民出身の」、「貴族階級と闘う」内閣として賞賛されたズィヤー政府は、「英国の使用人」と揶揄され、「黒い内閣」との批判を浴びつつ崩壊した。

　1921年クーデターには、確かに英国現地出先機関関係者の関与という限定的な英国の「陰謀」という性格は認められる。しかし、そうした点以上に重要なのはこのクーデターが政治危機の克服に加え、安定的で強力な中央政府樹立という政治課題の達成という目標を担った政変であったことにある。それは、立憲革命の挫折以来認識されていたイラン再建のための不可欠な条件であった。これにより、レザーは政治舞台の第一線に名乗り出た。しかし、軍隊という

厳格な階級制のもとで昇進を重ねてきたレザーの強権性が発揮されていくことは、自然な成り行きでもあった。

パフラヴィー王朝創設への道程

ズィヤー失脚後の内閣組織化は、英・イ協定に調印したヴォスーグの実弟で、監獄から釈放されたばかりのガヴァーモッサルタネ（1875-1955、以下「ガヴァーム」）に委ねられた。他方、レザーはこのガヴァーム内閣で戦争相に就任した。以後の歴代内閣でも、このポストに留まった彼は、1923年10月に首相に就任するまでに政治力を強化した。その際、軍部が彼の権力基盤となったことはいうまでもない。そして、対ソ友好条約締結と英・イ協定破棄を前提に、英軍が1921年4月に、ソヴェト軍が同年10月にそれぞれイラン領から撤退したことがレザーの権力強化にとっては「幸運な対外的環境の同時発生」[10] 的条件となった。加えて、国内的には北部の不穏な状況がさらに軍部の役割、すなわちレザーの地位をいっそう揺るぎないものとした。

当時、ギーラーン革命政権はテヘランの急展開する政治動向に動揺していたが、イラン北東部のホラーサーンでもズィヤー失脚後にテヘラン政府に反旗を翻す新たな運動が、タギー・ハーン・ペスィヤーン大佐指導下で開始された。大戦下の民族運動の解体後、逃亡先のベルリンから帰国した彼は、ジャーンダールメリー軍指揮官として復帰し、「愛国主義者」としての名声は広く知られていた。したがって、赴任先の州都マシュハド住民の信頼を得ることは難しいことではなかった。

特に、タギー・ハーンがズィヤー政府の指示に従い、腐敗・専制の元凶のひとりとして逮捕・投獄したガヴァーム（当時州総督）が

一転首相に任命されたことは、長年の中央政治への反感を抱いてきた彼が具体的な政治行動を起す動機となった[11]。「法と正義」の回復のために「ホラーサーン革命政権」樹立に踏み切った彼の運動に対して、しかしガヴァーム政府は政府軍と周辺諸部族を動員した。そして、21年10月、クルド軍との戦いでタギー・ハーンがあえなく戦死した結果、この運動は脆くも潰え去った。

　他方、右から左まで政治諸勢力の「寄り合い所帯」的性格が濃厚であったギーラーンの場合も、同様に悲劇的な運命を迎えた。1920年7〜8月開催のコミンテルン第二回大会での理論的調整を経て、ソヴェト政府が「ブルジョア民主主義勢力」に位置づけたテヘラン政府と友好条約を締結した結果、この革命政権は「切り捨てられるべき」存在となった。また、イラン共産党書記長ハイダル・ハーンが9月末に殺害される事態や、「極左主義者」エフサーノッラー・ハーンのバクー逃亡も、この革命政権の弱体化を浮き彫りにした。そして、レザー率いる政府軍の前に、ラシュトからの撤退を余儀なくされ、その後交渉に一縷の望みを繋いだジャンギャリー指導者クーチェクは、政府の追撃をかわしながら山中に逃げ込んだ。しかし、そこで凍死している彼の遺体が発見され、ギーラーン革命もあっけなくその幕を閉じている[12]。

　1922年に入っても、ラーフーティー少佐指導下のジャーンダールメリー軍の反乱やエスマーイール・アーガー・セミトグー（1890–1930）率いるクルド反乱も発生した。こうした事情から、繰り返される内閣交替と無関係に、軍の統一・強化が政府・議会にとって最重要の課題であり続けた。南ペルシャ・ライフル銃隊の解散（1921年12月）後、政府軍の統一・強化は戦争相レザーの指導下で加速した。コサック軍とジャーンダールメリー軍の統合（と後者の縮小）

によってテヘランに本部を置く中央軍を筆頭に、西部、東部、北西部、南部の5個師団から構成される兵力3万の政府軍が彼の指揮下で成立した[13]。1941年までに兵力14万にまで拡大する政府軍要職には、自らの腹心（コサック軍イラン人上級将校）を意図的に配置するなど、軍部を支えとした彼の権力は一段と強化された。

　かくて強大化し、時に越権行為さえ行うレザー権力は、特にモダッレスによって議会で厳しく糾弾された。だが、国内治安回復と独立保持のために必要な軍と一体化した彼の指導力、さらに第4議会（1921年6月開会）で旧デモクラートを中心に新たに創設された「復興党」や、ソレイマーン・ミールザー指導下の親ソ的「社会主義者党」からの支持を受けるレザーを、容易に政界から排除できるものではなかった。その点でモダッレスはじめ、貴族、ウラマー、大地主からなる新党「改革者党」によるレザー政権への反対にも限界があったことは否めない。

　それでも、政敵ガヴァームを国外に追放し、自らが首相に就任した直後の「共和制樹立運動」は、彼の威信が大きく傷つけられた事件として知られている。1924年1月から新聞紙上で始まったこの運動は、トルコの共和制樹立と戦後イラン北部革命政権の共和制採用の前例にも触発され、また当時レザー権力を恐れ渡欧していた国王への不満やカージャール朝への批判的認識を反映した[14]。そして、第5議会（1924年2月開会）で、モダッレスは共和制を激しく非難し、宗教勢力を中心とした共和制反対運動は大規模化した。その結果、議会内共和制支持派による強行採決も封じられた。運動の背後にあると考えられた首相レザーは、共和制反対派への弾圧責任を追及され、辞任を表明せざるを得なくなる。しかし、軍部が脅迫的にテヘラン進軍も辞さない構えを議会に見せたことで、結局レ

写真 13　アフマド・シャー（前列中央）とレザー・ハーン（その左隣の長身の人物）

ザーは首相に復帰した。

　このように難局を乗り切ったレザーは、その後 APOC の操業上、英国の庇護下で半独立的な地位を許されてきたフーゼスターンのアラブ部族指導者シェイフ・ハズアル（1860-1936）の反乱を未然に阻止した。英国と南部諸部族の親密な関係の断絶、それら部族からの納税確保による財源拡大は、中央政府、言い換えればレザー権力の確立には不可欠であった。こうして、自らの政治的権威を強化した彼は、1925 年 5 月には王朝から与えられてきた称号（「ドウレ」、「サルタネ」、「セパフダール」など）の廃止法案を議会で成立させ、併せて一種の「戸籍法」と、国民がすべて姓名を持つことを定めた法律も可決させた。さらに翌月、全 36 条からなる徴兵法案も成立させた[15]。ウラマー、学生、その他扶養家族を持つ者を例外に、21 歳以上の全成年男子に正規兵役 2 年を課し、以後も予備役と自宅待機を含め、25 年の兵役が義務付けられた。これに

より、部族軍への軍事的な依存からの脱却を図る第一歩が記されている。以上に共通するガージャール朝支配からの決別という準備を経て、1925年10月末開催の議会に、以下の「ガージャール朝廃絶法案」が提出された。

　　国民議会は国民の繁栄の名のもとにガージャール朝の廃絶を宣言し、憲法と当該諸法の枠内で暫定的統治をレザー・パフラヴィー氏個人に委ねる。統治の最終的責任の決定は憲法補則第36、37、38条および第40条の変更のために組織される制憲議会の見解に委ねるものとする [16]。

　モダッレス、タギーザーデ、モサッデグら数名の議員がこれに抵抗を試みたが、議事進行と結果（出席議員85人中80人の賛成で可決）に影響を与えるものではなかった。これについて誤解を避けるために付け加えれば、反対票を投じた彼らにしても、レザー独裁への危惧が主たる抵抗の動機であった。そして、ノーマンの後を引き継いで英国公使に就任していたP. ロレインは、以下のごとく事態を本国に打電している。

　　ガージャール朝の消滅に関して確かに残念がり、また長く存続してきた王朝のあっけない崩壊に……戸惑っている者もいるが、ガージャールたちのために一滴の涙でもこぼし、また溜息をついた者がいたとは思われない。……一般的な感覚は無関心と嫌悪の入り混じったものである [17]。

　その後、異例の速さで実施された選挙を通じ、12月6日には制

憲議会（定数272人）が召集された。12日には早くも、上記の憲法補則条項の「ガージャール朝」の文言を「レザー・シャー・パフラヴィー」への王位委譲と世襲化へと修正する法案が賛成257票（棄権3）で成立した。ちなみに、諸説はあるが、「パフラヴィー」とはこの王朝初代首相で、知識人のモハンマド・アリー・フォルーギー（1875-1942）の進言を聞き、レザーが採用した姓であり、その際特に中世ペルシア語のそれを意識したものかどうかは分からない。むしろ、「英雄」なる意味を持つその語感が新王朝名採用に関わっているかもしれない。ともあれ、翌年4月に盛大な戴冠式を挙行したレザー・シャーの支配がここに成立する。

レザー政権下の近代化とイランの変容

　彼の在位約15年の間には、種々の政策的成果とイランの変化も多く見られた。そこには、「独裁」として、この政権を簡単に片付けられない性格も認められる。たとえば、「民族主義」的性格をこの政権に見出すことは難しくはない。そのひとつに、不平等条約（キャピチュレーション）の破棄がある。イランの対外的従属化は、すでに見たようにトルコマンチャーイ条約調印以来のヨーロッパ諸国との不平等条約調印に根ざしていた。その点で、1928年にヨーロッパ諸国に通告された不平等条約撤廃は1世紀に及んだ民族的悲願といっても言い過ぎではない。それを達成したレザー・シャー政権はガージャール朝期の負の遺産を清算した進歩的性格さえ有していた。また、その実現の前提となった司法制度改革も、併せて指摘しなければならない。

　1927年から開始されたこの改革では、ヨーロッパ諸法に基づく民法、刑法、商法の西欧化、それに伴う旧来の慣習法廷と宗教

（シャリーア）法廷の所掌事項の明確化と司法省の優越が図られた。但し、他方でこうした司法制度改革はウラマーの地位や収入に打撃を与える問題でもあり、微妙な性格をはらんでいた。そのため、婚姻・離婚、管財人・保護者の任命に関わる領域への宗教法廷の所掌事項の限定や法務長官の同意と監督への従属といった法規定の成立は、31年11月のことである。また、文書・資産の登記業務の宗教法廷から世俗法廷への移管も翌年3月以降のことであり、さらに裁判官職からも宗教学者の排除も36年以降というように、レザー権力の強化と並行しながら漸進的に改革を実行に移すという慎重さを示したことは注目される。

　また、財政再建でも一定程度の進捗が見られた。それは、ガヴァーム（第二次）内閣時の1922年末から職務を開始したアーサー・C. ミルズポー率いる米国財政顧問団に負うところが大きい。彼の下で組織的な徴税制度と支出管理が整備された。そして、その過程では、軍への予算割り当ての拡大を狙うレザーと、その削減を図る財務長官ミルズポー間の対立が先鋭化した。しかし、1925年に後者が対APOC交渉に従事し、利権料が前年比で倍加するなど、政府収入の拡大に貢献していたため、国王レザーは契約切れとなる27年5月まで彼の財政改革を容認した。財政的逼迫による借款獲得と利権譲渡、そして経済的な対英露従属を経験したガージャール朝期の悪循環の根はこうして絶たれた。

　加えて、教育改革も挙げられる。たとえば、28年5月に政府によるヨーロッパ留学生派遣法が可決され、また公立の小学校新設や中等学校の組織化、学習分野の世俗的カリキュラムも導入された。これらによって、従来型の都市・農村での初等宗教教育機関（マクタブ）の地位は相対的に低下した。また、一部の特権階層の女子児

童のみが享受できた教育機会も、徐々に都市部を中心に拡大傾向を見せるようになった（表3参照）。レザー・シャー政権の教育重視は、総予算の35〜40％台を占めた戦争省予算に遠く及ばないが、同じく総予算比率で1925/26年の3.1％から、翌年度には4.1％へ、1928/29年度には4.9％へと着実な伸びを示した[18]。また、1934-35年にはイランで最初の総合大学として、テヘラン大学も創設されている。

　さらに、1925年5月に制定した「砂糖・茶専売法」によって得られる収益を用い、カスピ海（バンダレ・シャー）とペルシア湾（バンダレ・シャープール）をテヘラン経由で結ぶ縦貫鉄道建設計画も指摘しなければならない。27年2月に第6議会（1926年7月開会）を通過した法律に基づいて、総工費約3,000万ポンドをかけて1938年に全線開通するこの鉄道敷設事業は、ドイツや米国などの外国企業に発注し、ようやく完成を見たとはいえ、外国借款に依存しなかった点で画期的な事業となった。また、道路網の整備拡充もレザー・シャー政権期に大きく進展した。28年から本格的に始まった計画に従って、一級から三級までの道路敷設が実施され、その初年度には2,928キロメートル、翌29年には2,080キロメートル、30年には5,248キロメートルというように新道路建設が進み、38年ま

表3　1922/23-1941/42年の男女別の初等・中等教育の拡大

年	全生徒数	女子		男子	
		生徒総数	全生徒数比（％）	生徒総数	全生徒数比（％）
1922/23	44,819	7,592	16.9	37,227	83.1
1926/27	60,337	18,084	30.0	42,253	70.0
1930/31	137,504	31,477	22.9	106,027	77.1
1934/35	183,204	45,542	24.9	137,662	75.1
1941/42	315,355	88,195	28.0	227,160	72.0

【出典】David Menashri, *Education and the Making of Modern Iran*, Cornell University Press, Ithaca and London, 1992, p.110.

でには都合 21,400 キロメートルの道路が敷設された。

さらに、公衆衛生分野での漸進的な改革実施も、レザー・シャー政権期の近代化に関して代表的研究を著した A. バナニーによって指摘されている [19]。特に、1924 年当時の医師総数が 905 人（35 ％がテヘランに集中）であり、その内 253 人が正規の医師免許取得者であった。当時のイランの人口を 1,161 万人とすれば、医師ひとり当たり患者数は 12,800 人となるが、人口 1,352 万人を数えた 1935 年までには、医師ひとり当たり患者数は 4,000 人へと縮小し、医師不足は改善された。政府の進めた医学校設置と厳正な医師資格の法制化、主要都市での病院・クリニックの開設という政策がそれに関わる成果として挙げられる。また、ペスト、チフスやマラリアなどの伝染病の蔓延阻止も重要な課題であった。1923 年段階で創設された「パスツール研究所」が後者の課題克服を担当し、ワクチン接種の義務化という対策も講じられた。

その他、都市部での電灯敷設や計画的な都市整備も徐々に開始された。また、農業分野の近代化に対して特段の政策は見られなかったが、砂糖、マッチ、セメント、綿織物を中心にした製造業では、レザー・シャー政権の肝いりで大規模工場が建設され、イラン経済の進展の基盤が徐々に形成され始めたことも注目に値する。

以上駆け足で見ただけでも、様々な分野でのインフラストラクチャーの整備を中心に据えた近代化が実施され、改革主義的な民族主義政権という点で、ガージャール朝支配とは一線を画する性格がこの政権には確かに認められる。しかし、それと一体不可分の中央集権化という政策課題にも取り組まねばならず、それに伴い専横かつ独裁的な性格が露になっていった。そして、上記の諸改革の実施において 30 年代初頭まで政権が重用したガージャール期政治家、

官僚、知識人の粛清・排除によって、レザー独裁は顕在化した。このことは、元宰相アラーオッサルタネに同行し、日露戦争開戦直前に日本を訪れたことのあるガージャール朝官僚メフディー・ゴリー・ヘダーヤト（既出）が、以下のごとく語っていることにも示されている。

> パフラヴィー王朝の7年目から8年目に希望は絶望へと変わった。諸事における全般的な規則、工場設立、鉄道敷設、道路開通はあるべき姿を示したが、正義の基礎は揺らいだ。すべての長所はこの欠点を埋め合わせることはない[20]。

1927〜33年に首相を務めたヘダーヤトの上記発言に基づけば、その節目となった時代とは1932〜33年に当たる。その2年間に、確かに重要な事件が発生し、レザー・シャー独裁の性格は際立ったものへと変化を遂げた。

レザー独裁の強化と抵抗運動

そのひとつに、まず32年11月のダーシー石油利権破棄決定の発表に始まり、翌年4月にAPOCとの間で締結される新石油利権契約までの、いわゆる対英石油利権紛争がある。

APOCが1901年に譲渡されたダーシー利権に基づき、イランでの石油採掘、精製・輸出・販売によって巨額の富を手にしてきたことは、それまでにも幾度か問題視されてきた。たとえば、統計的に不明な部分も多いが、1918〜27年の10年間を見ても、イランの受け取った利権料はAPOCの純益5,888万ポンドの約25％（1,442万ポンド）に過ぎなかった[21]。これ自体、ダーシー利権協定に記さ

れた「年純利益16％」を越える。だが、その純益とはAPOCの自己申告に基づいており、それが事実かどうかの保証さえなく、実際それ以上の収益を上げていると考えられても不思議ではなかった。しかも、筆頭株主である英国海軍省への廉価での石油売却という実態もあった。

さて、32年の石油利権破棄は、世界不況の影響下で石油価格が急激に下落したことを直接の契機とした決定であった。1931年の利権料が前年（128万ポンド）比の23.8％に急落したからである。その結果、軽工業中心の経済プラント建設や道路を中心としたインフラ整備、さらに軍部の装備拡張に多額の支出を行わざるをえなかったレザー・シャー政権は利権破棄を決定した。国際連盟理事会を巻き込む紛争となったこの問題はしかし、紆余曲折を経て、当の破棄決定を下したレザー自身が介入し、新規に契約を締結し直すことで終息した。その新契約では、石油1トン当たりの利権料を4シリング・ベースとして、また年間最低利権料75万ポンドの保証、APOC会計監査へのイラン政府の権利承認、未熟練労働者としてのイラン人の排他的雇用や技術・営業スタッフとしてのイラン人からの雇用促進が盛り込まれた。その反面、利権有効期間を32年間（1993年末まで）延長することが規定されている。後者が、前者の諸条件を引き換えとした妥協的措置であったことは誰の眼にも明らかであったということができる。

この新石油利権契約に調印した財相タギーザーデは、それから15年後の1948年1月開催の（第15）議会で、「イランには誰にも権限はなく、当時の絶対的権力（レザー——筆者）の意向に逆らい抵抗することは、不可能であった」旨発言している[22]。すでに、1928年3月から開始される第7議会（同年10月開会）以来、あら

かじめ用意された当選者リストに基づいた「不正選挙」が行われ、以後議会が形骸化し、また体制をもっとも厳しく攻撃した宗教指導者モダッレスも逮捕・追放されていた。ともあれ、この利権契約問題が先のヘダーヤトの言及に関わる重要な一例として指摘してもあながち間違いではなかろう。

1920年代後半のレザー・シャー政権の特徴はガージャール朝期の政治家や官僚、知識人への依存にあった。特に、その時期、初代首相を務めたフォルーギーのほか、宮廷相アブドゥル・ホセイン・ハーン・テイムールターシュ（1879–1933）、財相フィールーズ・ミールザー・フィールーズ（1889–1938）、司法相アリー・アクバル・ダーヴァル（1885–1937）らが、初期段階でのレザー政権を支えた。なかでも、「ダール・アル・フォヌーン」で近代教育を受けた後、スイスで法律を修めて帰国したダーヴァルは、前述の司法改革を指導した官僚として辣腕を振るった。また、テイムールターシュはレザーに次ぐ「NO. 2」の実力者として、権力の中枢を占めた。だが1920年代末から、このような当初の政権の性格も変化を遂げている。

その意味で重要なのは、1929年3月に発生したガシュガーイーを中心に、その後ファールス州の諸部族を巻き込み、広域化した南部部族反乱である。この事件との関係で、南部軍司令官モハンマド・ホセイン・フィールーズ准将とともに、その兄で財相フィールーズが逮捕されるという事態も発生した。真偽は不明だが、彼らはガシュガーイー蜂起に「加担」したとも指摘されており、政権内部の有力政治家を粛清するその後の一連の前例となった。たとえば、先述した石油利権問交渉過程では、テイムールターシュも突然逮捕・投獄され、33年10月には刑務所内で不審な死を遂げた[23]。

翌月には戦争相サルダーレ・アスアド（1878/79-1934）も逮捕され、バフティヤーリー、ガシュガーイー、ボイェル・アフマディーといった諸部族長の処刑実施と時を合わせるかのように34年3月に獄中で死去している。第2章で取り上げた小専制の打倒のため、父アリーゴリー・ハーンや叔父サムサーモッサルタネとともに、バフティヤーリー軍を率いた経験がある彼の死去も、政治的ライバルとなりうる有力者の粛清・抹殺という点で、レザー独裁の暗い一面を覗かせるものである[24]。

　レザー・シャー政権の独裁的性格は、34年6月から約1カ月にわたった隣国トルコへの外遊を経ていっそう際立ち、特に反宗教的性格をまとう結果となった。それは、彼が会談したケマル・アタチュルク指導下のトルコの近代化・世俗化の影響によるものと考えて間違いはない。「民族詩人」として名高いフィルダウスィー（「フェルドウスィー」）の生誕一千年祭の大々的な式典開催（1934年10月）を筆頭に、翌年3月のイスラーム・ヒジュラ暦（太陰暦）の禁止、それに代わるイラン・イスラーム太陽暦の採用、「ペルシャ」から「イラン」への国号の変更、ペルシャ語に数多くあるアラビア語を含む外来語の排除と新語の導入を目指した「イラン・アカデミー Farhangestan」の創設がその代表的な例である。以上を前提に、公然たる反イスラーム化政策も採用された。ムスリム女性の「ヴェール」着用禁止は、それを高らかに宣言するに等しい政策と見なすことができる。

　ところで、ひと言で「ヴェール」といっても、ひと通りではない。アラブ世界では、「ブルクウ」といった全身をすっぽり覆い、眼の部分が網の目状の織りで透けて見えるムスリム女性の衣装が知られている。しかし、イランで一般的なヴェールには、「テント」を意

味し、全身をすっぽりと包む一枚布の「チャードル」、膝下まである「マーントー」と呼ばれるコートに頭部から胸の部分までを覆った「マグナエ」、それに代わって使用されるスカーフ状の「ルーサリー」が挙げられる。それらを総称する「ヘジャーブ」は、現在も女性の権利を否定するイスラーム文化の「後進性」を象徴するものとして批判的に扱われる。近代化を進めるレザーも同様の視点から、また自らが進める中央集権化の唯一の障害と見なされた宗教勢力の影響力の根絶のためにこそ、ヴェール着用の禁止に踏み切ったに相違ない。

　特に、皇后がイラン暦新年の参詣に宗教都市ゴムの第八代イマーム・レザーの姉妹ファーティマ廟を訪れた際、彼女がヴェール着用の伝統を十分に遵守しなかったことで居合わせた宗教学者から叱責され、それに激高したレザーが部隊を引きつれて当の宗教学者に暴行を加えるという「ゴム事件」も、1928年3月に発生していた[25]。その時には、国王レザーも、またゴム在住のマルジャエ・タグリード、アブドゥル・キャリーム・ハーイェリー・ヤズディー（1859/60 −1937）も事を荒立てず、その結果この事件は終息した。

　その後、レザーも、パフラヴィー帽と短いコート着用を義務付けた28年末の「服装統一令」導入に際して、宗教勢力を特権的な階層と見なし柔軟に対応した。また、政権の動揺を誘った既述の南部部族蜂起に際して、宗教行事開催に積極的な協力を惜しまなかった。ガージャール朝期から「半」独立の影響力を有した部族社会と宗教勢力への国王レザーの慎重な姿勢を見て取ることができる。しかし、30年代の半ばにもなると、すでに大規模かつ中央集権的な軍部と官僚機構という、ガージャール朝が欠いた「専制装置」を備えるに至ったレザー・シャー政権にとって、政策実施上唯一の国

内的な障害は宗教勢力であった。そして、35年7月10日から数日間に渡り、第八代イマーム・レザー廟のあるマシュハドで発生した「ゴーハルシャード・モスク事件」は、それまでにないほど鮮明にレザー・シャー政権の反イスラーム姿勢を示す事件となった。

　第三代イマーム・フサイン一行がヤズィード（642?-683）率いるウマイヤ朝軍によって虐殺された「カルバラーの悲劇」の吟唱を生業とするモハンマド・タギー・サブゼヴァーリーが、今後採用が予想されたヘジャーブ廃止を激しく非難したことがこの事件の発端となった。これに鼓舞された約200名の参詣者と派遣された警官隊との間で小競り合いが発生し、数名が負傷した。しかし、これだけで終わらず、翌11日に投入された軍と群集の間で発生した衝突事件で60人以上の死傷者が出るほどに、事態はさらに悪化した。これを聞きつけ、周辺農村から棍棒や鍬、シャベル、ナイフで武装した農民が抗議のためにゴーハルシャード・モスクに結集し、事態はいっそう収拾がつかなくなった。国王レザーはこれに対して徹底弾圧を指示した。彼にもっとも忠誠を誓う正規軍分権隊が急遽派遣された14日には、モスク内で機関銃が乱射され、その結果死者だけで128人、負傷者200〜300人、逮捕者は815人にも達した旨、マシュハド駐在英国総領事は報告している[26]。

　ともあれ、「ゴーハルシャード・モスク事件」はふたつの結果を残した。ひとつは事件に連座したかどで逮捕されたイマーム・レザー廟代理管理人ミールザー・モハンマド・ヴァリー・ハーン・アサディーの息子を娘婿とした、フォルーギー首相が彼ら親子（後に処刑）の釈放をレザーに求め、その結果罷免されたことである。彼はレザー政権による近代化・中央集権化に積極的に協力したリベラルな進歩的政治家・官僚であった。テイムールターシュやサルダー

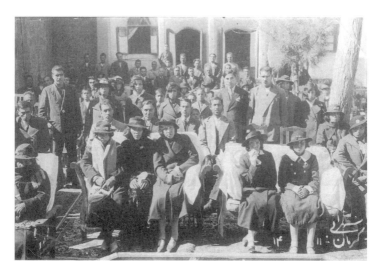

写真14 「女性解放」後の式典の風景

レ・アスアドなど、すでに幾人もの有力政治家が粛清されていたことから、彼の罷免はいっそうレザー独裁の性格を強化した。実際、その後「イエスマン」的政治家が首相・閣僚職に任命され、政権の硬直化は明らかとなる。ちなみに、司法改革との関連で先に言及したダーヴァルも、1年半後（37年2月）にアヘン吸引自殺を遂げている。

　あわせて、その事件後に徹底した反宗教勢力政策が実施された。この抗議運動に関与したかどで、約30人のウラマーが逮捕・追放されただけでなく、ヴェール着用の非合法化、それに伴う「女性解放」宣言が36年1月に国王レザーから発表された後、ヴェール廃止に関わる規則の強要とともに、軍・警察による宗教勢力への公然たる嫌がらせも実施された。当時、ゴムにあった宗教学者ムーサヴィー・ホメイニー（1979年革命の指導者）はこれに関連して、

「イラン全土ですべてのロウゼ(「カルバラーの悲劇」吟唱の集い——筆者)が禁止され、ひとりのターバンを巻いた者も街頭に出ることは許されなかった」とも、また「ある男はふたつの集団、すなわち宗教学者と売春婦をバスに乗せない旨、神にかけて誓ったとも語った」とも指摘し、それまで尊敬を集めた宗教勢力が政策的に公然たる攻撃対象に設定された旨語っている[27]。そして、こうしたヴェール非合法化が「宗教勢力の家父長的権力の一部を国家に移譲した」に過ぎなかったことも理解しておく必要がある[28]。

 以上の反イスラーム、反宗教勢力政策に対して、宗教権威ヤズディーは沈黙を守り、翌37年1月に死去した。レザー独裁に公然と抗う階層や社会集団がもはや国内に存在せず、他方で大規模な軍と9万人に達した官僚にも支えられた彼の権力は、30年代後半には絶頂期に達した。だが、レザーがあらゆる分野で独裁的権力を掌握する限り、彼ひとりの判断の誤りが体制そのものの崩壊に結果する脆さを内に秘めていた。第二次世界大戦の勃発後の国際関係の目まぐるしい変転に遭遇するなかで、その点は明らかとなっていく。

英ソ「二極構造」と独裁の終焉

 ところで、この間のイランと英ソ関係を見れば、それら両国は基本的にもっぱら貿易を中心にした経済的な繋がりを維持しつつ、イラン内政への干渉を行わずにきた。英国にすれば、既述の南部石油利権の温存が当時最大の国益であり、それが維持される限り、敢えてソ連を刺激する公然たる介入を行う必要はなかった。他方、イラン共産党が1927年の第二回党大会でレザー・シャー政権を「英帝国主義の傀儡」と見なし、共和制樹立による同政権の打倒を打ち出

表4　1900-39年のイランの貿易相手国別商品輸出入割合（%）

国名 / 年	英国・インド	ソ連	米国	日本	ドイツ	その他	計
1900-04							
輸入	37	45	0	0	1	17	100
輸出	11	73	0	0	0	16	100
1905-09							
輸入	36	50	0	0	2	12	100
輸出	10	67	0	0	0	23	100
1910-14							
輸入	32	53	0	0	4	11	100
輸出	15	72	2	0	1	10	100
1915-19							
輸入	61	28	0	0	0	11	100
輸出	18	67	3	0	0	12	100
1920-24							
輸入	67	12	1	0	2	18	100
輸出	37	33	15	0	0	15	100
1925-29							
輸入	46	28	4	0	5	17	100
輸出	20	40	17	0	1	22	100
1930-34							
輸入	29	32	7	9	8	15	100
輸出	23	27	15	2	10	23	100
1935-39							
輸入	17	24	8	7	25	19	100
輸出	17	21	10	3	32	17	100

【出典】Julian Bharier, *Economic Development in Iran 1900-1970*, Oxford University Press, London, 1971, p.108, 113 より一部修正して作成.

し[29]、それに対して、31 年に議会で可決された「反共立法」（正式には「国家的独立・安全に反対する先導者処罰法」）に基づき、社会主義・共産主義活動家への徹底弾圧が実施されていたものの、ソ連は基本的には従前の対イラン関係を維持していた。そこには、ソ連に有利な関税や粗悪な加工品輸出とダンピング問題、さらにソ連工作員の秘密活動の暴露などから、多少のギクシャクした両国関係が目撃されながら、ソ連が輸出入でともに英国を凌ぐ地位を占めて

いた事情がある。それゆえ、ソ連はレザー・シャー政権に宥和的な姿勢を採用し続けていた。

　しかし、世界恐慌の余波による経済的打撃を回避し、またソ連の中央集権的な貿易政策に悩まされてきたイラン側では、曲がりなりにも対等な対英ソ関係を構築しようと考えており、決して現状に満足していた訳ではなかった。特に、テヘランを含む北部諸州が対ソ貿易に依存していたからこそ、その打破を目指した「外国貿易独占法」（1931 年 2 月）の可決や、ソ連からの輸入制限を盛り込んだ新通商協定（同年 10 月）の調印も率先して行った。しかし、それらはいずれも自国に不利な貿易関係を抜本的に変更するまでに至らなかった[30]。そのため、レザー・シャー政権が採用したのが、貿易相手国の多角化であり、なかでもこれに積極的に応えたドイツとの関係は緊密化した。

　実際、対イラン貿易でのドイツの伸びは 35 年以降著しい。たとえば、表 4 にあるように、1930-34 年にそれぞれ 10％、8％の輸出、輸入割合でしかなかったドイツの対イラン貿易は、1935-39 年には 32％、25％というように、それぞれ 3 倍以上の伸びを示していた。それらはともに、ソ連の貿易額を凌ぐ。特に 1939 年だけ見れば、対イラン貿易総額に占める割合が 45％に達したドイツからは、もっぱら機械製品・自動車両、金属、紙、化学製品、織物が輸入され、他方イランからは穀物、原材料、絨毯が輸出されていた。もちろん、こうした経済関係は文化、学術・教育、さらに政治のレベルでの両国の関係拡大への契機となるものである。こうした独・イ関係の強化が、1939 年 9 月のナチ・ドイツによるポーランド侵攻でその幕が切って落とされる第二次大戦勃発前夜に特徴的に認められたといえる。

レザー・シャー政権は、第二次大戦勃発と同時に「厳正中立」を宣言した。この姿勢は、戦況報道に関するいっさいの新聞独自のコメント掲載や外国語放送の聴取の禁止、議会セレモニーなどでの敵国外交団と中立国代表団の席の配置への配慮を含め、英国外交筋からは「必死の中立」遵守の立場として当初評価されていた[31]。しかし、41年6月に独ソ戦が開始され、イランは再び冷徹な国際政治の渦中に投げ込まれた。

　詳細は省かざるをえないが、7月に入ると英ソ両国政府は反連合国破壊活動の恐れから、在留ドイツ人（英国の推定で1,700〜2,000人、ソ連によれば5,000〜7,000人）の追放を文書でイラン政府に要求した。これに対して、イラン政府は当時国内にはインド人を含む英国系臣民が2,590人、ソ連関係者は390人在留していると主張し、ドイツ人のみを追放対象に据えることは「中立」政策に反するものと反論した。また、国内産業の発展に不可欠なドイツ人技術者もいたことから、容易にその圧力に屈することができない事情もイラン側にあった[32]。それでも、イラン政府は在留ドイツ人の国外退去措置の実施を回答したが、英ソはそれに満足せず、在留ドイツ人の氏名・職務を示すリスト提出と退去日の通知、ドイツ人技術者に代わる英国や中立国からの人材の採用、それまでの同技術者の厳重な監視などをさらに求めている。

　このような要求とそれへの「消極的」といわれたイラン側の反応を経て、41年8月25日、突然英印軍（2個師団）とソ連軍（12個師団）が南北から進駐を開始した。イランでは「シャフリーヴァル月3日事件」として知られるこの共同進駐で、レザー・シャーが多額の予算をつぎ込んで強化したはずのイラン軍（全12個師団）は各地であっけなく敗走、解体した。そして、イラン国土は南北で英

ソ両軍の占領下に置かれた。連合軍による優先的な対ソ物資輸送のための縦貫鉄道・道路の利用、穀物を含む物資調達への協力、イラン産石油の安定供給確保に関わる要求が英ソ両政府からその後突きつけられた。この点で、在留ドイツ人の脅威の排除が英ソ共同進駐の真の動機であったといい切れないところもある。

　ともあれ、英ソ共同進駐から約1カ月後の9月16日、国王レザーは息子モハンマド・レザーに王位を譲った。首相に返り咲いたフォルーギーと英国公使ブラード間での合意に基づいたその王位継承が発表された翌日、退位を余儀なくされたレザーは、ペルシァ湾バンダレ・アッバース港から英印蒸気船に乗り、ボンベイ経由でモーリシャス島へと事実上追放された。ここにレザー独裁は終わりを告げた。

　立憲革命が民主的制度の定着の点で未完に終わったことはすでに述べた。その対極に位置づけられるレザー・シャー独裁政権が目指した近代化・世俗化の試みも、同じく列強の介入の前に道半ばで終わった。いずれも、国内政治勢力による自立的な民主主義を模索した政治運動の成長を著しく阻害した点で共通する。かかる抵抗運動は、改めて大戦後の冷戦期に徐々に形成されていくことになる。

第5章

石油、冷戦と民族的抵抗

　イラン国民は、ようやくレザー・シャー独裁から解放された。しかし、それを手放しで喜ぶことができなかった。その直後から、イランは事実上英ソ両軍の「占領」支配に直面し、加えて大戦末期からは事実上の「冷戦」にも巻き込まれていくからである。

「占領」後のイラン社会と政治

　1942年1月末にイランと英ソ両国との間で締結された「三国条約」では、イランの「領土保全、主権および政治的な独立の尊重」は約束されていた。だが、この条約では連合国軍の物資輸送への協力、通信輸送手段の使用・維持・防衛の承認、資財獲得と労働力調達支援と便宜供与など（第9条）、イラン側の役務が抱き合わせとなった[1]。また、1941年3月に米国下院を通過した「レンドリース・アクト（武器貸与法）」により、ナチ・ドイツとの戦いで苦戦するソ連向けの大量の物資供給が可能であったことも、イランの対連合国協力に伴う国民の負担を増幅した。たとえば、大戦中ソ連に供給された物資全体の23.8%（約416万トン）はイラン回廊を通じて輸送された[2]。しかし、すべての物資が国外で調達されたわけではなく、食糧、医薬品、タイヤなど、イランで入手可能な物資は、急落したこの国の為替レートに基づき、連合国軍により安値で買い叩かれて調達された。それにより、イラン国内では深刻な物資不足と価格高騰が起こり、国民生活を直撃した。1936/37年を100%と

した場合の生計指数は 1942 年 3 月には 339％、翌 43 年には 778％にまで増大した[3]。

　他方、政治社会状況も、イラン国民に先行き明るい見通しを約束するものではなかった。軍部・警察機構の解体により、刑務所や政府監視から解放され、それぞれ自らの部族に帰還した部族長指導下の反政府蜂起や街道での盗賊行為も頻発し、国内の治安は著しく悪化した。また、富裕な支配層は物資の退蔵、投機を含む不当な利得行為に走った。さらに、数万人規模のポーランド系難民のキャンプで発生したチフスが蔓延した。脆弱なイラン政治は、こうした事態にも有効な手を打てずにあった。フォルーギー内閣（1941 年 8 月〜 42 年 3 月）、アリー・ソヘイリー内閣（1942 年 3 月〜同年 7 月）、アフマド・ガヴァーム内閣（1942 年 8 月〜 43 年 2 月）、ソヘイリー第二次内閣（1943 年 2 月〜 44 年 3 月）というように、2 年半に 4 つの内閣が短期に交替を繰り返していた。

　こうしたなか、注目すべきは強力な指導力を発揮しようとしたガヴァーム政府に対する第 13 議会（1941 年 11 月開会）、そして新国王モハンマド・レザー・シャー（1919-80、以下、「シャー」）の動向である。当初、議会は圧倒的多数でガヴァーム内閣を信任していた。しかし、その後首相権限の強化を試みる彼の動きに、議会は強く反発した。また、父レザーの独裁を反省し、自ら「立憲君主」としての立場の遵守を誓約したシャーも、軍部を基盤に据えた政治権力の回復を狙っていた。「この男（ガヴァーム―筆者）は首相在任中、余の指示なしに全ての職務を実施し、……余に反対する措置を講じた」[4] といったシャー発言に、首相ガヴァームへの警戒や敵意も見てとれる。混乱、政治的弱さと権力闘争が、「デモクラシー期」と呼ばれるこの時代の実際の特徴でもあった。

以上のごとき状態であったからこそ、42年12月8日にはインフレと生活費の高騰、食糧不足への深刻な不満を反映し、テヘランでは「パン暴動」も発生した。この事件では、暴徒化した抗議デモ参加者が議会とその周辺の店舗、レストラン、そして首相の私邸への略奪や放火さえ行い、無秩序状態が2日間に及んだ。この間、政府は戦車を動員し、英軍も秩序回復のために介入した。その結果、デモ参加者20人以上が死亡し、約700人が負傷し、150人が逮捕された。略奪・放火の対象となったバーザールの被害総額は15万ドルに達した。そして、シャーはテヘラン住民の不満の暴発と見られるこの事件を利用し、ガヴァーム失脚を画策していたふしもある[5]。

　ところで、43年2月のスターリングラード戦でのナチ・ドイツ（軍30万）の敗北が大戦の帰趨を決定付ける転換点となったことは良く知られている。実際、同年5月の連合国によるアフリカ完全制圧、7月のイタリア・ムッソリーニの失脚からクルスク（ロシア南西部）での勝利で、対独戦争はソ連が主導権を掌握した。こうした連合国側に優勢な戦局とともに、イラン輸送ルートの重要性は相対的に低下した。このような事態から、同年9月にはイラン政府は対独宣戦布告にも踏み切った。ちなみに、1930年以来イランと国交を持つ日本に対しては、1942年4月に外交関係の断絶が宣言され、宣戦布告は45年2月のことである。

　ともあれ、大戦における連合国勝利へのイランの貢献が高く評価されたことは、いっそうの戦争協力を謳い、ソ連の対日宣戦布告が約された43年11月30日開催の「テヘラン会談」で確認された。米英ソ三カ国首脳（ローズヴェルト、チャーチル、スターリン）が一堂に会したこの会談では、戦争協力に感謝の意が表明され、戦後

イランの独立・領土保全を誓約した宣言が発表された[6]。当時のペルシァ語新聞には以下の記事も掲載された。

　　昨夜のレセプションには外国人はいなかった。全員がイラン人であった。……昨夜はイラン国民の心が米国人、英国人、ロシア人のそれとひとつになり、……意見対立と不和も存在せず、たったひとつの考えが彼らの心を支配した[7]。

　イラン側のこうしたナイーブな「楽観論」は、しかし44年に発生する「石油利権紛争」で表面化した米英ソ三国間の対立で、非現実的であることを思い知らされることになった。

石油利権論争と冷戦の幕開け

　ところで、戦時下のイラン内政への米国の関与は、先のガヴァーム政府の対米接近を通じて拡大した。第一次大戦後に財政顧問として招聘された経験を持ち、1943年2月に財務長官としての職務を開始したミルズポーを筆頭に、H. N. シュワルツコフ大佐（ジャーンダールメリー軍付き顧問）、C. S. リドレイ少将（軍事顧問）、その他警察や食糧庁にまで顧問として多くの米国人専門家が採用されたからである。そこに、イラン側の「第三勢力政策」だけでなく、「現下の戦争への貢献の結果、米国内の石油備蓄が枯渇したため、石油輸出国から輸入国へと急速に変わりつつある」といった米国側の事情も見ることができる[8]。そして、石油利権譲渡の意向を米国政府に伝える動きと、それに呼応した44年2月の米系石油企業による代表派遣は、たとえそれがバルーチスターンを中心とした南部油田を念頭に置いたものであれ、ソ連を刺激しないわけはなかった。

実際、ソ連から地質調査団が派遣され、カスピ海沿岸部にて油田探査が実施された。そして、石油資源の存在が認められた結果、イラン領内での石油利権をめぐる角逐が展開されることとなった。当時マシュハド駐在英国領事Ｃ．スクラインの言葉を借りれば、「なかんずくソコニー・バキュームとシェル石油の努力により、熱き戦争同盟国から冷たい戦争のライバル」[9] に変化したという。そして、43年6月から翌年4月まで続く選挙を経て開催された第14議会（召集は44年2月）で、石油利権問題は大きく取り上げられた。

　第14議会選挙は、「イラン現代史の選挙のなかで、もっとも長期化し、また競争的であり、それゆえもっとも意味のある選挙」であった [10]。そして、新人議員70人が当選し、異なる政治スタンスを有した党派（表5参照）が成立し、それらの間で石油利権問題は激しい論争の材料となった。イランにおける冷戦との関わりで重要なのは、親ソ派共産党「トゥーデ（人民）党」の成立である。

　この党は、レザー・シャー独裁下の「反共立法」によって、徹底弾圧され獄死したDr.タギー・アラーニー（1902-40）を支持したグループ（一般に「パンジャーホ・セ（53人）」）の生き残り27人によって、41年9月に結成されている。設立当初こそ、立憲主義的改革政党としての装いを前面に出したトゥーデ党はしかし、44年8月開催の第一回党大会では、「労働者、農民、商人、職人、進歩的知識人の団結」を謳い、「封建的階層と資本家階級に反対」する（親ソ派）共産党としての性格を打ち出している [11]。数十万人規模の組合員を有する「イラン労働者・勤労者組合統一評議会」（44年3月結成）と連携するこの党は、諸外国への経済利権の譲渡に反対する立場を表明し、労働組合とソ連の支援を得て、選挙では北部選挙区を中心に議員を送り込んだ。そして、トゥーデ党が敵視した

表5　第14議会（1944年2月～1946年4月）内の諸党派

党派名称	党派指導者	議員数
国民統一党	セイエド・モハンマド・サーデグ・タバータバーイー（立憲革命指導者タバータバーイーの息子）	33人
自由党	モハンマド・ヴァリーミールザー・ファルマーンファルマーイヤーン（レザー・シャー政権下で1938年に獄死したフィールーズ・ミールザーの弟）	11人
独立党	アリー・ダシュティー（前「正義党」リーダー）	15人
祖国党	Dr. シェイフ・ハーディー・ターヘリー	24人
トゥーデ党	Dr. フェリードゥーン・ケシャーヴァルズほか，元タギー・アラーニー支持派	6人
民主党	セイエド・メフディー・ファッロフ	8人
無所属（monfaredin）	Dr. モハンマド・モサッデグ（後の石油国有化運動指導者）	30人

【出典】Mohammad'ali Safari, *Qalam va Siyasat: Az Este'fa-ye Reza Shah ta Soqut-e Mosaddeq*, Nashr-e Namak, Tehran, 1371, p.106 より一部修正して作成.

のが、表5には挙げていないが、1921年クーデター首謀者ズィヤーと彼の下で結成された親英的「国民意思党」であった。内外政治の対立構造が連動し合う関係にあったことがここに確認される。

　さて、石油利権論争に話を戻せば、1944年9月、外務人民副委員S. カフタラージェを団長とするソ連代表団がテヘラン入りし、事態は一挙に深刻の度を増した。5年間の油田探査を北部5州（20万平方キロメートル）で実施した後、石油利権を獲得する意向が10月1日、彼から発表された。しかし、トゥーデ党系議員を除き、議会の大勢はこの提案に否定的であり、当時のモハンマド・サーエド・マラーゲイー政府も大戦終了までの利権交渉延期を決定した。もちろん、この決定がソ・イ両国関係を著しく傷つけるものとして、ソ連側は強く反発した。ソ連軍車両がテヘラン議会建物近くで威圧的な軍事パレードを実施し、イラン政府・議会に圧力をかけた[12]。他方、経済利権の譲渡に原則反対していたトゥーデ党は、それまでの立場を一転し、ソ連提案を擁護し、機関紙『ラフバル』などを通

じて反政府キャンペーンやデモを組織化した。

　米英両政府はイランの決定を承認し、「テヘラン宣言」に基づきイラン内政への干渉停止をモスクワに要求したが、これを受けてソ連最高会議広報紙『イズベスチア』では、初めて米国を名指しで非難する記事が掲載された。石油利権問題を契機に米ソ間の冷戦の様相がこうして表面化した。そして、英米の支持を受けたイラン政府は、トゥーデ党主導の親ソ的なデモを弾圧したが、対ソ関係の悪化を恐れた議会は、サーエド政府を退陣に追い込み、石油利権論争の幕引きを図った。その後、モルテザー・ゴリー・バヤート（1890-1957）内閣が成立するが、その直後の12月2日、議員モハンマド・モサッデグから「石油利権交渉禁止法案」（全4条）が議会に提出された。

　「首相、閣僚、その他彼らの代理や補佐する者」が石油利権に関して「公式、非公式を問わず」、交渉や協定調印を行うことを認めず、違反者は「3年から8年の独房禁固刑および公職からの永久追放に処される」[13]旨規定したこの法案は、トゥーデ党系議員を除くほぼすべての議員の支持を得た。その法案可決はもちろん、ソ連提案に反対するイラン側の最終決定と見なされた。それを「ソ連に敵対」すると反発したカフタラージェも、1週間後にイランを退去する。だが、その後も北部諸都市を中心に、この時期5万人もの党員を抱え、78都市にも支部を開設していたトゥーデ党は、駐留ソ連軍とソ連領事館の支援を受け、抗議デモや機関紙を通じてイラン政府・議会と英米両国に対する批判を展開した。このように、冷戦突入を思わせる事態が大戦末期のイランで目撃されるが、それは戦後の新たな危機の発生に直結した。45年12月からアーザルバーイジャーンとクルディスターンで展開される自治要求運動を通じて、

ソ連が改めてイランに対する圧力行使に訴えるからである。

北部自治要求運動の展開と終焉

　それらふたつの自治要求運動は、しばしばソ連の「傀儡」的な運動と見なされがちである。しかし、ソ連の狙いと思惑は別として、多民族国家としてのイランの内在的条件抜きに、その運動発生の原因を考えることもできない。特に、戦間期のレザー・シャー独裁政権下で上からの「国家主義的なナショナリズム」の強制を経験し、エスニックな帰属意識の表明を封じられてきた事情、そして独裁政権崩壊後も、アーザリーとクルド系住民の文化的権利と政治参加が中央政界で認められず、大戦末まで厳しい生活状況を強いられていた事情があるからである。

　たとえば、本来イラン有数の穀倉地帯のアーザルバーイジャーンでは、住民は穀物不足と価格高騰に悩まされ、大量の失業者も生まれ、テヘラン優先の当時の状況が明らかに認められた。1944年のメイデーのパレード参加者について、「これらの恵まれない人々は、ぼろきれを身にまとい、多くが靴も履かず、栄養失調や病気の様子さえ見せた幼児や子供連れで、悲惨な様相を呈していた」[14]と、戦争の深刻な影響と中央政府による無策に近い状況がタブリーズ駐在米国領事 S. G. エブリングによって指摘されている。そうした状況下であればこそ、自ら主体的に現状を打開する運動も生まれた。第一次大戦後のギーラーン革命政権の一翼を担ったイラン共産党に参加し、老練なアーザリー活動家であったジャアファル・ピーシェヴァリー（1893-1947）がアーザルバーイジャーン自治要求運動の指導者であった。

　彼は、ヨーロッパで共産主義に心酔した比較的若いトゥーデ党指

導部が階級闘争を重視する反面、民族自決と自治を軽視していると批判した。第14議会選挙で当選した彼が、トゥーデ党議員の支持も得られず、結局議会で議員資格を喪失したのには、こうした確執も関係している。そして、タブリーズに戻った彼は、かつてその地で革命政権を率いたヘヤーバーニーに敬意を表し、同名の政党「アーザルバーイジャーン民主党」を1945年9月に結成し、住民の支持を獲得した。その後、同党から発表された最初の声明で、州評議会・市評議会の設立、学校でのアーザリー語教育、州独自の進歩的でリベラルな社会経済改革実施を提起するなど、中央政府にも、トゥーデ党にも拠らない独自路線が打ち出された。11月にタブリーズで開催されたアーザルバーイジャーン人民大会には約700名の代表者が集い、イランからの分離の意図を有しないとしながら、自治の意向を中央政府に伝える宣言が採択されている。トゥーデ党タブリーズ支部メンバーも運動に参加し、12月12日には「アーザルバーイジャーン自治政府」の樹立が発表された。

　他方、クルディスターンの自治要求運動も同時進行的な展開を遂げた。その中心は、英ソ共同進駐時に、ソ連軍による空爆を受けながら、比較的政治活動の自由が認められた都市マハーバードであった。そこでは、42年9月に「クルディスターン復興委員会」（通称「コマレ」）が結成されていたが、60にも達する数の部族集団間の溝や、イランからの分離か自治かをめぐる基本的考え方の相違もあり、その組織はクルディスターンのその他諸都市にまで影響力を及ぼせない状態にあった。とはいえ、当時英国大使館付き専門職員として44年にクルディスターンを訪れたイラン史家 A. K. S. ラムトンは以下のように記している。

タブリーズからマハーバードに至る都市や農村では、重武装したクルド人で溢れていた。……私が話をした数名のクルド人は皆熱狂的にクルド独立を語っていた[15]。

　タブリーズとの性格の差異という事情も見られるなかで、宗教裁判官として域内クルド系住民の信望を集めていたクルド民族主義者ガーズィー・モハンマド（1893-1947）が指導者となった。45年9月に訪問したバクーで彼と会談したアゼルバイジャン・ソヴェト社会主義共和国首相J.バーギロフは、イラン国家の多民族性から民族的自治達成の重要性を前提にソ連による支援を約束した。しかし、ガーズィー・モハンマドは「イラクやトルコのクルド同胞との統合」に基づく、クルド国家樹立さえも主張していた[16]。したがって、彼がソ連の「傀儡」と呼ぶべき指導者でなかったことも確かである。

　44年10月にコマレの指導者の地位に就いた彼の指導下で、「クルディスターン民主党」と党名が改められ、クルドの運動は勢い影響力を拡大した。ムッラー・ムスタファー・バールザーニー率いるイラク・クルド約3,000人もこの運動に合流した。そして、11月開催の党大会では、イラン国家内での自治権の行使、クルド語の公用語化、地元住民からの政府官吏の選出、地主・農民間での合意をもたらす一般法の制定など、8項目綱領が発表された[17]。また、クルディスターンが行政上、アーザルバーイジャーン州の一角を構成したことから、アーザルバーイジャーン州住民との「友愛と統合」に向けた努力の必要性も綱領に盛り込まれた。そして、46年1月22日にガーズィー・モハンマドを大統領に、「マハーバード共和国」の建国が宣言された。その創設から3ヵ月後にはアーザルバーイジャーンとの間で「友好協力条約」も締結された。

こうしたふたつの「自治共和国」樹立は、単なる国内問題では済まなかった。日本が降伏文書に調印した45年9月2日から起算し、大戦終了後6カ月以内の英ソ両軍の撤退を定めた「三国条約」の規定に違反し、イラン領内に駐留を継続するソ連軍が、それら両共和

写真15　クルド指導者ガーズィー・モハンマド（マハーバード共和国大統領）

国を後援していたからである。緊迫した国際問題ともなった北部の自治要求運動をまえに、しかしテヘランでは相変わらず、5カ月にも満たない短命内閣が続き、46年1月末にはガヴァームが再度首相に抜擢された。就任早々に対ソ直接交渉の必要性を訴えた彼は、直ちにモスクワでスターリンや外務人民委員モロトフと会談し、4月に新任ソ連大使 I. サドチコフとの間で、5月半ばまでのソ連軍の撤退完了、両国合弁石油会社の樹立、イラン国内問題としての北部自治政府の位置づけを確認することで交渉が妥結した[18]。そして、5月9日までにソ連軍が撤退すると、ガヴァーム政府はタブリーズとマハーバード両自治政府との交渉に着手し、またトゥーデ党員3人の入閣も認めた。そうした対ソ宥和策は、しかしガヴァームの巧みな外交上の戦略の一環であった。

　対外的には国連を舞台にソ連に圧力を加えるトルーマン政権から、46年10月に軍事的バックアップの確約も得て、ガヴァームはソ連のさらなる介入の危険性を相殺した。また、国内的には南部ガシュガーイー部族の蜂起や労働争議を利用し、トゥーデ党閣僚を早

くも解任し、労働組合や左翼勢力の活動に対する弾圧を開始した。これは、土地改革、労働法の制定、初等・中等教育機関の拡充、タブリーズ大学の設置、その他病院開設など、建設的な成果を上げつつあったアーザルバーイジャーン自治政府の社会経済政策と好対照をなす反動的な政策であった。そのうえで、ガヴァーム政府は（第15）議会選挙監督のために、軍をアーザルバーイジャーン・クルディスターン両州に派遣するとの決定を発表した。もちろん、そこに両自治政府の壊滅を狙う意図を見出すことは難しくはない。

　にもかかわらず、ソ連はガヴァーム政府に石油利権供与を期待し、アーザルバーイジャーン民主党に抵抗自粛を働きかけた[19]。これに従うタブリーズの決定は、友好条約を結ぶマハーバードでも同じく採用された。しかし、政府軍はタブリーズとマハーバードに入城し、交渉による解決を模索した両自治政府の解体に向けた軍事作戦を実施した。その結果、自治要求運動はもろくも崩れ去り、ピーシェヴァリーはソ連領内に亡命し、他方逮捕されたガーズィー・モハンマドは、他のクルディスターン民主党指導者とともに絞首刑に処された。そこに、ソヴェトの政策に振り回された第一次大戦後のギーラーン革命政権崩壊の再現という性格さえ見てとることができる。

　その後、トゥーデ党がボイコットした第15議会（1947年7月開会）選挙で、自ら組織した民主党を勝利へと導いたガヴァームは首相に留任した。しかし、議会開会後、民主党は分裂し、ガヴァームを危険視するシャーは彼を失脚させるべく動き出した。他方、これら両自治共和国の運動を利用し、それを見殺しにしてまで北部石油利権の獲得を目指したソ連の思惑はしかし、10月開催の議会で先の石油合弁企業法案が否決された結果、実現せずに終わった。ソ連

もガヴァームに裏切られる格好となった。当面の危機が遠のくとともに、「反動政治家」とのレッテルを貼られたガヴァームに対して、トゥーデ党も積極的に反対活動を展開した。その結果、12月に彼は辞任を余儀なくされる。

石油国有化運動の展開と挫折

　政府の短期的な交替が続いたが、イランの西側陣営への参加は明確化した。そして、対ソ関係の悪化も継続した。そうした事態を反映し、テヘラン大学でトゥーデ党メンバーによるシャー暗殺未遂事件（49年2月）が発生した。それを契機に、トゥーデ党は非合法化され、その他左翼勢力や反体制的活動家への弾圧が開始された。

　この機に乗じ、シャーは自らの権力拡大を目指した。49年4月21日に制憲議会選挙を実施し、召集されたその議会で修正された憲法第48条で、国民議会の解散権がシャーに認められた。また、憲法で認められながら、開催されたことのなかった上院議会も初めて召集された。上院議員（定数60名）の半数はシャーが指名できることから、勢い彼の権力は強化された。さらに、退位した父レザー所有の国有地がシャーに返還された。こうしたシャー権力の強化とともに、1933年利権契約との関わりで、49年7月にAIOC（アングロ・イラン石油会社、APOCの後身）とイラン間で調印された「補則協定」は、この国の政治をいっそう混乱させる材料となった。

　この「補則協定」では、他の中東産油国での石油利権契約内容に照らしたイラン側の不満に配慮し、1トン当たり4シリング（1933年利権契約）から6シリングへの利権料引き上げや75万ポンド（同上）から400万ポンドへの年間最低利権料引き上げと支払保証などが新たに盛り込まれた[20]。しかし、先に見た大戦末期の石油利権

論争を通じて、諸外国への石油利権譲渡に対する否定的姿勢は、広く社会に浸透していたので、好条件を提示したと考えられた「補則協定」にも、イラン政治勢力が容易に納得するはずもなかった。実際、48年のAIOCからのイラン利権料と徴収税額の総額は1,000万ポンドであったが、英国のAIOC課税額だけでその3倍近くの2,800万ポンドに達していた。さらに、AIOC純益総額は4,100万ポンド（1933-49年の総純益は約6億ポンド）であった[21]。

　ところで、一見異なる問題のように見えるシャー権力の強化と「補則協定」問題は、宮廷による第16議会選挙への介入・不正が問題視されるなかで、明確に結び付いていた。テヘランでの選挙のやり直しを求め、王宮での抗議でのバスト（籠城）を行ったモサッデグほか議員経験者・活動家20人のうち、19人までが以後石油国有化運動をリードする「国民戦線」（以下「NF」）の創設（1949年11月）メンバーであったことにも、その点は認められる[22]。そして、「補則協定」は、テヘラン選挙区での選挙やり直しを経て、召集された第16議会石油特別委員会で審議される運びとなった。

　1950年6月22日に18人の議員をメンバーに組織され、委員長にモサッデグを据えた石油特別委員会は、まず11月25日に「補則協定」がイラン国民の利益に適うものではないことを明らかにしたうえで、12月17日には過半数を超える11人の署名入りで石油産業の国有化方針を打ち出した。これは当時のアリー・ラズムアーラー政府との確執に発展した。首相ラズムアーラー（1901-51）は、イラン自らに石油採掘と世界市場への石油売却を行う力がないことを理由に、国有化に強く反対する立場を採用していた。しかし、テヘランを含む諸都市では、特別委員会方針を支持する集会・デモが展開された。

そうした運動の先頭に立ったのが、モサッデグ指導下で成立していた先の NF であった。世論の圧倒的支持を得た国有化が強く叫ばれ、一部閣僚も辞意を表明するなかで、51 年 3 月にはラズムアーラーはイスラーム過激派組織「フェダーイヤーネ・イスラーム」のメンバーによって殺害された。明確な姿勢を示さずにきたシャーも、彼を支持する地主・富裕層、その他有力議員が多くを占めた上院や第 16 議会議員も、こうした暗殺事件の発生で、国有化への賛同を余儀なくされた。そして、3 月 15 日と 20 日に国有化方針を承認していた上下両院で、4 月末までに「石油国有化実施方法に関する法律」が可決承認される。

　この法案では、上下両院から選出された議員などから構成される混成委員会の監督下で、政府が AIOC の解散義務を負い、同社がそれに応じない場合、政府による同社債権の差し押さえを実施するほか、会社の会計監査義務も明記された。また、外国人専門家からのイラン人専門家への漸進的交替のため、混成委員会は毎年試験で一定数の学生の海外派遣の実施規定を作成・実施することも盛り込まれた[23]。そして、上院での法案可決前日（28 日）にモサッデグが首相に選出された。これにより石油国有化運動は国際的緊張をはらんだ第二段階（1952 年 7 月まで）、さらに NF の内部分裂とシャー権力との対決的様相を交えた第三段階に突入していく。

　それを見ていく前に、石油国有化運動で指導力を発揮したモサッデグの略歴と思想を概観しておけば、彼は 1882 年に父母ともにガージャール朝の名家という家庭に生まれた。そして、わずか 14 歳でホラーサーン州の徴税・会計監査を任された後、1909 年に渡仏し、最終的にはスイスで法学の博士号を 1913 年に取得した。帰国した彼はその後、財務省次官や州知事を歴任した。またそれに先

立ち、第1議会議員にも選出された。しかし、年齢規定から結局その任に就くことができなかったものの、第5、第6議会で相次いで議員に選出された。そして、1919年英・イ協定や1921年クーデターに批判的であった彼は、レザー・シャー独裁にも公然と反対した。その結果、彼は1941年のレザー退位まで、追放と2度の逮捕を経験し、政治から距離を置く不遇の時代を過ごした[24]。しかし、44年2月開票の第14議会テヘラン選挙区で第一位当選を果たした彼は、この時期よりすでに石油国有化運動をリードする基本的な政治思想を形成していた。

そこで重要なのは、第1章でも指摘した「均衡否定」論である。そのことは、ガージャール朝期以来、イランが英露両国への利権譲渡を通じた政策的考え方（「均衡肯定」論）に真っ向から反対し、列強への利権譲渡の拒絶と譲渡済み利権の撤回に基づき、列強間の「均衡」自体を「否定」することから始めるという、彼の主張に見ることができる。「片手を失ったものがバランスを取るために、もう一方の手の切断に等しい」（「均衡肯定」論的）考え方にこそ、イランの対列強従属化の助長の原因があると、彼は見なした[25]。そして、そこでの「均衡」と「従属」は相互に通底しているとさえ考えられ、イランをめぐる列強間の「均衡」否定の立場から、彼は大戦下で広範な権限を掌握した財務長官ミルズポーやそのほかの米国人顧問団の活動も、「イランに奉仕する存在ではない」と厳しい批判を展開した。

さらに、モサッデグはかかる政策が列強の影響下で成立する政府による議会選挙への介入さえ生み出し、反民主的な政治体制の存続を促してきたとも指摘する。彼によれば、それはガージャール朝期やレザー・シャー期だけではなく、英ソ共同進駐後に選挙のやり直

しもなく召集された第13議会から第14議会でも同様であると見なした。その結果、政府の、そして最終的には列強の利益に奉仕する議会が成立し、それが「均衡肯定」の政策に連動した国内政治問題であると批判的に捉えた。また、シャーの役割を「儀礼的」なものに限定し、彼の政治介入にも強く反対した[26]。そして、モサッデグは、政府と議会、さらにシャーも、国民の利益に繋がる「国益」をもっとも重視すべきであり、そのためにこそ民意を反映した選挙の実施に必要な、選挙法改正と表現の自由も不可欠であると位置づけた。しかし、その一方で、民主的な中央政府樹立を目標に据える彼は地方分権化を許容することはなく、その点で先の北部自治要求運動に批判的であったことも指摘しなければならない。ともあれ、列強支配からのイランの解放とリベラルな民主的な主権国家の実現が、彼の政治思想の根幹にあったということはできる。

こうした彼の指導下に結成されたNFを見れば、多様な党派からなる「寄り合い所帯」的な性格を特徴としたことも分かる。実際、その創設メンバーに限っても、元ガヴァーム支持の民主党系議員、ズィヤー支持やトゥーデ党支持の議員も名を連ねていた。また、運動目的が誠実な選挙の実施、戒厳令の撤廃、出版の自由という当初の目的から石油国有化へと移行し、NF参加メンバーの離脱、新規参入が見られた後も、その組織的性格に大きな変化はない。そして、特に以下の勢力がNF参加の主要組織となった。

まず、技術者、官僚、ジャーナリスト、近代教育を受けた女性、大学生を含む知識人など、都市中間階層を支持基盤に据えた「イラン党」がある。主要メンバーには、レザー・シャー期から財務、内務、司法などの政府省庁での幅広い職務経験を持つ官僚アッラーフヤール・サーレフ（1897–1981）、クルディスターン出身でテヘラ

ン大学総長を務めたキャリーム・サンジャービー（1904-95）、現代イラン政治史家ホセイン・マッキー（1911-99）、さらに1979年革命後の暫定政府首相を務めることになるメフディー・バーザルガーン（1907-95）の若き姿もそこには見られた[27]。封建的支配や独裁、そして帝国主義に反対し、リベラルな民主主義と政治社会・経済改革の実現を目指すこの党には、「モサッデグ主義者」が結集した組織的性格がより濃厚であったといえる。

　次に、トゥーデ党結成に関わりながら、1947年以降に同党と袂を分かったハリール・マレキー（1903-69）と第16議会議員モザッファル・バガーイー（1912-87）が率いる「イラン国民勤労者党」もNF参加の主要組織として挙げられる。バガーイーが元ガヴァーム指導下の民主党に所属し、反共産主義の議員であったのに対して、マレキーはアラーニー（既出）支持の「53人」の生き残りとして共産主義思想に共鳴しながら、しかしソ連傾斜を果たしたトゥーデ党から離脱していた。こうした両者の共闘は、奇妙な組み合わせとも考えられるが、ソ連を含む「あらゆる形態の帝国主義反対」や特権的支配層の排除といった主張が、両者の間に共通して存在したことも間違いない[28]。そして、前者の文筆力と後者の雄弁さから、テヘラン大学生やバーザール商人・商店主層にも支持基盤を広げた。

　さらに、テヘラン大学法学部の学生ダーリユーシュ・フォルーハル（1928-98）が結成した「パン・イラニスト党」を出発点に、熱烈なモサッデグ主義と愛国主義を結び付けた右翼的な「祖国党」もNFの一翼を担った。フォルーハルは、1979年革命後のバーザルガーン暫定政府（1979年2月〜11月）で労働相を務め、またホメイニー、ポスト・ホメイニー政権下での人権抑圧を批判する活発な体制批判を展開した結果、イラン情報省の組織ぐるみの関与が指摘

される一連の知識人暗殺事件の被害者となる活動家である[29]。と もあれ、弱冠16歳で政治活動を開始したフォルーハルが率いた 「祖国党」は、ファシズムの影響を受け、イスラーム化前の「アー リヤ」系ペルシァの栄光を賛美する愛国主義を訴え、高校生を中 心に若年層の間に支持を広げた。穏健かつリベラルな性格を有した 「イラン党」と比べ、小規模なこの党は同じくモサッデグを支持し たとはいえ、反共、反イスラーム、反宮廷、反資本家など、強烈な 政治的主張と人種差別的見解さえ有したことが特徴的であった[30]。

　以上の世俗的な政治組織とは異なり、シャリーアが律するイス ラーム社会の実現を目標に据え、英国支配に真っ向から反対した アーヤトッラー・セイエド・アボルガーセム・カーシャーニー (1882-1962) がNFに遅れて参加した。また彼を支持する宗教的 議員グループ「モジャーヘディーン・イスラーム」や、先に言及 した「フェダーイヤーネ・イスラーム」が石油国有化支持に回っ たことも見逃せない[31]。カーシャーニーは、第一次大戦中、そし て戦後英国によるイラク建国と委任統治に反対するシーア派蜂起へ の参画を手始めに、帰国後も反英活動に積極的に従事し、特に第二 次大戦中はドイツ第五列への協力から占領英軍当局により逮捕され ていた。そして、シャー暗殺未遂事件後、その激しい反体制的言動 から拘束・追放された彼が追放先のレバノンから、帰国を許された のは49年2月のことであった。当時ゴムのマルジャエ・タグリード の大アーヤトッラー、ハージ・アーガーホセイン・ボルージェル ディー (1875-1961) を筆頭に、多くのウラマーが政治不介入の立 場にあった。その点からすれば、「フェダーイヤーネ・イスラーム」 だけでなく、政治的なムスリム青年層や敬虔な貧困層が、異色の闘 争歴を持つカーシャーニーに魅了されても不思議ではなかった。

写真16　モサッデグ（右）とアーヤトッラー・カーシャーニー

　さて、51年4月末のモサッデグ政府成立で第二段階に突入した石油国有化運動は、直ちにAIOCと同社を後援する英国政府の反発に直面し、国際司法裁判所（ICJ）、国連安全保障理事会、国際復興開発銀行（IBRD）を巻き込んだ国際的な紛争に発展した[32]。イラン側は石油国有化措置があくまで私企業のAIOCとイラン間の内政問題に属し、英国政府の交渉参加にそもそも異議を申し立て、また国家間の法的紛争を所管するICJに委ねるべき問題でもないと主張した。さらに、国有化原則の承認をAIOCとの交渉の前提である旨強く求めた。当事国に自制を求める暫定的判断を下したICJも、52年7月にイラン側の主張を入れた最終判断を下している。他方、安保理では原則的に英国を支持する米国と、イラン側を支持するソ連、さらに国際司法裁判所の裁定が下るまでの審議の延期を主張するフランスなどの立場に分かれた。さらにIBRDの調停作業

も特使派遣を通じて積極的に実施されたが、不首尾に終わった。こうした過程から、石油国有化をそもそも民族的権利の回復と捉えるイラン側の政治的主張と、もっぱら利権を経済的問題として捉え、条件闘争に訴える英国との立場の乖離も明確化し、この問題が容易に解決できるものではないことは徐々に明らかとなっていた。

この間、モサッデグ政府は9月にアーバーダーン精油所の英国人技術者300人の国外退去を指示し、その後精油所接収のために同地に軍を派遣し、それら技術者を強制退去させた。危機感を募らせた米国トルーマン政権は、かかる措置の停止をイランに求めつつ、英国政府にも武力行使に訴えないよう要請した。実際、英国 C. R. アトリー（労働党）政府は50年10月段階ですでに、軍事作戦による石油国有化運動の打倒準備を始めていた。もちろん、そうした準備は、イランの石油国有化措置の断行でより具体性を帯びた。しかし、その実施が躊躇されたのは、51年9月開催の閣議で首相アトリーが表明したように、米国の反発とイラン国民のいっそうの団結への強い懸念があったからである[33]。

しかし、英国は上記の交渉や調停に解決策を委ね、手をこまねいていたわけではなく、国際的なイラン石油ボイコット・キャンペーンに従事した。たとえば51年9月、AIOC は「イラン政府は、会社（AIOC—筆者）への厳粛な義務を無視し、……1933年4月29日の協定で取り決められた地域から産出される石油売却を試み」ており、AIOC としては「いかなる国においても自社の権利を守るために必要なあらゆる手段を講じる」旨主張する警告文を石油輸入国33カ国に対して発出した。元経済官僚のモスタファ・エルムが主張するように、イランと私企業間の契約でないことを示すために、敢えて「協定 Convention」なる文言を入れ、イラン産石油購入が

「違法」であることを鮮明にした[34]。もちろん、反イラン・ボイコット網の構築は、AIOC の主張の正当性を鼓舞し、イラン経済への打撃を目的とした。AIOC に同調する石油メジャーの協力、英国の政治的圧力とペルシャ湾での英海軍による警戒・監視により、多くの諸国がイラン石油輸入を自粛する状況が作り出された。

それとの関連で、指摘すべき事件に日本の出光興産が絡んだ「日章丸事件」がある[35]。これは、同社が極秘のうちに NIOC（イラン国営石油会社）との間で石油購入取引に従事し、53 年 4 月には出光所有のタンカー（「日章丸」）がアーバーダーンで石油 2 万 2,000 キロリトルを積み込み、敢えて英国の政策に挑戦した事件である。もちろん、ビジネス・ベースで利益を見込んだとはいえ、日本の一企業が行ったこの行為は、イラン側の熱烈な歓迎を受け、他方で日本外務省は在京英国大使館による激しい抗議に直面した。そして、AIOC は出光に対する訴訟も起こしている。後日、同訴訟は取り下げられたとはいえ、イランの石油国有化措置に対する AIOC も、それを国策会社とする英国政府も、利益防衛のためにいかになりふり構わず対応したかが、この事件の推移からうかがい知ることができる。

以上のような国際的な交渉と圧力に彩られた石油国有化運動は、52 年 7 月 21 日に発生した民衆蜂起を通じて、第三段階へと突入していく。イラン現代史では、「ティール月 30 日蜂起」と呼ばれるこの事件の背景には、保守的支配層や親英派議員、地主、シャー支持派軍将校らによる反モサッデグ活動が活発化し、特にシャーとモサッデグ間の対立が目に見えて先鋭化しつつあったことがある。特に、51 年末から開始された第 17 議会（1952 年 4 月開会）への軍部による介入は、各地で適正な選挙実施を妨げていた。このことか

ら、モサッデグは軍への首相権限強化を今後の運動の継続と改革実施のために不可欠と見なし、軍への統括権限の委譲をシャーに要求した[36]。しかし、シャーがその要求を拒否し、モサッデグが首相職辞任を申し出たため、ガヴァームがシャーと保守系議員の支持を得て後任首相に任命された。それはNFと広範な民衆を激昂させる結果となった。

テヘランほか主要都市で抗議デモが組織化され、それに対して警察や軍が出動し、これに武力弾圧を加えた。その結果、死傷者数千名を出す惨劇が繰り広げられ、戒厳令が敷かれた。しかし、「恥ずべきガヴァーム政府に死を」、「国民の真の闘士万歳」、「死かモサッデグか」といったスローガンに見られる世論を前に、シャーはわずか5日後にモサッデグを首相に再指名し、事態の収拾を図るしかなかった[37]。そして、モサッデグは戦争省を改め「国民防衛省」大臣を兼任し、自ら軍参謀長を任命する権限を獲得した。だが、シャー権力に抵抗する「国民の勝利」といわれた「ティール月30日蜂起」は、その後の展開に深刻な影響を及ぼした。それは、シャー暗殺未遂事件以来非合法となっていたトゥーデ党の去就に関わっている。

それまでトゥーデ党はNFを米国の政策に依拠し、支配層と闘争する「リベラルなブルジョアジーと地主」の反動組織と見なし、その組織名にある「国民」なる表現も「傷跡があり、また恥ずべき顔を覆い隠す黒いヴェール」と批判していた[38]。またトゥーデ党は、米国トルーマン政権を仲介役に据えた交渉に望みを託し、米国政府に借款供与さえも打診するモサッデグ政府が、「米帝国主義に奉仕する」政府であるとも認識し、石油国有化運動自体もその延長線上にあると批判していた。しかし、こうした立場は上記のティール月30日蜂起で大きく変化した。なかでも、軍将校のなかにはトゥー

デ党員も多く、彼らは抗議運動を行う民衆への弾圧を拒否したほか、同党傘下の労働組合主導のデモが蜂起の拡大と成功に貢献したからである。トゥーデ党のガヴァームに対する敵意がその方針転換の背景にあるとも指摘されるが、それはともかく、「イラン党」だけでなく、アーヤトッラー・カーシャーニーでさえ、「運動の統一のためにトゥーデ党の受け入れ」に賛同した。また、彼は「国民的勝利への貢献に感謝の意を表する公開書簡をトゥーデ党系組織に送った」ともいわれている[39]。

　しかし、トゥーデ党の運動参加は、公式には交渉による問題解決を模索していた米国政府から危険視される事態となった。特に、トルーマンに代わって、53年1月に大統領に就任するアイゼンハワーはより強硬な対ソ政策への転換を打ち出していたがゆえに、この事態を重く見ても不思議ではなかった。回顧録のなかで彼は、石油国有化をめぐる英・イ対立を「いつまでも放置しておけない」危険なものと見なし、モサッデグを「同調者を街頭の暴徒にしたてたりして気狂いじみたキャンペーン」を行う指導者と見なしていた。他方で、彼はコロンビア大学総長時代に会見したシャーについて、「国民の有能な指導者になる……一種の信頼感をもつようになった」と、積極的に評価していた。そして、彼はトゥーデ党のモサッデグ政府への接近から、モサッデグが「共産主義者に支持された独裁に向かって転落して行こうとしていた」と事態を捉えている[40]。

　もちろん、回顧録には、米国の「中立」を印象づける記述が多いが、バイアスのかかった見方があったことも否めない。そして、「ティール月30日蜂起」の翌日、エジプトでは自由将校団によるクーデターが発生し、その後スエズ運河地帯での英軍駐留・撤退問題をめぐって深まりを見せる国際的な緊張が、イラン石油国有化運

動とともに取り上げられ、同時並行の朝鮮戦争やインドシナ紛争とともに、その後イラン内政への直接介入に踏み切るアイゼンハワー政権の強硬姿勢に影響を与えたと考えられる。

　52年7月21日に始まるモサッデグ第二次内閣期は、そのまま石油国有化運動の第三段階、すなわち解体過程と位置づけられる。この過程では、英国の対イラン経済ボイコットの影響下で石油収入がほぼゼロに近い状態にまで減少し、その結果財政難に陥ったモサッデグ政府は「非石油経済」戦略を開始した[41]。紙幣増刷や公債の発行から、国産品の愛用や非石油製品の輸出奨励、贅沢品の輸入制限、歳入の一部を農民に還元する農地改革プログラムや税制の改正まで、様々な経済・金融政策が採用された。一方で、政治的にはNF内部の分裂が表面化したことが特徴的であった。

　すでに見たように、NFは多様な政治勢力の集合体であったが、上記の経済改革の実施はもっぱら「イラン党」左派主導で行われ、NF全体の総意に基づくものではなかった。そのため、この政策により損害を被った富裕なバーザール商人や地主、さらに給与支給もままならない官僚・公務員の一部も、NF参加組織に個別に不満を申し立てることとなった。そうした社会的圧力を受けるそれぞれの組織指導部の側でも、モサッデグとの個人的対立が顕在化し始めた。

　特に、52年8月に切迫する経済問題から、6カ月の期限付きで議会に認められた非常大権が翌年1月にも延長され、モサッデグへの権力集中が著しくなるとともに、議会軽視と「イラン党」メンバーの偏重も進む状況は、カーシャーニーが容易に承認できるものではなかった。そして、彼と親密な関係を維持するバガーイー率いる「イラン国民勤労者党」とモサッデグ政府との関係も悪化した。そ

の結果、53年2月には、彼ら両名のほか、バーザール商人に近い関係にあったマッキー、カーシャーニーの側近シャムソッディーン・ガナーターバーディー、そしてアブドゥルホセイン・ハーエリーザーデなどが相次いでNFから離脱した[42]。他方、トゥーデ党もNFを「貴族的な諸個人の社会組織」と呼ぶとともに、経済改革の不徹底を批判的に捉え、モサッデグ政府への非難を強めるなど、「ティール月30日蜂起」以前の敵対的な関係に逆戻りした。

こうした事態を利用しつつ、軍部を中心にシャー支持派の活動も活発化した。53年2月末、モサッデグが薦めるままに、シャーが国外に退去するとの報が宮廷相ホセイン・アラー（1884-1965）を介してカーシャーニーにもたらされ、シャー不在による国情不安が煽り立てられた。彼の国外退去でトゥーデ党による政権掌握がいっそう容易になることを懸念したカーシャーニーは、それを押し止めるためにシャーのもとに特使さえ派遣した。それと関連し、シャー支持の暴徒によって私邸を襲われたモサッデグが九死に一生を得る事件も発生した。この事件を通じて、モサッデグの「カリスマ」的指導力も、NFの団結も、1年前と比べ大きく後退し、反モサッデグ派が勢いを盛り返しつつあったことが分かる。

そのため、4月5日にモサッデグはラジオを通じてシャーに国事に介入する権限がない旨異例のメッセージを発出し、国民の支持取り付けにやっきとなった。だが、モサッデグ支持派と反対派間での小競り合いは議会、諸都市の街頭やバーザールでも頻発した。そして、7月27日に同じくラジオを通じて、モサッデグは第17議会の解散に関する国民投票について声明を発表し、8月3日にはこれを実施し、議会不在の状態へと移行した。その結果、モサッデグの強権発動ばかりが目立ち、彼を支えるべきNFはバガーイーと袂を分

かったハリール・マレキー率いる「第三勢力」と「イラン党」から主に構成されるほどに縮小し、組織的な解体過程をひたすら突き進んでいったということができる。

そのような状況下で、まず 8 月 13 日にシャーは密かにモサッデグの首相解任とファズロッラー・ザーヘディー少将（1897-1963）の首相任命の勅令を出し、自らは北部のラームサルに旅立った。これによって、モサッデグ政府打倒計画がスタートした。16 日、この勅令を携え、辞任を迫る計画は失敗に終わり、シャーはバグダード経由でローマに逃亡したが、19 日に第二クーデターが敢行された。先述のアイゼンハワーの回顧録ではまったく触れられていないが、このクーデターが 53 年 6 月までに米国 CIA とチャーチル政権下の英国秘密情報部（SIS）で練り上げられた陰謀に拠ったことは知られている。ちょうどクーデター実施 1 カ月前に密かに入国した CIA 工作員 K. ローズヴェルトによれば、1,300 万リヤール（10 万ドル相当）近くが計画実施に費やされたという[43]。雇われた暴徒とシャー支持派のザーヘディー率いる軍部が中心となった政変により、首相モサッデグは逮捕された。圧倒的暴力に抗する力は、もはや NF にはなく、石油国有化運動はあっけなく幕を閉じた。

54 年 9 月に AIOC（同年末に British Petroleum に改称）と米系石油企業 5 社を中心に、計 8 社からなる石油メジャーの下で結成された「国際石油合弁会社（コンソーシアム）」がイラン石油産業を運営する協定が締結された[44]。イランの石油国有化は認められたが、それは名目的なものに過ぎず、事実上 AIOC に代わるメジャーの独占的な支配体制が成立した。

こうして、列強による石油支配と米国の支援に依拠し、国内的には自由な政治活動や言論をいっさい許さないシャー独裁体制が成立

した。イランの独立と民主主義の果実はここに再び大国の露骨な介入によって奪い去られることとなった。

第6章

「改革」志向の独裁と米国、そして抵抗運動

　モサッデグ政府打倒クーデターを通じ、再度権力を掌握できたシャーにとって、その後の政権運営は明らかに難しいものであった。そのため、まずはクーデター軍を指揮したザーヘディー将軍を首相に抜擢し、戒厳令下でNF参加の活動家やトゥーデ党関係者の逮捕・投獄を実施させた。そして、54年12月にモサッデグを禁固3年の判決で早々に裁判に決着を付け（ただし、釈放後も自宅軟禁）、ハリール・マレキー、フォルーハル（既出）のほか、NF創設に関わったアリー・シャーイェガーン（1903-81）、キャリーム・サンジャービーのほか、トゥーデ党員とその支持者、バーザール商人など、2,000人以上を53年12月までに逮捕した。モサッデグ・シンパの多い学生たちの活動拠点であったテヘラン大学も軍により占拠された[1]。また、反逆罪が適用されたホセイン・ファーテミー（モサッデグ内閣外相、1919-54）は銃殺刑に処された。さらに、再度非合法化されたトゥーデ党は、50年代末までに幹部がことごとく逮捕（また処刑）され、その結果同党が壊滅的打撃を被ったことも良く知られている。

　前章の終わりで述べた対コンソーシアム石油協定の締結、さらに米・イ友好経済関係条約の締結や以上のイランの国内状況に対して、スターリン死去（1953年3月）後混乱に直面していたソ連指導部が不満と焦りを掻き立てられたことは間違いない。他方、米国アイゼンハワー政権は中東における対ソ防衛の要として、シャー政

権強化のために様々な梃入れを実施している。

シャー独裁と米国

　米国の対イラン支援は、モサッデグ政権期に英国の政策で疲弊したイラン経済の立て直しとソ連に進出・介入の余地を与えずに安定的な政権を樹立することを基本的な政策目標としていたため、自ずと大規模であった。表6にあるように、53年に1億ドルに過ぎなかった米国の対イラン助成・借款総額は以後4億ドルを優に超えた。また、58年の軍事助成額の急激な伸びは、隣国イラク王制打倒クーデターの衝撃を反映するものであり、中東情勢が米国の対イラン政策に直接影響することを意味した。ちなみに、1954-61年の米国の年平均の対日援助額は1億2,190万ドルで、イランの場合もほぼこれに匹敵する[2]。冷戦下の米国の対日、対イラン政策の共通性もその点に見られるに違いない。

　こうした経済関係だけでなく、イランは米国がオブザーバー参加したバグダード条約機構に正式加盟（1955年11月）し、軍事面での西側陣営との関係強化を図ったが、さらに国内における弾圧体制強化のために、米国CIAとFBI、さらに「モサド」（イスラエル秘密警察）の協力で、57年にSAVAK（国家情報治安機構）も創設された。初代長官には、53年クーデター後にテヘラン戒厳令司令官であったテイムール・バフティヤール（1914-70）が任命された。彼は54年にトゥーデ党将校組織を暴き出し、また「フェダーイヤーネ・イスラーム」指導者ナヴァーブ・サファヴィー（1923-55）の逮捕（・処刑）のほか、反体制勢力の摘発・弾圧に辣腕を振るった軍人として知られ、更迭される61年までに弾圧体制の構築に中心的役割を果たした。

表6　1953-69年の米国の対イラン支援と直接投資額の推移

単位（100万ドル）

種別 年	支　援 助成額	支　援 借款額	その他 借款額	経　済 助成額	軍　事 助成額	直　接 投資額
1953	52.5	0	0	31.9	20.6	1.0
1954	110.1	0	0	84.5	25.6	25.0
1955	58.7	32.0	48.7	43.2	15.5	57.0
1956	85.3	12.4	0	62.3	23.0	76.0
1957	115.5	23.0	0	33.0	82.5	125.0
1958	117.0	40.0	0	12.1	104.9	178.0
1959	94.3	37.7	0	9.7	84.6	176.0
1960	123.4	0	0	38.1	85.3	179.0
1961	94.9	51.9	21.3	36.3	58.6	205.0
1962	88.6	24.8	0	43.9	44.7	209.0
1963	81.3	22.2	0	20.6	60.7	221.0
1964	49.4	5.3	8.5	12.5	36.9	217.0
1965	39.7	61.9	21.7	5.6	34.1	325.0
1966	71.0	103.2	1.8	7.4	64.5	314.0
1967	39.8	162.6	102.3	3.2	36.6	317.0
1968	24.3	100.0	39.7	2.3	22.0	382.0
1969	24.1	104.3	6.5	1.4	22.7	402.0

【出典】Mark J. Gasiorowski, *U.S. Foreign Policy and the Shah: Building a Client State in Iran,* Cornell University Press, Ithaca and London, 1991, pp.102-103 を一部修正して掲載.

　もちろん、この間にシャーは上記の米国からの経済的物質的支援とともに、増大した石油収入も注ぎ込み軍事力の増強を図った。利益折半が認められた対コンソーシアム協定に基づき、1954/55年に9,900万ドルに過ぎなかった石油収入は、58年には2億4,730万ドル、60年に2億8,520万ドル、さらに63年に3億110万ドルと飛躍的に増大し、12万人から20万人への兵力拡大と軍備増強のために生じた軍事予算も、63年に石油収入の60％を占めるまでに膨れ上がり、異常なまでの軍事力の重視がうかがえる[3]。

　他方、シャーの不信感を買って解任されたザーヘディー後の政府に眼を向ければ、シャー直属の宮廷相を務めた親米的外交官で、保守的政治家のホセイン・アラー（既出）が1年余り内閣を率いた。

そして、57 年 4 月からマヌーチェフル・エグバール（1909-77）が約 4 年間首相を務めた。エグバール内閣期には、先の SAVAK が正式発足したが、ほかにもシャー権力強化を目指した施策が相次いで採用された。たとえば、1949 年 5 月の制憲議会により承認済みの補則規定に従い、以後上院と国民議会議員からなる総会（kongre）が制憲議会に代わって憲法修正を行う旨を定めた法案が 57 年 4 月に議会で承認されている。そして翌月には、憲法第 4 条（議員定数の 200 人への増大と国勢調査による議員数の追加）、第 5 条（議会任期 2 年から 4 年への変更）を含む幾つかの条項が修正された。特に、財政関連法案の再審議を議会に要求できる権限をシャー与えた憲法補則第 49 条の修正は、彼の権力を一段と強化した点で注目される[4]。

ところで、石油国有化運動の激動期にあった第 17 議会は、53 年 11 月に発出されたシャーの勅令で正式に解散した。その後、弾圧政治と「不正選挙」を通じて、大地主ほか保守有力者層が支配する第 18（1954 年 3 月〜 56 年 4 月）、第 19 議会（1956 年 5 月〜 60 年 6 月）が相次いだ。にもかかわらず、反体制運動は壊滅したわけではなく、またアイゼンハワー政権の圧力を受けたシャーは、次期（第 20 議会）選挙では民主政治の装いを演出しなければならなかった。それがもっとも顕著なかたちで現れるのが、「人民党」（1957 年 5 月創設）と「国民党」（58 年 2 月創設）からなる「二政党制」の導入である。

前者は、シャーの幼馴染でシャーの腹心でもあるアサドッラー・アラム（1919-78）が率い、少数派政党と位置づけられた。「イスラームの真の宗教と憲法・立憲王政の強化、独立と領土保全、大地主制の制限、国有地の農民への分配、州への権限委譲、国連憲章と

146

人権宣言に従った女性の政治社会的権利の保障、非識字状態との闘争」を綱領に掲げるこの党の主張は、後述する「白色革命」に沿う内容を盛り込んでいた[5]。他方、「労働者・農民および社会の下層の権利擁護」をスローガンに、首相エグバール指導下で多数派を構成した後者「国民党」の綱領は、必ずしも明らかではない。ただ、首相就任時に記者会見で、政府計画が「ただひたすらシャーの意思の遂行にある」[6]と表明したエグバールのもとで、既得権益の保持・拡大を重視する支配層がその中枢を占めた。ともあれ、両党が実質、独裁擁護の「御用政党」であったことに変わりはない。

エグバール政府が「完全に自由な選挙」を宣言した第20議会選挙は、60年8月から開始された。当然上記両党が候補者を立て、それに対して無所属の立候補のほか、徐々に組織再編を遂げつつあった元NF参加勢力（「イラン党」、「祖国党」、「第三勢力」）と、バーザルガーンや宗教学者マフムード・ターレガーニー（1911–79）指導下の「国民抵抗運動」も加わり、再結成された「第二国民戦線」（以下、「第二NF」）が別途立候補を擁立し、これに対抗した。しかし、政府は第二NF候補への嫌がらせやメディアへのアクセス制限のほか、「投票数の改竄、記入済み投票用紙や政府に雇われた有権者の偽造身分証明書の使用」[7]といったあらゆる不正に訴えた結果、各地の投票所で騒乱が発生してもおかしくない状態となった。事態の収拾がつかないなかで、混乱の責任を首相に求めたシャーは8月末に選挙の無効を宣言し、エグバールも辞任を余儀なくされた。

以上の事例からも分かるように、シャーは実際のところ、政府・議会を通じた独裁的権力の確保に向けた努力を重ねながら、「民主主義」の体裁に拘り、自ら「開明的国王」として装うことに腐心し

ている。軍隊という特殊な環境の影響下で「民主主義」とはまったく無縁であった父レザーの場合、強圧的手法でイランの中央集権化や近代化の実現を図った点が特徴的であった。それに対して、スイス留学を経験した後、英ソ共同進駐後に父の失脚を目撃したシャーの場合、冷戦下で米国の後援に、表面的であれ応える必要があった。もちろん、これにより対外的にはソ連の批判をかわしつつ、国内的には近代的都市社会層の支持を獲得することも可能であった。そこに、是が非でも国内改革を実施する必要性も生まれた。それが、61年5月に成立したアリー・アミーニー（1905-92）内閣のもとで開始される農地改革と、それに修正を加えつつ、自らが「開明的国王」であることを喧伝する「白色革命」であった。

農地改革と「白色革命」

1954年以降、シャーと首相、宮廷と政府は「一心同体」に等しい関係にあったが、ガージャール王族の血筋を引く名家に生まれ、ソルボンヌ大学で経済学博士号を得るほどの経済・財政の専門家であった首相アミーニーとシャーの間の関係は、決して良好ではなかった。むしろ敵対的ですらあったことは、首相の動向がシャーの監視下に置かれ、シャーが彼を「パーティーに招待さえしなかった」との指摘にも見られる[8]。にもかかわらず、アミーニーを登用したのは、シャーが米国ケネディー政権（61年1月成立）からの圧力を受け、また彼自身も改革実施を最優先に考えていたからにほかならない。

したがって、シャーは大地主・有力者層が過半数以上を占めた第20議会と上院による社会経済改革への反発・抵抗を必至と考えたアミーニーの要求を入れ、それら両院の解散の勅令も発した。加え

148

て、彼は閣僚人事も
首相に一任した。そ
の結果、当時経済不
況の影響下で起こっ
た全国的な教員スト
ライキを終息させる
ため、その指導者モ
ハンマド・デラフ
シェシュが教育相に
抜擢された。また、

写真17　モハンマド・レザー・シャーとジョン・F.ケ
ネディー

軍将校・官僚の汚職・腐敗の根絶に従事し、トゥーデ党創設に名を
連ねた活動家ヌーロッディーン・アラムーティーが司法相に任命さ
れた。アミーニーのこうした閣僚人事は、北部自治要求運動で揺れ
た46年当時のガヴァーム内閣を彷彿させる。実際、首相がガヴァー
ムのシンパであったことも知られている。

　また、アミーニーは農地改革の立案に従事する農相には、法律家
として、また過激な文筆を振るうジャーナリストとして著名なハサ
ン・アルサンジャーニー（1922-69）を任命した。彼もガヴァーム
の支持者であった。そして、全38条からなる農地改革令が62年1
月9日、シャーの裁可を得て発表された。その骨子は、以下のよう
にまとめられる。

（1）地主一人当たりの所有上限を1カ村とする（ただし数ヵ村に
　　及ぶ場合は、1カ村の均等区分単位を原則とする）。
（2）果樹園、茶園、宅地、森林、機械導入による栽培農地は法令
　　対象から除外する。

(3) 上記の所有上限を超える農地は、納税査定額に基づく算定額で農業省により買い取りが実施される（10 カ年分割支払い）。

(4) 政府買い取り農地は、当該地で耕作に従事する小作農に有償配分し、その代金は税額 10％ を加算のうえ、15 年分割で政府に返済する。

(5) 前記の代金支払いが履行できない小作人の土地は没収し、再分配の対象とする。農地分配に与った農民の協同組合加入を義務とする [9]。

ここに大まかに紹介した農地改革の目的は、表 7 に見られる大規模な土地所有のあり方と、そこに顕著な大地主権力の解体にあった。大地主層はガージャール朝期以来、各地で「封建領主」的な半独立の政治経済的地位を保持し、また立憲制導入後は議会や政府機関を通じて、政治的影響力を中央政府にまで行使してきた経緯がある。そうした地主側では、上記 (2) をひとつの抜け道に、また急ぎ親族への所有権移転を行うなど、その適用から逃れようとした。また、その実施を鈍らせるために、彼ら地主層がゴムの宗教勢力に働きかけたことも推測される。それでも、強行された農地改革第一段階を通じ、耕作権を持つ小作農約 210 万人中、43 万 2,000 人以上が 66 年までに農地分配に与ったと報告されている [10]。

農地改革は、農村社会では広く歓迎されたとはいえ、首都テヘランでは事情は異なった。簡潔にいえば、それは自由選挙の即時実施と SAVAK 解体を要求する第二 NF とその支持者の学生・知識人とアミーニー政府間の対立が深刻化したからである。特に 62 年 1 月、テヘラン大学学生約 5,000 人を中心に、「改革賛成、独裁反対」をスローガンとした反政府デモが組織化され、介入した警察・軍と

表7　1962年1月施行農地改革前の土地所有状況推定

所有形態	全所有比率（%）	全所有村落数	全村落比率（%）
大土地所有	56.0	13,569	34.43
（内，100 ha 以上の所有）	33.8	−	−
小規模土地所有	10–12	16,522	41.93
王領	10–13	812	2.06
ワクフ（宗教的寄進）	1–2	713	1.81
部族所有	13.0	−	−
国有	3–4	1,444	3.67
その他	−	6,346	16.10

【出典】K. S. McLachlan, Land Reform in Iran, in W. B. Fisher（ed.）, *The Cambridge History of Iran*, Vol.1, Cambridge University Press, London, 1968, p.687.

　の間で200人近くの負傷者が出る事件も発生した。アミーニー失脚を目的にシャーが軍に過激な介入を指示した結果であるとも指摘される[11]。これにより、テヘラン大学は2カ月余り閉鎖され、第二NF指導者も一斉に逮捕された。

　当初からシャーが計画していたかどうかは不明だが、ともかく改革的な政府に非難の矛先が向かうこうした事態は、彼自らが主導権を掌握し、権力強化を図るうえで好条件となった。また、第二NFの分裂と影響力の低下もこの時期見られた。改革優先を主張するアッラーフヤール・サーレフ（既出）やイラン党が政府を支持する一方、バーザルガーンやターレガーニー率いる「自由運動」（「国民抵抗運動」の後身として61年5月に改称）を中心に政府に反対するグループが第二NFから離脱したからである。軟禁状態にあったモサッデグから、両派の対立解消を説得するためのメッセージさえ送られたが、無駄に終わり、62年12月までに「自由運動」は第二NFと完全に袂を分かった[12]。そして、軍事予算削減を突きつける首相アミーニーの要求を拒否し、彼を辞任に追い込んだシャーは、農相アルサンジャーニーを留任させ、首相にアサドッラー・アラム

（「人民党」指導者）を任命した。そのうえで、63年1月、企業・共同組合・農民など代表3,500人を集めた会合で、シャーは「白色革命」の実施を宣言した。

　「シャーと人民の革命」と後に呼ばれるこの「白色革命」には、上記の農地改革のほか、森林の国有化、国営企業の民営化、工業労働者への利益配分、選挙法改正による女性参政権の導入、さらに農村での識字拡大を目的として高校生や大学生を派遣する「教育部隊」創設といった5項目が新たに追加された。そして、シャーは国民の信を問う姿勢を示すため、国民投票も実施した。そこで発表された約560万人の支持（反対はわずか4,000人強）という結果に従い、その後実行に移された改革のなかで、農地改革がもちろん改革の目玉であったことに変わりはない。だが、その内容は先の第一段階から明らかに後退した。

　1月17日公布の「農地改革法追加条項」によれば、第一段階の所有上限を超えた農地について、地主層に以下から選択させる方式が採用された。①農民への30年借地、②農民との合意に基づく土地売却、③従来の収穫分益率（第2章「イラン社会とガージャール朝」参照）に基づく土地分配、④農民との共同経営、⑤耕作権の買い上げ。

　もちろん、選択権があるとはいえ、従来の所有権が侵害されることになる彼ら地主層の反発は予想された。だが、その実施は64年7月以降のことであり、そうした猶予期間も、地主層の一丸となった反対を惹起せずに済むことに繋がった。さらに、68年10月から開始される第三段階では、上記①が選択されたケースについて、借地料12年分を農地購入価格に設定し、農民の土地所有権獲得が促された[13]。そこでも、基本的には地主に有利な条件であり、シャー

政権の彼らに対する妥協的な姿勢さえうかがえる。

ともかくも、こうして従来の大土地所有制を切り崩し、自己の支持基盤となる自作農・中小地主の創設を目指した農地改革は、71年9月の宣言をもって終了する。そして、表8から明らかなように、農地分配に与った受益者総数は約200万人近くに達した。この農地改革を詳細に検討した政治学者フーグランドが指摘するように、受益者家族一世帯当たり5人を平均とすれば、970万人（1970年の農村人口の56%）近くが農地分配の恩恵に浴し、確かにそれまでの地主・小作関係に一応の終止符が打たれたといって差し支えない。

さらに女性参政権の導入も、「白色革命」の重要な柱として説明を必要とする。これまで言及した部分からも分かるように、近現代史においてイラン人女性は国家の命運を左右する政治運動に積極的に関与してきた。だが、立憲革命で勝ち取られた議会議員選出の1906年選挙法では、未成年者や犯罪者とともに、彼女らに参政権は与えられず、以後もその状態は継続した。そして、レザー独裁政権下ではこうした選挙法改正よりも、「後進性」の証とされたヴェール着用が問題視されるなど、反宗教勢力政策の一環としての性格が濃厚であった。とはいえ、イラン人女性の発言力を増す方向での社

表8　1962-71年の農地再分配結果概要

耕作権保有農民数（1962年）	2,100,028
第一段階	
農地取得農民数	753,258
第二段階	
所有権買取農民	57,164
分割による農地取得農民	156,279
第三段階	
30年借地権購入農民	738,119
分割による農地取得農民	61,805
計	1,766,625
99年ワクフ地借地農民	172,103
農地分配受益農民総数	1,938,728
非受益者農民数	161,300
耕作権保有農民に占める受益者比率	92%

【出典】Eric J. Hooglund, *Land and Revolution in Iran, 1960-1980*, University of Texas Press, Austin, 1982, p.72 より作成.

会的条件はその後も着実に改善された。

　たとえば、中等教育に限って見ても、女子就学者は 1957/58 年には 40/41 年の 10 倍に当たる 50,470 人（男子 139,642 人）に増加した。同じく 1957/58 年の大学在籍女子学生数も、タブリーズのカレッジ 154 人（男子 901 人）を筆頭に、テヘラン大学教員養成カレッジで 112 人（男子 595 人）に達したと報告される[14]。また、時代を担う女性運動家も次々と輩出され、1918 年にエスファハーンで「女性協会」を設立したセディーゲ・ドウラトアーバーディー（1883－1961）、「愛国女性連盟」創設者のひとりで女性の識字教育や政治活動に従事したモフタラム・エスキャンダリー（1895–1924/25?）、1927 年に「革命的イラン協会」を創設し、詩人・作家として著名なザンドフト・シーラーズィー（1909–52）が代表的活動家として挙げられる。そして、女性を購読者に設定した刊行物もレザー・シャー期の 10 紙から、41 〜 52 年に 23 紙に増加した。53 〜 67 年に再び 10 紙にその数は減少したが、そこにシャー体制の政治活動への厳しい対応が影響していたことも知られている[15]。

　ともあれ、「白色革命」で参政権を与えられた女性有権者は 63 年 9 月実施の第 21 議会（1963 年 10 月〜 67 年 7 月）選挙で初めて投票権を行使し、上院で 2 名、国民議会で 6 名の女性議員も誕生した（だが、それがシャー体制によって予め用意された当選者リストに基づいていたことも忘れてはならない）。併せて、女性の社会的地位向上との関わりで、それまで妻の側には離婚を申し立てる権利はなかったが、1967 年の家族保護法で、それが初めて認められた。また、「一夫多妻」も第一妻の承認と、夫の経済力に基づく裁判所の判断が必要とされた。そして、女性の結婚最低年齢も 1967 年の 13 歳から 15 歳へ、さらに 74 年に 18 歳に引き上げられた。もちろ

ん、こうした法制度改革によって女性の権利回復が十分達成された
わけではなく、農地改革と同様に、それがあくまでシャー独裁のも
とでの政治プロパガンダ的要素を内包していた限界から、その歪み
は隠しようもなかった[16)]。

　その他、64 年～ 65 年には農村の衛生状態改善のための保健部
隊、農業生産性向上のための開発部隊の創設や村落裁判所の設置
が、さらに 75 年には水資源の国有化、都市・地方再開発、行政・
教育改革、株式公開制度の導入、物価安定、乳幼児保育料と学校授
業料の無償化、全国的社会保障の実施、そして 77 年には土地・建
物投機と腐敗・収賄反対キャンペーンがそれぞれ加わり、「白色革
命」は都合 19 項目まで拡大した[17)]。

　それらを概括的に論じれば、上記 64 ～ 65 年の 3 項目は続行され
る農地改革の補完的性格を強く持ち、75 年の 8 項目は、特に潤沢
な石油収入をもとに教育・社会保障の充実に力点が置かれていたと
いうことができる。そして、77 年の 2 項目については経済成長の
歪みとして、過剰な投機活動、政府内の汚職が取り沙汰され、さら
に人権擁護の非政府国際組織（NGO）アムネスティ・インターナ
ショナル（1961 年創設）からシャー独裁が批判されるに及んで、
政治経済的な自浄策として採用されたものと理解できる。

　ところで、農地改革や女性参政権を中心とした諸改革は、米国で
は積極的に支持された。ケネディー政権は国民投票実施に祝電を
送り、『ニューヨーク・タイムズ』紙は、「膨大な数のイラン国民が
大胆かつ新たな改革努力についてシャーを疑いなく支持している。
……国民投票はその際立った証拠である」と報じた[18)]。前年 10 月
に「キューバ危機」で極度の緊張を経験し、また中東ではエジプト
による北イエメン軍事介入も発生するなか、イランは「ソ連封じ込

めに必要な同盟国」であったから、改革賞賛の姿勢は米国では確か
に支配的であった。だが、国民投票で99.8％支持という数値の欺瞞
性は、素人目にも分かる。イランで「ホルダード月15日蜂起」と
して知られる63年6月の抗議運動とそれに対する弾圧は、「白色革
命」と独裁・弾圧体制がいかに一体的であったかを知るうえでも興
味深い。

「6月蜂起」とホメイニーの台頭

　タバコ・ボイコット運動（第1章）と立憲革命（第2章）、また
前章で見た石油利権論争と石油国有化運動の関係にも似て、その6
月事件は79年革命の「リハーサル」に位置づけられる。それは、
反体制運動の主導権が宗教勢力に移行した点で画期となったからで
ある。そして、世俗的な民族主義や左翼的思想ではなく、イスラー
ムがそこでの抗議運動のイデオロギーとなった。それにより指導権
を掌握し、政治舞台に登場したのが78～79年の反シャー運動を率
いるホメイニー（1902-89）であった。

　彼は、テヘランから南西260キロメートルほど離れた小都市ホメ
インのセイエド（預言者の子孫）の家庭に生まれている。幼児期
に失った父と同様、宗教学者となるべく、彼はゴムで本格的なイス
ラーム諸学の修得に努めた。しかし、彼の学問的関心はイスラーム
哲学や神秘主義にあったといわれる。そして、彼の政治への明確な
スタンスは1942年に著された『秘密の暴露』で初めて明らかとなる。
そこでは、英露植民地支配、レザー独裁へのありきたりの非難に終
始せず、宗教法実施による神の統治実現、「隠れ」イマームに代わ
るイスラーム法学者の政治的役割が提起され、さらにイスラーム政
府樹立を阻害する反宗教宣伝と宗教学者の側の政治不介入姿勢が厳

しく批判されている[19]。

79 年革命後に国体の基礎と
なる「イスラーム法学者の統
治」論の祖形を見い出すこと
も可能なこうした書物を残し
ながらも、60 年代初頭段階の
ホメイニーは、いまだ広く注
目される存在ではなかった。
モハンマド・カーゼム・シャ
リーアトマダーリー（1905-
86）、モハンマド・レザー・
ゴルパーイェガーニー（1899
-1993）、シャハーボッディー
ン・マルアシー・ナジャ

写真 18　ムーサヴィー・ホメイニー（後
の 1979 年革命指導者，イスラーム共和国
初代最高指導者）

フィー（1897-1990）らが、同じアーヤトッラーの称号を有しつつ、
彼よりも上位にあると見なされたからである[20]。そして、マルジャ
のボルージェルディーが長年採用してきた政治不介入という立場が
ゴムを中心に支配的であったからでもある。

　しかし、ボルージェルディーの死去（1961 年）後の後継マルジャ
選出への介入を目的とした、シャーによるムフスィン・ハキーム
（1899-1970、在ナジャフ）への接近、加えて農地改革第二段階で
のワクフ地への法令適用、さらに選挙管理委員会メンバーの適正な
監督実施を誓う際に慣例化していたコーランに代わるそのペルシャ
語訳（*Ketab-e Asemani*）への切り替え（62 年 10 月閣議決定、宗教勢
力の反対で 11 月末撤回）など、宗教勢力を次々と挑発して止まな
い施策から、国家と宗教勢力間の関係は悪化の一途を辿っていた。

実際、国民投票（1月26日実施）に対する宗教勢力の批判を皮切りに、彼らの発言を力で抑え込もうとするシャー政権は、「白色革命」強行のために実力行使に訴えた。ゴムやタブリーズ神学校への軍やSAVAKを含む治安部隊の度重なる派遣・急襲、数多くの宗教学者や神学生の逮捕・投獄、それに対するバーザールの閉店ストや街頭での抗議運動の拡大と、それを鼓舞するホメイニーほか高位宗教学者の声明が相次ぎ、5月までに抜き差しならない事態となった。そして、シャー体制と宗教勢力間の対立は、7世紀にウマイヤ朝ヤズィード軍によりカルバラーで虐殺された第三代イマーム・フサイン一行の殉教追悼祭「アーシューラー」が行われる6月3日に爆発した。その運動の中心がホメイニーであった。

　ところで、これまで「宗教勢力」と一言で片付けてきたが、その内部は様々な立場を持つグループから構成された。たとえば、1962-63年「危機」のなかでシャー政権支持派は少数ながら存在し、その他中立派・条件付き反対派（多数派）、そして明確な反対派、さらに軍・警察と武力衝突も辞さない急進派に分かれたとも指摘される[21]。この点は、宗教勢力がイスラームの教義に基づき、農地改革や女性参政権にこぞって反対したという、ステレオタイプの理解とは異なる現実を示している。なかでも、上記の区分に従えば、急進派に属したホメイニーは他の宗教指導者とは異なる切り口でシャー体制を厳しく非難した。それは、6月3日のゴム・フェイズィーエ神学校での彼の演説に認められる[22]。

　その演説で、彼はヤズィード軍が無辜の婦女子への蛮行を働き、「預言者の一族に反対し、その目的が聖人一族の根絶やし」にあったごとく、シャー政権が同様の目的で神学校と神学生を攻撃したと非難し、そのうえで米国と強固な同盟国イスラエルの意向がそこに

158

強く働いていたと指摘した。ホメイニーのかかるイスラエル敵視論には、1948 年の建国以来続くパレスチナ占領・支配、彼が親交を深めたカーシャーニー（62 年死去）の影響、アラブ諸国の反発を惹起したシャー政権のイスラエル国家承認（1960 年 6 月）も指摘できる。なかでも、トルコに次いで外交関係を樹立したシャー政権と時の D. ベン＝グリオン政府との関係は緊密化し、イスラエルの秘密警察モサドが CIA に代わり、SAVAK の訓練を実質的に指導するようになったともいう [23]。シャーが「国益に資すれば、あらゆる国家の友情を受け入れ、……その知的・技術的経験を利用する」とした、「積極的ナショナリズム」[24] で説明しようとも、それはホメイニーにとって決して許容できるものではなかった。

　さらにホメイニーは演説のなかで、自己とイスラエルの利益奉仕にのみ腐心するシャーが「貧者の労働から膨大な富を蓄える……寄生虫」的存在であり、だからこそ「国民を解放することさえない」と描いて見せた。それゆえ、「白色革命」も「国民投票」も、「国民の利益に反し、……国民を欺く」ための反イスラーム政策の一環であると捉えた。外部（米・イスラエル）の意図を忠実に実行するシャー政権の「傀儡」的性格、欺瞞性、さらに攻撃にさらされる全般的なイスラーム危機への鋭い認識が、彼のこうした発言から読み取れる。そして、この声明は各地で挙行される「アーシューラー」祭前日（タースーアー）の行事を反シャー運動に変貌させた。それに対して政府は説教師を逮捕・投獄した。そして、6 月 5 日にホメイニーが逮捕されると、ゴムで始まったバーザールの閉店ストと街頭デモ行進が諸都市に野火のごとく広まり、反シャー運動は激化した。

　特にテヘランでは、バーザール商人や同職組合関係者といった伝統的な中間層に、学生や労働者、さらに一部周辺農民も加わり、市

内の半分で内戦状態の様相さえ見られた。動員された軍による発砲で、5日だけで死傷者5,000人以上と報告されるほどに事態は深刻化した。もちろん、政府側は人的被害を過小に発表し、また蜂起が改革に反対する反動分子の仕業に過ぎないとの姿勢を貫いた。布告された戒厳令下で、騒乱状態はその後3～4日間継続した後、徐々に鎮静化していく[25]。そこには、ホメイニーを人質に取られた格好の反シャー勢力の側で活動を控えざるを得なくなった事情も考えられる。

　自信を深めたシャー政権は、9月にシナリオどおりの結果をもたらす第21議会選挙を実施し、さらに翌64年3月にはアラムに代わって、「新イラン党」（63年12月発足）党首ハサンアリー・マンスール（1923-65）を首相に抜擢した。ここに党名のごとく新たな出発を記したいとのシャーの意図も見え隠れする。そして、マンスール政府成立から1カ月後の4月7日深夜、ホメイニーはゴムへの帰還を許され釈放された。しかし、その年10月半ばに議会に提出された「米軍地位協定」問題は、彼の反シャー姿勢を一段と強化した。

　この協定は、61年4月に国連で承認された「外交関係に関するウィーン条約」（全53条）を前提に、米・イ「両国間での協定・取り決めに従い、イランに駐在する米国防省所属の軍事職員と非軍事職員、ならびに彼らと同一世帯を構成する家族」に対して、外交官と同様の特権を認めることを趣旨とした内容である[26]。つまり、沖縄を中心とした在日米軍兵士による種々の犯罪がらみで、日本でも度々批判されてきた「日米地位協定」とほとんど同種と考えてよい。上院では特に審議もなく通過したこの法案は、たとえシャーの肝いりで議員となった者が多くを占めた第21議会であっても、一部議員からは激しい批判にさらされた。「外国人の冷蔵庫

修理工や機械工でさえ、イラン大使が外国で享受する免除特権を持つのか」、「'相互に'という言葉を 18 回強調し用いているが、客としてある家を訪れた場合、その答礼に 200 人もの客を招待せざるを得ないのか」といった非難が寄せられた[27]。歴史的に「不平等条約」（キャピチュレーション）体制に苦しめられ、民族的誇りを傷つけられてきたイラン人の怒りは、議会議員のかかる発言に加え、同協定が賛成 74、反対 63 という僅差でようやく承認された事実からも確認できる。そして、10 月にホメイニーはシャー独裁と、それを支える米国とイスラエルに集中砲火を浴びせる一連の演説を行った。

> イランにはもはや祝日はない。……我らの独立が売り払われたからである。……米国の召使やコックがバーザールの真ん中であなた方のマルジャエ・タグリードにテロを働き、踏みつけても、イランの警察に彼を阻止する権限はない！裁判所にも彼を裁く権限はない！……この法令が議会に持ちこまれ、……可決されたからである。……（これは）米国から借款を得るためであった。……他の諸国は、これほどまでに自らを卑しめたのがイラン国民であると考えよう。……（だが）、イラン国民が議員を選んだのではなく、……政府が彼らを軍事力で議席につけたのである[28]。

上記の「借款」とは、5 年計画で総額 2 億ドルを供与し、イランが 10 年計画で最終的に総額 3 億ドルを返済する内容であることも指摘された。また、ホメイニーは以下のようにも演説した。

> 世界はイラン国民とムスリム諸民族が直面している全ての困

難が外国人、特に米国人の責任であると理解せねばならない。
……イスラエルとその友人を支持するのが米国である。米国こ
そがイスラエルにムスリム・アラブ追放の権限を与えた。イラ
ン国民に議会代表を押し付け、……イスラームとコーランを自
らの利益に反すると考え、その排除を決定したのが米国であ
る。米国こそが宗教学者を開発の障害と見なし、苦痛と投獄と
屈辱を与え、議会と政府に圧力をかけ、かかる法案を承認させ
た。米国こそがイスラーム諸国を野蛮に扱っている。これらの
鎖を引きちぎることがイラン国民の義務である[29]。

　こうした激しい批判を展開するホメイニーへのシャー政権の反
応は素早かった。1週間後の11月4日早朝、特別攻撃部隊・パラ
シュート部隊がゴムのホメイニー宅を包囲・急襲し、拘束した彼
を、直ちにメフラーバード空港からトルコに向け国外追放した。も
ちろん、これに対する抗議運動も発生したが、軍事力で抑え込まれ
た。その後、65年1月に先の「米軍地位協定」を議会で可決させ
た首相マンスールはフェダーイヤーネ・イスラームのメンバーによ
り殺害され、後任にはアミール・アッバース・ホヴェイダー（1920
-79）が任命された。そして、この内閣は77年8月まで続くほど、
長期にわたっている。

独裁の権力的支柱と社会経済問題

　ホメイニー追放から約10年は、シャー権力の「絶頂期」であっ
た。対外的には急激な近代化・世俗化が実施され、シャーが夢見た
「開明的な国王」が君臨する新生イランがここに現出したかのように
見えた。そして、それを支えたのはすでに言及したが、まずいっさ

いの反体制活動を厳しく取り締まり、逮捕者には拷問を容赦なく加え、挙句の果てには死に至らしめることもいとわないSAVAKであった。この機関に属するメンバーは3〜6万人とも推定され、社会の隅々までその監視網は張り巡らされていたことも知られている。また、この組織関係者の動向を監視する「特別局」も存在した。これらのことからも、シャー政権下で内部からの造反さえ許さない相互監視ステムがいかに厳重であったかが分かる。そして、SAVAKは「シャーの眼と耳であり、必要な場合には鉄拳となり、体制に背くすべての者を抹殺した」とも指摘される[30]。

さらに、軍と官僚機構も拡大・整備され、シャー政権を支えた。まず、軍兵力は1967年段階の21万（うち、陸軍164,000、空軍1万など）から、75年には陸海空をあわせて38万5千人にまで拡大した[31]。もちろん、こうした兵力拡大と軍備増強のため、67年に888億リヤールだった軍事予算（国防費）は73年に倍増し、75年には67年比で4.2倍の3,720億リヤールに達するなど、毎年増加傾向を辿った。

他方、官僚機構も軍と同様に政府ではなく、あくまでシャーに忠実な行政組織として整備・拡大された。新たな省庁（エネルギー、労働、社会福祉、農村担当、高等教育など）が設置され、100万人を超えるホワイト・カラー、ブルーカラー以外に、中央省庁を中心に文官約30万人が雇用されていた[32]。詳細は省くが、こうした省庁トップの人事にも、SAVAKからの情報を受けたシャーの意向が常に作用した。

以上の組織運営に必要な財源として、急激な石油収入の増大もシャー独裁政権を支えた。たとえば、1964/65年時に5億5,540万ドルだった石油収入は、70/71年に12億ドル、72/73年に25億ド

ルへと膨れ上がった。そして、石油産業の国有化（73年3月発表）と、54年締結の国際石油合弁会社との契約破棄（同年7月）を経て、「第四次中東戦争」の影響下で73年10月にペルシァ湾岸6カ国が石油価格を引き上げた結果、イランの石油収入は74/75年に一挙に180億ドルに膨れ上がった[33]。こうした財政的余裕は、経済の活性化に膨大な資金を注ぎ込むことを可能にし、シャー体制の「安定化」の重要な条件ともなった。

　加えて、米国との緊密な関係維持が果たした役割も大きい。ただし、上記の石油収入の増大から、その関係性も変化した。既述のごとく、イランは54年以来米国からの経済支援と借款を得て、赤字財政を補填しつつ、各種改革を実施できた。だが、石油収入の増大を受け、米国の対イラン支援は1億2,840万ドル（1969年）から、翌年には400万ドルに大幅に減少し、さらに74年以降は200万ドルを割り込むほどとなった。そして、この過程で浮き彫りとなったのが、米国製兵器の最大の輸入国としてのイランの地位である。たとえば、73年には前年の5倍に当たる21億7,000万ドルの兵器購入契約を締結したのを皮切りに、74年の契約額は43億2,500万ドルに倍増した[34]。75〜76年には一旦その額は減少するが、77年に再び57億ドル規模の契約が調印された。

　イランの軍事大国化は、英国のスエズ以東からの軍事的撤退宣言（68年）に加え、国家防衛の第一義的責任を当事国に求めるニクソン・ドクトリン（1969年7月）によって強化された。そして、F-4戦闘機、M47型戦車にはじまり、72年5月にニクソン政権はF-14戦闘機、AWACS（早期警戒管制機）、フェニックス（空対空ミサイル）、マーヴェリック（空対地ミサイル）、スプルーアンス級駆逐艦ほか、「あらゆるタイプの通常兵器の売却をシャーに許可す

ることに合意した」といわれる[35]。これにより、「ペルシァ湾の憲兵」となったシャー政権下のイランは、湾岸諸国（バハレーン、カタール、オマーン、アラブ首長国）が71年に相次いで英国の保護を離れ独立するという域内情勢も受け、イラク・バアス党政権（68年7月成立）との間で一種の域内覇権争いにも走っていく。そして、74年にはバールザーニー（既出）指導下の「イラク・クルディスターン民主党」への支援を通じた隣国イラクとの熾烈な対立の背景ともなる（第7章参照）。

　潤沢な石油収入のもとで急激な経済成長と軍事大国化をなし遂げ、先進国の仲間入りさえ目前に迫ったと考えるシャーの自信のほどは、71年10月にアケメネス朝ペルシァの首都の遺跡（ペルセポリス）で巨費を投じた壮大な「建国2,500年祭」の挙行にも認められる。これを通じて、イラン・イスラーム暦を廃止し、帝国暦が採用された。また、75年3月には「新イラン党」と「人民党」からなる二党制に代わり、新設された「復興党」による一党制の導入にも、揺らぐことのない統治に対するシャーの自信の一端を見ることができるに違いない。

　しかし、1964年から70年代を通じたイランの経済発展は、端的にいえば、国家主導の「不均等発展」に過ぎず、自ずと様々な問題を内包していた。たとえば、60年代におおむね年8％まで成長したGDPは、72-73年に14.2％、73-74年に30.3％、74-75年に42％を記すなど、70年代に急激に増加した。また、一人当たりGNPも71年の450ドルから78年に2,400ドルというように5倍強の伸びを示した[36]。しかし、これを直ちに国民生活レベル全般の向上として受け取ることはできない。それは先述の石油収入の急激な増加によるものであり、500人以上を雇用する大企業・工場および保

表9 主要産業セクター別労働人口の推移

単位（千人）

	1956	1966	1972	1977	増加分 (72-77)
農業	3,326	3,774	3,800	3,800	0
石油	25	26	40	55	15
鉱業・製造業	816	1,324	1,820	2,500	680
建設	336	520	710	980	270
公共事業	12	53	60	65	5
商業	355	513	650	725	75
通信・輸送	208	224	255	280	25
行政サーヴィス	248	474	640	780	140
銀行・金融	582	650	900	1,040	140
就労人口の総計	5,908	7,558	8,875	10,225	1,350
失業者数	158	284	320	375	55
全労働人口	6,066	7,842	9,195	10,600	1,405

【出典】Z. Heyat, *Iran: A Comprehensive Study of Socio-Economic Condition*, Eastern Publishing Society, n.p., 1983, p.126.

険、銀行を含む金融機関の67％が王族のほか、政府高官、高級将校など、およそ150のエリート家族からなる支配層によって独占的に所有され、70年代初めに国民の10％（富裕層）が国民総所得の40％を占有するとも推定されているからである[37]。

　以上のことは裏を返せば、政府の開発戦略が支配層優遇を促進するものの、都市の産業労働者の3分の2を占める伝統的な製造業者や中小企業の発展育成を図るものではなかったことを意味する。労働者の労働条件と生活改善に関する政府の約束も果たされることはなかった。大半の労働者が1日12時間労働をこなし、1974年に社会保険を有したのは全賃金労働者のわずか22％でしかなかった。そして73/74年に11.2％、翌年度に15.5％のインフレ率を記録するなかで、当然都市に居住する彼ら労働者の生活はいっそう困窮した。これに対する政策的措置もないまま、75年と76年にそれぞれ27件だった主要なストライキの発生件数も、77年に49件に増加し

た。また、企業 2,779 社で働く労働者 22 万 4 千人について調査した報告によれば、「労働人口の 73％が法令で定められた最低生活賃金以下しか受け取っていなかった」といわれている[38]。

　さらに、農地改革を通じて恩恵を受けたはずの農村社会も、政府の政策から取り残された。分配された土地が 5 人家族の生活に最低限必要な 7 ヘクタールに満たなかったため、それよりも多くの家族を抱えた農家の生活は決して豊かなものとはならなかった[39]。こうした事態から農業生産も停滞した。そのため、政府は食糧輸入を拡大したが、その政策は国内産穀物価格の下落に結果し、農民の生活をさらに悪化させるという悪循環さえ生み出した。加えて、農地改革はそもそも耕作権を持たない農業労働者（推定 140 万人）を農地の分配対象としていなかった。その結果、彼らを中心に農村から 200 万人規模の大都市圏への移住も、60 年代後半以降に目撃されている[40]。彼らは、当初こそ建設ブームに沸く都市で建設労働に従事できた。しかし、76 年からの建設不況の影響下で日雇い労働もままならない彼らは失業者と化し、スラム街さえも形成していくことになる。

　以上、ほんの一端を駆け足で見てきたが、イランの急激な経済発展とは実のところ、支配層に富がひたすら集中し、多くのイラン国民を政府開発戦略から疎外するものでしかなかった。かかる社会経済的矛盾は年を追うごとに蓄積された。追放先のトルコからイラクのナジャフに移動し、そこにある神学校で教鞭を取るホメイニーはもとより、国内で密かな政治活動を展開してきた反体制諸勢力が、抗議の声をいっせいに上げる重要な条件となった。

第7章

革命、戦争と「党派対立」の激化

　1977 年も今まで通りただ時が過ぎ去り、シャー政権も安泰であるかのようであった。しかし、表面的な経済的繁栄と安定を突き崩す兆候は、同年1月に成立した米国カーター政権による「人権外交」の影響から認められるようになる。

　前章の終わりに述べたごとく、シャー政権による「近代化」の歪みが国民各層の不満や反感を掻き立てるものであっても、米国によって擁護された堅固な独裁と弾圧体制がその噴出を押し止めていた。だが、カーターの掲げた「人権」重視の姿勢は、シャー独裁に不満を持つ個人や政治勢力を刺激せずにはおかなかった。3月から作家や法律家、さらに NF 活動家からの民主化や体制内の腐敗を非難する公開書簡が発出された[1]。そして、彼らが SAVAK によって取り締まられることもなく、シャー政権が政治犯の釈放や民主化への積極姿勢さえ示したことは、過酷な弾圧体制下に置かれた反体制諸勢力が公然と政治活動を再開する契機となった。

　その年 12 月末からテヘランを訪問したカーターは、新年を祝う晩餐会の席上、イランを「安定の島」に譬え、シャーを「国民から愛された」国王と評した[2]。しかし、それが余りの「事実誤認」であったことは、彼がイランを去ったばかりの 78 年1月初めから開始される反シャー運動のうねりのなかで思い知らされた。

イラン革命の展開

　78年1月7日付けペルシア語新聞『エッテラーアート』紙上で、ホメイニーを「英植民地主義の中枢と関係を持ち」、「インド出身の陰謀家・反国民的分子」とあからさまに非難した記事がその後に続く一連の危機の始まりであった[3]。もちろん、その記事掲載はシャー政権の指示によったが、それはともかく2日後には宗教都市ゴムで宗教学者と神学生のほか市民も参加した抗議運動が実施され、それに対する警官隊の発砲で、死者70人、負傷者数百人に達する事件が発生した。そして、この事件はイランで定着した40日忌追悼（アルバイーン・）デモが以後周期的に繰り返される出発点となった。実際、40日後の2月18〜19日に抗議運動がタブリーズやその他諸都市で発生し、それに対する弾圧でさらに3月30日に「アルバイーン・デモ」が全国55都市で組織化されるという具合である。また、6月5日には63年の「ホルダード月15日事件」15周年を記念するゼネラル・ストライキが実施され、7月にはマシュハドの宗教指導者の葬儀後に組織された抗議運動に軍・警察が介入し、約40人が死亡する事件も発生した。

　「アルバイーン・デモ」を通じて、シャー権力対国民の衝突が日常的に目撃される緊迫した事態のなかで、8月19日にはアーバーダーンの「レックス映画館」放火事件も発生した。館外から施錠され、閉じ込められた400人以上の婦女子を中心に観客が焼死するこの痛ましい事件の犯人は、結局のところ不明だが、反シャー運動の高揚のなかで、そこでの憎悪がシャー政権に集中しても不思議ではなかった。それに追討ちをかけるように、戒厳令が敷かれた9月8日のテヘラン・ジャーレ広場で、デモ隊への軍の無差別発砲も発生した。反体制側の主張では、死者3,000人をも数えたというこの事

写真 19　イラン革命の風景

件は「黒い金曜日」と呼ばれた。

　流血の惨事を交えた反シャー運動の激化に対して、5月段階で
いまだ余裕を見せていたシャーも、6月にSAVAK長官ネマトッ
ラー・ナーセリー（1911-79）将軍の解任のほか、8月初めのTV
インタビューで自由選挙の実施と政治活動の自由を容認する旨発
言し、妥協的姿勢を示した。さらに、ホヴェイダーを引き継ぎ、77
年8月から首相職にあったジャムシード・アームーゼガール（「復
興党」書記長、1923-）を更迭し、ジャアファル・シャリーフ・エ
マーミー（1910-98）に組閣を委ねた。新首相の宗教勢力との良好
な関係に配慮したこの人事は、シャーの「宥和」政策の一環であっ

た。保守的宗教勢力が反対する公営カジノの閉鎖や女性問題担当省の廃止、帝国暦に代わるイスラーム・ヒジュラ暦の再導入がこの内閣のもとで実施された[4]。

　シャー政権のこうした姿勢は、運動の高揚に押された結果だけともいえない。すでに記したように、「人権外交」を掲げるカーター政権から、シャー政権の混乱を引き起こすふたつの相異なるシグナルが寄せられていたからである。すなわち、人権重視の立場からデモの武力弾圧を最小限に抑えるように要求する米国国務省と、徹底弾圧により治安回復を求める米国防省や国家安全保障会議からの要請は、すでに癌に侵されたシャーと政府の対応を時に鈍らせ、また強硬手段を採用するという相反する政策に表れた。この間、カーター自身はエジプト・イスラエル和平合意に向けた作業に忙殺されていた。在イラン CIA が SAVAK に依存し、米国の対応の遅れに繋がったことも指摘されている[5]。

　ともあれ、シャー政権の妥協的な姿勢は、確かに反体制勢力のなかの足並みの乱れを誘った。たとえば、ゴム宗教界では最高権威（マルジャ）のひとりであるシャリーアトマダーリーが、シャー政権に事態改善の猶予期間を与える旨回答していた。だが、1964 年の追放後にイラクのナジャフにあって、60 年代末には「イスラーム法学者の統治論」[6]を掲げ、77 年 9 月に支持者に革命的煽動の指示を出していたホメイニーには、シャー政権に対する妥協の余地はなかった。そして、78 年 10 月にパリへの移動を許された彼が一躍反体制運動の指導者として国際的に注目されるようになった。そのことは、NF 指導者サンジャービーや「自由運動」のバーザルガーンが相次ぎパリを訪問するという、「ホメイニー詣で」にも認められる。

　さらに、10 月末に発生した労働運動がシャー政権に打撃を与え

た。国営石油会社（NIOC）労働者 37,000 人が賃上げのほか、戒厳令の撤廃や政治犯の釈放を要求し、ストに突入したため、石油生産が大幅に減少したからである。前章で指摘したシャー独裁権力の支柱のひとつがここでも揺らぎ始めた。さらに、同時期の 10 月以降、100 万人にも達する政府省庁職員と公務員も、この機とばかりに賃上げストライキを実施した結果、それぞれが社会の一員でもある官僚が支えた政府機構も、決して無傷ではいられなかった[7]。さらに、SAVAK は反シャー運動の全国規模の展開で、事実上機能停止状態に陥っていた。

　残された権力の支柱としての軍への依存を余儀なくされたシャーは、11 月 5 日の全国的なデモ・武力衝突（「黒い日曜日」事件）後のシャリーフ・エマーミー内閣の総辞職を受け、参謀総長ゴラームレザー・アズハーリー（1912–2001）に組閣を依頼し、自らは T V 全国放送でそれまでの過ちを認め、自由選挙と反不正・腐敗キャンペーンの実施を約束する。そして、ホヴェイダーやナーセリーなど、元政府関係者や実業家約 60 人を逮捕させた。革命が既存の国家権力と反体制運動の諸力のバランスにおいて、後者が優勢に立つことで達成される結果とすれば、脆弱性を曝け出したシャー政権の末期症状はここに確認できるに違いない。

　シャー政権の打倒を訴えるホメイニーの録音テープが全国に配布され、止むことのない「神は偉大なり」、「シャーに死を」、「ホメイニーが指導者」のシュプレヒコールが声高に叫ばれ、12 月 10 ～ 11 日のアーシューラー祭前日と当日に最高潮を迎えた反シャー運動の前に、アズハーリー軍事内閣にはなす術はなかった。12 月末に N F メンバーのシャープール・バフティヤール（1915–91）に後を託したシャーは、79 年 1 月 16 日に国外退去した。バフティヤール政府

からSAVAK解体や宗教指導者の立法上の役割拡大など、17項目提案も発表された。しかし、革命的状況に変化を及ぼすものではなかった。そして、2月1日に300万人ともいわれる市民の歓呼に迎えられ、ホメイニーが凱旋帰国した。彼が任命したバーザルガーン暫定政府が11日に軍最高会議から承認された結果、バフティヤール政府は崩壊し、シャー政権はここに終焉を迎えた。

　以上、反シャー運動の展開過程を見ると、宗教色の強い「アルバイーン・デモ」、抗議運動の先頭に立った宗教学者の姿、テヘランだけでも983箇所に達し、反シャー運動の拠点となったモスク（礼拝所）の機能、そして卓越した指導力を発揮したマルジャとしてのホメイニーの存在から、「イスラーム革命」という性格は確かにある。さらに、シャー政権に代わって、ホメイニーが長年温めてきた「イスラーム法学者の統治」体制が、最終的に革命後導入された結果も考えれば、尚のこと、その理解に違和感はないかもしれない。だが、この新体制の成立がその後半年余りの間に展開された強権的な政治の結果であったことに注意しなければならない。

ホメイニー支配体制の成立

　革命参加の反シャー勢力は確かに多様であった。NF、「自由運動」、トゥーデ党のほか、特に「モジャーヘディーネ・ハルク」（60年代半ば創設）や「フェダーイーヤーネ・ハルク」（70年代初頭創設）が、革命を達成する運動の一翼を担ったことは良く知られている。前者は、シーア派を民衆と正義を擁護する「革命的イデオロギー」と捉え、革命的行動主義の重要性を訴えた60年代〜70年代のイランの著名なイスラーム改革主義者アリー・シャリーアティー（1933-77）の思想的影響を受け[8]、シャー独裁に武力抵抗を試みて

きた。他方後者のフェダーイヤーネ・ハルクは、60年代後半から経済を中心にシャー政権が積極的な対ソ関係改善に乗り出し、それに伴ってトゥーデ党の闘争方針が穏健化したことに失望した左翼学生らを中心に結成された。こうしたゲリラ勢力も含め、「同床異夢」の革命勢力の存在から、新たな政治秩序の構築がシャー政権打倒後にいかに困難な課題であったかが分かる。それに対して、ホメイニー派が率先して活発な政治活動を展開した。

まず「イスラーム共和党」（以下、IRP）が創設され、彼の弟子を中心に派内の結集・団結が図られた。そして、各勢力がそれぞれ組織していた「革命委員会」がIRPのもとで中央集権的に統合された。また、アーヤトッラー・サーデグ・ハルハーリー（1926-2003）が初代長官となった「革命裁判所」も創設された。これら革命組織が前政権関係者と反ホメイニー派の摘発、逮捕、処刑の任務に当たり、ホメイニー権力の支柱として機能するようになった。さらに、「パフラヴィー財団」（1961年創設）が残した膨大な資産の運用を任された「被抑圧者財団」も設立された。そして、5月には正規軍や少数民族対策として、「革命防衛隊」（正規兵力1万、予備兵力10万）が新設され、ホメイニー派の強固な政治的、軍事的な組織構築が急ピッチで進められた[9]。当然、こうした動きは反発を生んだ。

たとえば、ホメイニー派が強い発言権を持つ「革命評議会」（79年1月創設）と上記革命組織に事実上の行政権を奪われ、「刃のないナイフ」とさえ指摘された暫定政府首相バーザルガーンは、就任後わずか1カ月足らずで辞意を表明していた。それはホメイニーによって慰留されたが、バーザルガーンと暫定政府の苦しい立場はその後も続いた。また、自由で民主的な政治体制確立を期待した社会

層もホメイニー派の強権発動に強く反
対した。女性公務員へのチャードル着
用に関する3月6日のホメイニー勅令
に反発した女性たちはその選択権が女
性自身にあるとの立場から、デモや集
会での演説、国際的な女性組織へのア
ピールを通じて抗議した[10]。また、
テヘランからの統制強要に直面したク
ルドをはじめ、スンナ派系の少数民族
も自治要求の声を上げ始めた。さらに
宗教界では、シャリーアトマダーリー

写真20　メフディー・バーザ
ルガーン（暫定政府首相）

が権力独占の危険性と独裁成立の可能性を公然と指摘し、警戒姿
勢を露にした[11]。しかし、いずれも相互に連携した抗議運動となら
ず、すでに権力基盤を作り始めたホメイニー派を後退させるほどに
有効な異議申し立てにならずに終わっている。

　6月18日、暫定政府から憲法草案[12]が発表され、事態は大きく
変化し始めた。もちろん、それに先立つ3月末の国民投票で、王
制と「イスラーム共和制」のいずれかの採用が問われ、結局後者
が98.2%の支持で採択されたが、それ自体すでに反シャー運動過程
で取り上げられた動員の「シンボル」であったから、特段驚くには
値しない。だが、これに具体的な中身を与える憲法草案は、ホメイ
ニー派を含む各派の間で当然激しい論争を巻き起こした。全151条
からなる草案内容をかいつまんで見れば、まずホメイニーにはいっ
さい言及せず、1907年憲法補則（第2条）を踏襲し、宗教学者の
役割も、「5名の立法解釈権能者」からなる「監督者評議会」の設
置（第142条）のみであった。バーザルガーンのリベラルな姿勢や

暫定政府の難しい立場を読み取ることは難しいことではない。

　草案内容に対する様々な批判が提起されるなか、すでに「イスラーム法学者の統治」論を提起するホメイニーと、それに反対するシャリーアトマダーリーの間で、事態収拾に向けた協議が行われ、結局選挙を通じて召集される「専門家会議」（定数73人）が最終的な審議を行うことで合意が成立した[13]。それに反発した政治諸勢力（フェダーイーヤーネ・ハルク、国民民主戦線、ムスリム人民共和党、ＮＦ）は選挙のボイコットを決定したが、この段階ではホメイニーとIRP、そしてその主導下にある革命組織が米国を「大悪魔」として糾弾し、反ホメイニー諸勢力を次々と米国の「手先」（＝「小悪魔」）と非難、弾圧したため、選挙に対する組織的な抵抗は困難を極めた。そして、ホメイニー派が総動員され、8月3日に実施された選挙の結果、IRP党員・支持が3分の2以上を占めた「専門家会議」が草案を一新する憲法作成に従事し、11月までにそれを取りまとめていく。

　さらに、この間に発生した事件がホメイニーの政治的求心力をさらに強化した。特に、国外に逃れたシャーの米国入り（10月23日）は、モサッデグ政府打倒クーデターを経験したイランでは、米国政府による「陰謀」の始まりと受け取られ、徹底した反米主義者ホメイニーの威信を高める材料となった。11月4日に「イマームの路線に従う大学生」450人が起こした在テヘラン米国大使館占拠・館員人質事件も、こうした反米感情の延長線上にある[14]。その3日前にアルジェで米国国家安全保障担当顧問Z. ブレジンスキーと会談し、新たな対米関係を模索し始めた首相バーザルガーンも帰国後、外相エブラーヒーム・ヤズディー（1931-2017）とともに辞任を余儀なくされた。占拠学生が公表した機密文書から、「スパイの

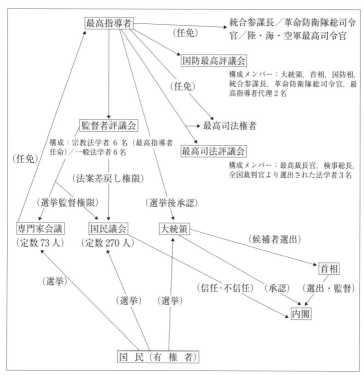

【出典】79年12月3日成立の「イスラーム共和国憲法」より，筆者作成.

図2 「イスラーム法学者の統治」機構略図

巣窟」としての米国大使館の実態が暴露されたことによって、反米感情が世論を覆い尽くすなかで、「専門家会議」作成の新憲法案が11月26日に発表される[15]。

いうまでもなく、憲法案の特徴は「隠れイマーム」の不在中の国の指導権が「正義、知性、慈悲、勇気を備え、人民から当然の指導者として尊敬される宗教法学者の手に委ねられる」旨を第5条で規定したうえで、第107条でその資格を満たすホメイニーを「最高指

導者」とした「イスラーム法学者の統治」論を組み込んだことにある。そして、この憲法案は多くの政治諸勢力の反対に直面しながら、12月2～3日に強行された国民投票で、99.3％の支持（ただし、有権者総数約2,200万の61.4％）を得た。その結果、図2に示した広範な権限を掌握したホメイニー支配体制が正式発足する。

　以上のごとく、ホメイニー権力の成立はシャー政権打倒直後のいまだ混沌とした状況下で、いち早く新秩序構築に動いたIRP主導の政治活動抜きには語れない。もちろん、その結果は、彼らにとってシャー体制打倒後の「第二革命」であった。だが、その過程ではアブドゥッラフマーン・ガーセムルー（1930-89）率いる「クルディスターン民主党」を中心に、民族的自治を求めた地方の少数民族は、「ムスリム諸国の統一に反対する帝国主義者の陰謀」として糾弾され、「革命防衛隊」によって徹底弾圧された[16]。彼らを含め、そもそも自由で民主的な新体制創設の夢をこの革命に託した都市部の世俗主義的な青年層や女性、また宗教の政治的役割を限定的に捉えた伝統的宗教学者にとっても、この結果は「裏切られた革命」と呼び得るものであった。

　ともあれ、ここに反米的イスラーム政治体制が成立した。79年12月以来の激化する隣国アフガニスタンでのソ連軍に対するムジャーヘディーンの闘争とともに、ホメイニー指導体制は大国に挑戦する激しいイスラーム抵抗運動の一環を構成した。だが、米ソいずれかの庇護や影響下で存続する周辺アラブ諸国にとっては、イランの「イスラーム革命」は深刻な脅威となった。なかでも、第一次大戦後の英仏による東アラブ地域の分割計画により、「人工国家」として誕生したイラクがその脆弱性ゆえに、もっとも敏感に反応し、新生イランに軍事的挑戦を試みていく。

イラン・イラク戦争の諸相

イ・イ両国の関係をつぶさに見る暇はないが、確かにイラクはシャー政権期からイランの脅威に晒されていた。特に、シャー政権が「ペルシャ湾の憲兵」を自認した70年代前半でも、その点は明らかであった[17]。すなわち、バールザーニー率いる「イラク・クルディスターン民主党」による自治要求運動が高揚したその当時、シャー政権はこの運動に大規模な財政・軍事支援を与え、その結果74年にはイラク領クルディスターンでは内戦的様相さえ目撃されたからである。その結果、時の「バアス党」（アラブ復興社会党）政権は75年6月に「アルジェ協定」をイランとの間で調印した。シャットル・アラブ川をめぐる国境線を従来の東岸から、イランに有利な最深線に修正し、代わりにシャー政権の対イラク・クルド支援停止へと漕ぎ着ける妥協的な政策を通じて、イラク政権はこの危機をようやく克服し、その後クルドに対する徹底弾圧も可能となった。

革命後、湾岸アラブ諸国への「ホメイニー名代」派遣によるシーア派住民の煽動、イスラーム反体制組織への支援を通じたイランの「イスラーム革命」輸出政策は、イラク・バアス党政権にはシャー政権のそれをはるかに凌ぐ脅威となった。同じアラブ系とはいえ、イラクのシーア派系住民は、総人口比で50％を優に超え、クルド（総人口比19％）と同様に、建国以来のスンナ派支配の継続に不満を蓄積してきたからである。また、ホメイニーとも親交があり、同様の革命達成を構想するアーヤトッラー・ムハンマド・バーキル・サドル（1935-80）指導下のシーア派組織「ダアワ党」（1957年創設）がイラクにおける反体制運動を活発化させた[18]。

こうした事態は、79年7月から大統領として支配権を掌握したサッダーム・フサイン（1937-2006）にとって、極めて憂慮すべき

ものとなった。外交接触を図ったバーザルガーン暫定政府の退陣後、両国国境紛争の頻発から関係悪化がいっそう顕在化した。そのため、サッダーム率いるバアス党政権はまず80年4月にバーキル・サドルを処刑し、「アルジェ協定」の破棄宣言から5日後の9月22日、対イラン大規模攻撃を開始する。

　人口規模でイラン（79年当時3,700万人）の約46%（1,700万人）であり、国土面積でも約4分の1に過ぎないイラクが踏み切った戦争の性格としては、サッダーム政権の「生き残り」をかけた「防衛的革命干渉戦争」との性格を指摘することができる。そして、イラン側の軍事作戦の展開に沿っていえば、①緒戦でイラク軍によって奪取された約1万8千平方キロメートルの「占領地奪回期」（1980年9月〜82年7月）、②その後の「逆侵攻期」（1982年7月〜83年4月）、③「本格的攻勢期」（1983年4月〜86年8月）、そしてそれ以降の④「大規模攻勢から攻勢停滞期」（1986年8月〜88年8月まで）[19] というように区分が可能である。しかし、こうした戦況とも関係した政治的性格に注目しなければならない。

　たとえば、イラクによる一方的な開戦という事実から、イラン側にとっては「押し付けられた戦争」であったが、IRPはこれを単独支配の確立に利用した。ホメイニーの信頼を得て、初代大統領に就任したが、IRPとの確執から81年6月に罷免され、国外逃亡を余儀なくされたアボルハサン・バニーサドルがその好例である。また、彼と行動をともにした「モジャーヘディーネ・ハルク」も徹底弾圧された。

　その後、IRP党首モハンマド・ベヘシュティー（1928-81）や閣僚・次官10人、議員20人が爆殺されたIRP本部爆破事件（6月28日）や、第二代大統領モハンマドアリー・ラジャーイー（初代

首相、1933-81）と首相モハンマドジャヴァード・バーホナル（1933
-81）が命を落とす首相府爆破事件（8月30日）が「モジャーヘ
ディーネ・ハルク」による報復として引き起されたものの、IRPの
一党支配の動きは止まることはなかった。ホメイニーの側近で外相
を務めたサーデグ・ゴトブザーデ（1936-82）も、軍幹部と共謀し
た「ホメイニー暗殺計画」に関与したかどで処刑された。その計画
に連座したと見なされたシャリーアトマダーリーも、大アーヤトッ
ラーの称号を剥奪され、自宅軟禁のまま86年に死去した。さらに、
IRP支持を貫いてきたトゥーデ党も例外ではなく、83年2月に書
記長ヌーロッディーン・キアーヌーリーに始まり、千人以上の同党
メンバーも一斉逮捕された[20]。

　革命から戦争へと続く非常事態から革命防衛隊や革命委員会と
いった組織の重要性が一段と高まるなかで、平時であれば容易では
ない以上の政敵排除もIRPにとって難しいことではなかった。こ
れは、開戦によってホメイニー新体制の崩壊を目論んだサッダーム
政権の誤算であったに違いない。83年4月から始まる「ヴァル・
ファジル（「夜明け」）大規模軍事作戦で始まる「本格的攻勢」も、
一枚岩的なIRP支配の確立と無関係ではない。

　加えて、対イラク戦は祖国防衛以上に、「革命拡散戦争」として
の性格も帯びていた。ホメイニーは開戦早々に、この戦争が「イ
スラーム国家に対するイラクの非ムスリム・バアス主義者による侵
略」であり、「イスラームに反対する冒涜者の反乱」であると捉え、
「和平や妥協はあり得ない」との立場を鮮明に打ち出した[21]。この
立場は、サッダーム政権打倒への強固な継戦姿勢に連動した。そし
て、「勝利は剣によって達成されない。血によって……信仰の力に
よって達成される」[22]というホメイニー発言にあるごとく、イラン

側はシャーの残した正規軍（兵力約35万）よりも、80年代半ばまでに兵力30万に達した革命防衛隊に加え、その傘下で100万人まで動員可能となったバスィージ（義勇兵）を主力として、南北に拡大した戦線で「人海戦術」を多用した[23]。そして、イラク領内のシーア派聖地「カルバラー」のほか、イスラエルの占領支配する聖地エルサレムの解放も視野に入れた「ベイトル・モガッダス」など、革命的な信仰心を鼓舞する陸上戦中心の軍事作戦が次々に打ち出された。また、革命政権下にあるイランのメディアも、戦死者を「殉教者」として称えるなど、この戦争の宗教的正当性をアピールする報道を繰り返した。

これに対して、開戦時の兵力24万から87年には85万を数えたとはいえ、数的に劣勢なイラク側はイランからの攻勢に直面すると、都市、石油・経済施設への空爆、ミサイル攻撃のほか、化学兵器の使用に訴え、戦局の挽回を図ろうとした。このことは、イ・イ戦争が単なる両国間の戦争というだけでなく、「国際管理戦争」という性格を有していたこととも関わっている。軽火器は別としても、両国には兵器製造能力は皆無に等しく、それゆえ表10にあるように、両国は諸外国からの兵器輸入に依存した。もちろん、そこにある兵器供給国には、開戦直後に出された479号以来、86年2月の582号まで、都合5回に渡ってイ・イ両国に停戦を呼びかける決議を採択してきた国連安保理常任理事国が含まれる[24]。「侵略者の認定と処罰」がない点を主たる理由に、イラン政府がそれら決議を拒否してきた経緯もあるとはいえ、戦争の継続や拡大を招く兵器移転で利益を上げる常任理事国の責任は厳しく問われる必要がある。その点で、米国の場合も同様である。

米国大使館占拠事件で人質となった大使館員の解放直後（81年1

月）に成立したレーガン政権は、確かにイ・イ両国への兵器移転を差し控えた。しかし、67年以来断行していたイラクとの外交関係を84年11月に復活し、石油代替輸出で同国を財政的に支援してい

表10　1983-86年のイ・イ両国への兵器移転状況

単位（100万トン）

供給国	イラン	イラク
ソ連	10	11.815
中国	1,845	1,760
米国*	0	0
西側ヨーロッパ諸国	865	1,005
他ヨーロッパ諸国	3,835	3,990
その他	2,385	1,920
計	8,940	20,490

＊米国による対イラン秘密売却は含まず.
【出典】Anthony H. Cordesman, *Iran & Iraq: The Threat from the Northern Gulf*, Westview Press, Boulder, 1994, p.19.

たサウジアラビアやクウェイトを通じて、イランの軍事情報を流すなど、その中立姿勢は明らかに疑問視されるものであった。その一方で、レーガン政権はレバノンのシーア派組織「ヒズブッラー（「神の党」）」によって誘拐された米国人の解放を達成するため、85年にはイランへの兵器・スペアパーツの売却に関する秘密取引に従事した。それは、「イランゲート」（別名「イラン・コントラ」）スキャンダルとして良く知られている[25]。当初、この取引の窓口となったのが、イ・イ両国を敵視し、それゆえ戦争長期化で両国の疲弊を望んだイスラエルであったことも含めれば、この戦争の複雑な国際政治的性格も理解できる。

　しかし、イ・イ戦争もイラクによる化学兵器使用、戦局の膠着、ミサイル攻撃、それに対するイラン側のペルシァ湾での機雷敷設、イラク支援のクウェイト籍タンカー攻撃など、徐々に「国際管理」から逸脱し始めた。特にペルシァ湾への戦域拡大は石油輸出を危殆に陥れるものであり、そのため87年7月から米国は直接的な軍事介入を実施した。その結果、翌年7月には米軍艦による民間航空機撃墜

事件（乗員乗客 298 人が死亡）も発生した[26]。

　米国の軍事的圧力とともに、国際的包囲網のため兵器獲得もままならないイランの国内に眼を向ければ、政府の「大本営発表」とは裏腹に、劣勢を強いられた戦況とともに厭戦気運が広く社会を覆うようになった。そして、継戦か停戦かをめぐる足並みの乱れも政権指導部内で表面化した。IRP の活動停止（87 年 6 月）に加え、ホメイニー支持の宗教勢力も分裂を始めた。紆余曲折を経て、88 年 7 月にイランは「中立機関への紛争責任の調査付託」を初めて盛り込んだ安保理決議 598 号（87 年 7 月採択）の受諾決定を発表した。

　イラン側戦死者が 20 万人（負傷者 3 万 9 千人）と推定されるほど、この戦争が残した人的被害は大きい（イラクも少なくともほぼ同数の戦死者と推定）[27]。イ・イ両政府の国策と、兵器輸出を通じて利益を上げる大国をはじめ、非戦争当事国政府の政策の犠牲となった両国国民の悲惨な情況が確認されるに違いない。イラン・「イスラーム革命」の脅威が磨耗したこの戦争を通じ、軍事大国化したイラクが、新たな脅威として誕生したことも指摘しなければならない。

ポスト・ホメイニー体制と「党派対立」

　89 年 6 月 3 日にホメイニーが死去した。これに先立つ半年間に幾つか、彼は興味深い動きを示している。たとえば、79 年末のアフガン侵略と革命後に採用された外交原則（「東西不偏」）に基づき、良好とはいえなかった対ソ連関係の修復に向けて出したゴルバチョフ宛書簡、『悪魔の詩』の作者 S. ラシュディー（1947-）と出版者に対する死刑を命じたファトワー（宗教令）の発出、さらに 85 年 11 月に専門家会議により指名されていた最高指導者後継者ホセインアリー・モンタゼリー（1922-2009）の同資格剥奪もある[28]。そ

れら一連の動きは、彼自身が余命いくばくもないことを自らが悟っていたことを示すかのようである。

彼の死去翌日、81年10月以来大統領職にあったアリー・ハーメネイー（1939-）が「専門家会議」の議を経て後継者に選出された。宗教ランクがホジャトル・イスラームであるため、急遽アーヤトッラーに格上げする措置も講じられたが、最高指導者資格（大アーヤトッラー＝マルジャ）との

写真21　セイエド・アリー・ホセイニー・ハーメネイー（第三代大統領, 第二代最高指導者）

離齬から、憲法改正作業が開始された。生前ホメイニーが彼の資質を高く評価していたことも明らかにされたが、この人選の理由が最高位の宗教学者、すなわち「大アーヤトッラー」のなかに、体制の牽引者を見出せない事情にあったことは疑いの余地はない。そして、憲法案では最高指導者の条件から、マルジャ資格が削除される一方で、最高指導者の権限は逆に強化された[29]。たとえば、「体制利益認定会議」（88年2月に議会と監督者評議会の意見対立の解消のために新設）との協議を通じた「国家秩序に関わる全般的政策の策定と監督」、国民投票実施のファトワー発出権限（それまで79年11月の「革命評議会」承認の法律に依拠）、さらに国営ラジオ・ＴＶ局総裁の任免権が第110条で最高指導者権限として追記された。

加えて、首相職が廃止され、大統領（任期4年）を行政のトップ

とする改正（第 133 ～ 142 条）も行われた。内閣を統括し、自らの権限内で副大統領の任命も法的に認められることになった。そして、この改正には、ハーシェミー・ラフサンジャーニー（1934–2017）に対する政治的配慮も働いていたに違いない。革命後数年の間に IRP の中枢を担った宗教学者が相次ぎ命を落とすなかで、ハーメネイーと二人三脚的にホメイニー支配体制を支えてきた彼は、国会議長として政治的発言力を増してきた経緯がある。したがって、ハーメネイーとの権力バランスから考えれば、こうした改正も肯ける。その他、80 年 3 月に開会された第 1 議会（定数 270 人）から、以後任期 4 年で三期まで回を重ねてきた議会も、改正憲法では「イスラーム議会」と改称された。こうした改正も含んだ憲法は、7 月 28 日実施の国民投票で 95％の支持で承認された。また、同日実施の選挙でラフサンジャーニーが、94.5％の得票で大統領に選出された。ただ双方ともに、投票率は有権者（3,140 万人）の 55％に達することなく、革命政権への支持率低下は隠しようもなかった。

　ところで、対イラク戦で被った経済的被害は甚大であった。たとえば、戦争被害は都市の数で 50 以上、農村は 4,000 カ村にも上り、破壊された家屋数は 13 万軒以上、甚大な被害を受けた家屋は 19 万軒といわれる。その他、ホッラムシャフル港湾施設、アーバーダー

ン精油所やハーグ島の原油積出施設のほか、電気・通信・輸送関連施設や工場、インフラも度重なる空爆やミサイル攻撃で破壊され、イランの経済的被害総額は1兆ドルにも達すると推定された[30]。もちろん、ハーメネイー・ラフサンジャーニー二頭体制で始まったポスト・ホメイニー政権の安定はこうした戦争被害を修復し、いかに経済復興を成し遂げるかにかかっていた。そして、ラフサンジャーニー政府は「規制緩和、民営化、企業の自由化と市場メカニズムへの復帰」に向けた5カ年開発計画に着手した。

　そこでは、戦争末期に一段とその色彩を強めた国家統制経済からの脱却のため、民間活力を刺激し、外国資本の投資を促す自由な市場システムの構築が謳われ、戦争でダメージを受けたインフラの修復と整備のもと、生産規模の拡大と経済成長を実現しようとする意欲的な復興戦略が発表された。政府系所有資産の民間への売却、テヘラン株式取引所の復活、ペルシァ湾のキーシュ島やゲシュム島での自由貿易ゾーンの設置、道路・ダム・工場などの建設プロジェクトが実行に移されるとともに、革命から戦争過程で国外に逃れたイラン人専門技術者の帰国を呼びかけによる技術不足を補うことにも意が払われた。革命的スローガンを放棄し、国家イメージの改善に配慮した政策も特徴的であった[31]。

　イラクによるクウェイト侵略（1990年8月）に始まる湾岸危機の結果、石油・天然ガスの輸出収入（89/90年の120億ドルから翌年度には180億ドル）の増大が追い風となり、確かに経済の活性化は当初順調であった。だが、戦時下で採用されていた生活基本物資の配給と多額の補助金支給から、思うように支出が削減できず、政府の財政運営に重くのしかかった。また、戦争中の3.2％にも達した人口成長（79年の3,700万から89年に5,000万に増加）から、

表 11　政治諸党派の特徴的立場

	「急進派」 （ムーサヴィー派）	「現実派」 （ラフサンジャーニー派）	「保守派」 （ハーメネイー派）
社会経済	被抑圧者の救済，貧富の差縮小，私有財産制の制限，「経済テロリスト」の処罰，農地改革の導入，福祉計画の拡充，政府権限の拡大	経済再建の最優先，産業の民営化，人的資源育成政府主導の官民一体的復興，テクノクラートの重用	被抑圧者の宗教的救済，私有財産制の保護，民間活力導入，国営産業分野の民営化，農地改革導入反対，政府権限の縮小
対外関係	イスラーム革命輸出，パレスチナ解放運動への積極支援，対外貿易の国有化，外国借款受入れ拒否，アラブ「親米」政権との敵対継続	保守的湾岸諸国と西側先進国との関係強化，「テロ」支援国家イメージの払拭による国際的孤立状態の解消	協力的諸外国との関係強化，自由競争的な貿易推進，欧米（国際機関）からの借款受入れと科学技術導入支持，イスラーム運動との連帯維持
文化関係	ヴェール着用や欧米文化流入への柔軟姿勢，表現の自由容認，革命的スローガンの有用性の認識	戦後復興を阻害する制約の除去，女性の政治社会的役割拡大，過激なスローガンの放棄	ヴェール着用を含むイスラーム法の遵守，欧米文化流入への警戒，自由な芸術的表現の取締り強化

【出典】Sussan Siavoshi, Factionalism and Iranian Politics: The Post Khomeini Experience, *Iranian Studies*, vol.25, Number 3-4, 1992, pp.27-49 を中心に，その他 *Iran Times* を含むペルシァ語新聞報道から作成．

　食糧を含む大量の物資が国内では調達できず、その分は輸入に依拠した。しかし、外貨不足に加え、リヤール（以下、「IR」）価値の低落傾向がこうした輸入と経済運営を難しくした。そのため、93年にはそれまでの公定レート（1 ドル = 70 IR）を 1,540 IR へと為替平価の切り下げも行った。しかし、その後も実勢レートとの格差は開く一方であり、その結果複数為替レート（公定レートは 1 ドル = 1,755 IR、民間レート 8,000 IR）の併存を認めざるを得なかった（ちなみに、2002 年に複数レートは一本化）。そして、石油収入の減少で、93 年には 340 億ドルもの外国借款を受け入れている[32]。

　国内的な政争も側面からラフサンジャーニー政府の政策の足元

を揺さぶった。特に、ポスト・ホメイニー体制は表11にあるごとく、「保守派」と「現実派」の同盟、言い換えれば「急進派」排除により成立した体制であった。そこにおいて、対イラク戦の継戦姿勢を採用し、そして戦後は外資導入反対の立場からハーメネイーと真っ向から対立したミール・ホセイン・ムーサヴィー（1941–、81年11月～89年7月まで首相）を筆頭に、ホメイニーの革命路線を過激な形で引き継ぐ「急進派」が（第3）議会を中心に、ハーメネイーの宗教的権威不足とラフサンジャーニー政府の戦後経済復興の方針に異議を唱えた [33]。しかし、92年の第4議会選挙で「保守派」と「現実派」支持の議員が270議席中190近くまで議席を伸ばした結果、「急進派」の弱体化に成功したラフサンジャーニーは、93年の選挙で大統領に再選（得票率62.9％、投票率は50.7％）された。だが、都市部での住宅難や失業問題、物価高など社会経済問題は深刻化し、92年からテヘランのほか複数の地方都市での暴動の発生など、経済復興が順調といえない状況はその後も続いている。

　さらに、93年1月に成立した米国クリントン政権の対イラン政策も、ラフサンジャーニー政府の復興政策に暗い陰を落とした。95年に米系企業と個人による対イラン貿易・投資禁止措置を手始めに、翌年には「イラン・リビア制裁法」が導入された。これは大量破壊兵器獲得と国際テロ支援阻止を理由にしながら、外国企業による年間2,000万ドル以上の投資を禁止し、それに抵触した当該企業に制裁を科すことを内容とした。しかし、米国のこうした政策導入は米国大使館占拠事件以来の両国関係の継続的悪化の結果というより、パレスチナ占領の実態を常に非難するイランを、敵視して止まないイスラエルとそのロビー集団の対米圧力によるものであるといって差し支えない [34]。

写真 23　セイエド・モハンマド・ハータミー（第五代大統領）

　米国の反イラン政策と、他方で衛星放送を通じた欧米文化の、特に青年層への影響が警戒され、それに対する法的措置（95年1月に衛星アンテナの輸入・流通・使用が禁止）も採用されるなかで、選挙の候補者審査、実施監督権限と法案の議会差戻し権限を持つ監督者評議会、最高指導者任免権を持つ専門家会議、省に昇格した革命防衛隊や情報省などの政府機関に加え、95年創設の「アンサーレ・ヘズボッラー」（「神の党支援者」）やバスィージ（義勇兵）という、ハーメネイー体制支持の半官半民の自警組織を傘下に持つ「保守派」は、政策成果を上げられないラフサンジャーニー「現実派」主導政府への批判を強めた。両派間の亀裂が顕在化するなかで、97年5月に実施された大統領選挙では、しかし「現実派」から推されたモハンマド・ハータミー（1943−）が、当選確実とされた「保守派」代表のナーテグ・ヌーリー（当時、イスラーム議会議長、1943−）を相手に、2,000万票（得票率68.9％）を獲得し、地滑り的勝利を飾った。政権内部の指導権争いの性格が濃厚であった「党派対立」が、ここに至って社会を巻き込む対立へと変化したことは注目されねばならない。

　すでに言及したように、戦争中のベビーブームで、イランの総人口は表12にあるように、1986年の49,445,000人から96年には6,000万人を超えた。そして、上記の大統領選挙では選挙権が15歳以上の男女（有権者総数36,466,487人）にあったことから、96年に14

歳であった男女を含め、39歳までの人口が有権者の67.5％（約2,500万人規模）近くを占めていたことになる。もちろん、年齢だけを取り上げて一概にいうことも難しいが、戦争と政争に辟易とした比較的若い有権者層がイスラーム法に基

表12　年齢別人口構成（1986, 1996, 2006年）

年齢	1986	1996	2006
0〜14	22,474,017	23,725,545	17,681,629
15〜19	5,192,202	7,115,547	8,726,761
20〜29	7,846,021	9,931,136	16,236,374
30〜39	5,045,159	7,551,845	10,474,655
40〜49	3,240,749	4,825,126	7,611,919
50〜59	2,936,764	2,895,806	4,643,401
*60〜	2,710,098	4,010,483	5,121,043
総人口	49,445,010	60,055,488	70,495,782

＊1986と96年については一部年齢不明分を含む.
【出典】 *Salname-ye Amari-ye Keshvar*, Markaz-e Amar-e Iran,Tehran, 1387, p.95.

づく体制秩序の護持を説くヌーリーよりも、文化・イスラーム指導相時代（1982-92）から言論・出版、その他文化・芸術活動への寛容な姿勢を示し、「イスラーム体制下での社会的自由、政治的寛容、女性の権利拡大と法の統治」を前提に、「より良い明日」の実現を大統領選の公約に掲げたリベラルなハータミーを支持しても不自然ではなかった[35]。

　特に、ハータミーの実弟（モハンマド・レザー・ハータミー）やテヘラン市長ゴラームホセイン・キャルバースチーらが結成した「イラン・イスラーム参加戦線」がハータミー新政府を支える「改革派」の中核組織となった。そして、そのもとにはラフサンジャーニー指導下のテクノクラートを含む中間層からなる「現実派」（96年結成の「イラン建設奉仕者」が中核組織）のほか、政権中枢から排除された「急進派」、その一部を構成した「テヘラン闘う宗教学者集団」（「保守」系「テヘラン闘う宗教学者協会」から1988年3月に分裂）、反ホメイニー派（「自由運動」やNF関係者など）を含む政治活動家や知識人たちが、広い意味での「改革派」（反「保守派」

連合）を形作った。特に、ハータミー政府は 97 年に 115 万人にも
達した大学生らを中心に、「革命を知らない」世代の間で、熱狂的
支持を受けた。欧米や世界の動向に関する情報を日々受け取る立場
にある青年層が、米国によるイラン非難に刺激されつつ、日常的に
権威主義的な政治体制や社会経済状況の悪化に強い不満を抱くよう
になったからである。そして、99 年 7 月にはハータミー政府支持
の日刊紙『サラーム』に対する「保守派」系司法当局の発行停止処
分を直接的契機として、テヘラン大学学生を中心に 6 日間にわたっ
て全国で学生数十万人が参加した抗議運動も発生した [36]。

　学生側に 1,200 人の逮捕者や多くの負傷者さえ出したこの事件
は、それまでに多用された言論封殺、さらには反体制的知識人の誘
拐・暗殺を含めた弾圧、さらに「米国の陰謀」という責任転嫁の手
法で対応するだけでは体制維持が難しいことを、「保守派」指導部
に思い知らせたに違いない。それゆえ、弾圧に関与した警察幹部の
処罰を含め、穏便に事態を収拾せざるを得ず、「改革派」の動きを
押し止めることはできなかった。そして、2000 年 2 月の第 6 議会
選挙でも、「イスラーム参加戦線」率いる「改革派」が 290 議席中、
約 200 議席を確保し勝利した。また、翌年 6 月の大統領選でも、ハー
タミーが前回よりも 100 万票多い 2,165 万票（得票率 76.9％、投票
率 66.8％）を獲得し再選された。

　この間、98 年 1 月の米国 CNN とのインタビュー [37] を通じて、
対米関係の改善を図ろうとする動きも示した彼の「文明間の対話」
路線は、98 年 11 月に国連で取り上げられ、2001 年を「文明間の対
話年」とする決議も採択されるなど、国際的注目を浴びた。しかし、
経済復興を含む国内問題では、その指導力は常に「保守派」からの
抵抗に直面し、「党派対立」に風穴を開けるまでには至らなかった。

1979年からホメイニー死去の89年までは、「戦争と革命の10年」と称される[38]。シャー独裁政権打倒に歓喜する暇がないままに、「イスラーム法学者の統治体制」に基づく新たな国家秩序の成立が急がれた。それに対する激しい不満が国内で目撃される一方で、ホメイニーの進める「イスラーム革命輸出」を阻止しようとするサッダーム率いる隣国イラクのバアス党政権との8年に及ぶ戦争は、イラン国民に更なる深刻な犠牲を強いるものとなった。

　中国の天安門事件とほぼ同時期に知らされた最高指導者ホメイニーの死去は、体制のあり方を再検討する好機でもあった。しかし、それは結局のところホメイニー支持派内の「党派対立」の激化に結果した。加えて、米大占拠事件や「イランゲート」スキャンダルを通じて敵対的な姿勢を保持し続ける米国政権の相次ぐ制裁により、イランは国際的に孤立し、戦後復興はいっこうに進まず、イラン国民の生活苦に拍車をかけた。「文明間の対話」路線を打ち出したハータミー政府の穏健かつ柔軟な政策への期待が集まったものの、国内的な党派対立と米国の反イラン姿勢の狭間で、自ずとその政策成果の限界も徐々に明らかとなった。2001年の9.11（米国同時多発テロ）とその翌年に突如発表されるイラン「核兵器開発疑惑」は、イラン脅威論の再燃をもたらす国際関係の激変を告げる幕開けとなった。

第*8*章

さらなる苦難の道へ

　2001 年 9 月 11 日、米国の国内空港を離陸した民間旅客機 4 機が
ハイジャックされた。そのうち 2 機がニューヨーク世界貿易セン
ターの超高層ビル（ツインタワー）に相次いで激突した。残る 2 機
のうち 1 機はペンシルバニア州で墜落したが、もう 1 機はワシント
ン近郊の国防総省建物に激突した。この「米国同時多発テロ」（以
下、「9.11 事件」）は、特にツインタワーの炎上・崩壊が映像発信さ
れたがゆえに、世界を震撼させた。もちろん、イランはこの事件に
まったく無関係であった。しかし、それまでの対米関係から、いず
れ深刻な政治的影響が及ぶことも予想された。前章で見たイラン国
内の党派対立と複雑に絡み、9.11 事件はハータミーが提唱した「文
明間の対話」のもとで改善に向けて踏み出すか見えた米・イ関係に
暗雲をもたらすひとつの契機となっていく。

9.11 事件の余波
　9.11 事件の発生直後、イランでは犠牲者（当初、5,000 人余りと
報道、その後 2,996 人に修正）とその遺族に哀悼の意を表する行事
が市民の自発的意志で開催された。また、政府レベルでも「無防備
な人々多数を死に追いやったハイジャックと米国諸都市の中枢に対
する攻撃」を厳しく非難し、「国際社会がその根源を見極め、その
根を断つ抜本的な措置を採用すべき」と表明したハータミーをはじ
め、前大統領ラフサンジャーニー（体制利益認定会議議長）とその

他要人が米国に弔意を伝えた[1]。事件から3日後のテヘラン金曜集団礼拝でも、「米国に死を」という反米スローガンが唱えられずに終わった。確かに英字新聞『テヘランタイムズ』では、「ホワイトハウスの恐怖―人種差別政権（「イスラエル」―筆者）への盲目的支援の代償」という見出しで9.11事件を伝えたが、米・イ両国関係の改善をうかがわせる動きが相次いだ。しかし、それは一時的な現象でしかなかった。

　9.11の主謀組織「アルカーイダ」に訓練施設を提供していたとの理由から、米国がイランの隣国アフガニスタンのターリバーン政権に対する「反テロ戦争」の実施が現実味を帯びるなか、沈黙を守ってきた最高指導者ハーメネイーは「いかなる場所であれ、また原爆、長距離ミサイル、生物化学兵器、旅客機、軍用機を含むいかなる兵器であれ、またいかなる組織、国家、個人によって実施されようとも、人間の殺害は非難されるべき」と述べ、強行される米国の報復攻撃を睨んで批判した[2]。そして、彼は「米国の膨張主義政策」がそもそも9.11事件の原因であり、「もし米国がかかる政策を放棄し、国内政策に専念すれば、こうした事件は再発しない」とも指摘した。米国の対中東政策に見られる「加害者性」を糾弾したこのハーメネイー発言は、「保守派」に属する要人や組織が対米批判を相次いで行う呼び水となった。

　たとえば、9月21日に金曜礼拝説教では、ヤズディー前司法権長が前章で言及したイ・イ戦争末期の米海軍軍艇（ビンセンス号）によるイラン民間航空機撃墜事件（88年7月3日発生）を取り上げ、それが米国による「国家テロ」の実例であると断じた。この事件は、当時のレーガン政権から単なる「誤射」として片付けられ、90年にはビンセンス号艦長らにG.H.W.ブッシュ大統領より勲章が授与

されていたこともあり、イランからすれば、まったく看過できない事件であった。また、「保守派」の牙城のひとつ、ゴム神学校教師協会も、米国政府には「対政府であれ、非政府であれ、テロリズムからの防衛を自ら打ち消す歴史があり、反テロリズム闘争の旗を掲げる適正さに欠ける」と非難した[3]。

　ハータミー大統領やその他「改革派」にとっては、当初「世界の貧困と差別の根絶」が9.11のような大規模な惨事をもたらすテロ行為の阻止に不可欠との認識があり、それゆえ「全人類にとっての警鐘」の意味を持った。しかし、「保守派」からの主張には、米国の中東政策（特に、パレスチナ問題での対イスラエル擁護政策）が招いた「自業自得」であり、9.11事件は米国が「教訓」とすべきとの認識が特徴的であった。そして、10月7日より強行される対アフガニスタン攻撃は、「改革派」でさえ米国批判を開始せざるを得ない契機となる。たとえばハータミーでさえ、「道徳心を欠いた者が決断し、無実の人々を自らの政策の犠牲にする」アフガニスタン戦争が同国民を苦しめ、その点で米国政府とターリバーンは同根であると、強く非難した。当然、ハーメネイーも、この攻撃が「域内での政治的、戦略的影響力の拡大」を真の目的としており、米国こそが「世界平和への脅威であり、地球をグローバルな戦争に引き込んでいる」と指摘し、10月30日には一切の対米接触を禁止する旨表明した[4]。とはいえ、11月にラムズフェルド国防長官がイランのアフガニスタンに対する「関心は正当」であり、「今後5年以内に新たな関係を目撃することになろう」と発言し、米・イ秘密交渉の進捗も期待された。だが、翌2002年1月29日にイランを「悪の枢軸国」として糾弾したG.W.ブッシュ大統領（G.H.W.ブッシュ大統領の息子）の演説はかかる期待を完全に打ち砕いた。

その一般教書演説では、「イランは選ばれた訳でもない少数者が自由を求めるイラン国民を抑圧する一方、積極的にそれら（「大量破壊」—筆者）兵器を追い求め、テロを輸出している」と指摘したうえで、北朝鮮・イラク・イランが「テロリスト同盟国」であり、「世界平和を脅かそうと武装している悪の枢軸を構成している」と非難した[5]。これに対して、ハータミーは「戦争を挑発し、……イラン国民を侮辱する」発言と捉え、ハーメネイーは「人間の血に飢えた」ブッシュが「自らの党の票獲得を目的に、中間選挙をにらんだ危機の醸成」であると指摘した。またラフサンジャーニーは、彼を「雀の脳を持つ恐竜」になぞらえ酷評した[6]。こうした指導部による対米批判が続くなかで、2月11日の革命23周年記念集会ではイラン全土で数十万人規模の反米集会が開催された。

　露骨にイランを挑発する一般教書演説が発出された背景には、イラン「保守派」主導で繰り返される対米批判だけでなく、2001年12月14日の金曜礼拝説教で、ラフサンジャーニーが大国の支援を受けた「人工国家」イスラエルによる核・大量破壊兵器独占に対抗し、イスラーム諸国が核兵器開発を進めるべきとした発言に加え、翌年1月4日にそのイスラエルの軍統合本部が発表したパレスチナ向け「イラン製兵器（数十トン規模）押収」事件の影響も考えられる。ブッシュが「悪の枢軸」という表現を敢えて盛り込んだところに、90年代のクリントン政権による対イラン制裁の発動にも見え隠れしたイスラエル・在米ユダヤ（・シオニスト）ロビーからの圧力と影響があったことを、改めてイラン側は想定したに相違ない。

　9.11事件は、しばしば米国の国際政治学者S.ハンチントンが説いた「文明の衝突」論に絡めて議論される。特に、こうした見方は事件直後から米国メディアで支配的となった。それについて、イラ

ン現代史家 E. アブラハミアンはかかる報道がパレスチナ問題との関係性を秘匿するため、米国政府の歩調に合わせたメディアが多用するに至った旨を、多くの事例分析を踏まえ検討している[7]。第二次大戦後にパレスチナ問題が国際紛争として具体的姿を現すイスラエル建国への支援、（対ソ・）アフガニスタン戦争過程でのウサーマ・ビン・ラーディン（「アルカーイダ」指導者）の台頭、90 年にクウェイトを侵略したサッダーム率いる軍事大国イラクの成立も加えれば、歴代米国政権の対中東政策の不条理がさらに問題視されるに違いない。「文明の衝突」論は確かに、パレスチナ問題に代表される米国の政策矛盾を覆い隠し、「反テロ戦争」の強行さえも正当化する便利な言説であった。

「核（兵器）開発」疑惑の浮上と展開

　米国アイゼンハワー政権による「原子力平和利用協定」に基づき、1950 年代後半からシャー政権下のイランでは、原子力発電所の建設計画が積極的に検討されてきた。そして、68 年に NPT（核拡散防止条約）に調印（議会による批准は 70 年）し、74 年には原子力庁（AEOI）が創設され、全土で原子炉 22 基を建設する計画も発表された。しかし、79 年革命後のイラン新政権は、シャー政権の国内的、対外的政策の大半を修正、あるいは放棄した。そのなかに、原子力政策も含まれた。

　前章で見た対イラク戦争では、電力不足を含めた国内インフラの未整備や科学技術への政策的軽視が表面化した。その結果、この戦争末期より原子力政策の再開が検討され始め、さらに戦後復興との関わりでも重要視されるようになった。大量の国内消費電力を原発でまかない、その分の石油・天然ガスを輸出に回すことが可能とな

り、その外貨増収分を産業の多角化、そして総人口の半数をも占めるに至った若年齢層向け就業機会の創出に充当することができる。しかし、90年代にはクリントン政権の圧力下でドイツ、アルゼンチン、そして中国などの協力パートナーが次々にイランの原発建設計画から離脱した。唯一、ロシアが1995年1月にブーシェフルに建設予定の原発3基のうち1基のみの契約に調印した[8]。しかし、この原発が完成し、イラン側への引渡と稼働が始まるのはようやく2011年のことである。

　ともあれ、原子力プラント建設さえも米国の圧力により容易に進捗を見ないなかで、9.11事件発生から1年を迎えようとした2002年8月14日、イランで核兵器開発が極秘裏に進められているとの疑惑が浮上した。それは、反体制派武装組織「モジャーヘディーネ・ハルク」政治部に相当する「国民抵抗評議会」の米国代表部が記者会見で、ナタンズとアラークでそれぞれウラン濃縮施設と重水製造施設を秘密裏に建設していると発表したことを契機としている。イラン外務省は直ちにこの主張がイラン・イスラーム共和党（IRP）本部や首相府爆破を行ったテロ組織「モジャーヘディーネ・ハルク」から発せられた主張に過ぎず、上記施設にしても、NPT第4条の「締約国の奪えない権利」として保証された核の「平和利用」に依拠するものと反論し[9]、当初メディアでさほど大きな扱いではなかった。そして、12月半ばに米国ブッシュ政権がこの情報を確認したことで、徐々に重大視される問題となったが、折しもイラク・サッダーム政権の打倒を目指す米国によるイラク戦争の是非に、より世界の注目は集まっていた。

　こうした情勢のなかで、イランは外交交渉による疑惑払拭に努めた。その結果、同年10月にはIAEAによるイラン核関連施設への

抜き打ち査察を認める追加議定書の署名と議会による批准手続きの開始、それに先立つ議定書内容に沿った IAEA との協力維持、ウラン濃縮・再処理活動の自発的停止の見返りとして、EU3（英仏独）側では平和的な原子力エネルギー利用の権利の承認と協力・対話の促進をイランに約束し、中東非核化構想を含めた域内の安全保障と安定促進をイランとの協力の下で推進するという「テヘラン合意」が成立した。翌 04 年 10 月には、さらに上記 EU3 ヵ国との間で、ハータミー政府は全てのウラン濃縮・再処理活動の自発的停止、政治・安全保障・核技術協力に関する具体的措置の策定、WTO（世界貿易機関）へのイラン加盟申請への EU の協力を内容とする「パリ合意」に調印し、これにより問題解決に一筋の光も明らかに見え始めていた。

　しかし、この間「保守派」の巻返しでイラン内政も大きく変動しつつあった。2003 年 2 月の全国地方議会選挙に続き、04 年 2 月の第 7 議会選挙では監督者評議会が「改革派」候補者 3,600 名の資格を取消し、結局のところ「保守派」が 190 議席（2000 年より定数290）近くを獲得し、50 議席に満たない「改革派」の敗北が明らかとなっていた [10]。フランスとロシアの反対に直面しながら、ブッシュ政権が上記イラク戦争を強行したことから、次なる米国の標的がイランであり、「核問題は単なる口実に過ぎない」との「保守派」の主張がより説得力を持ちうる状況も成立していた。

　こうした「保守派」の主張は、EU3 とイラン間で進められてきた交渉への米国の介入で裏付けられた。同年 9 月開催の IAEA 理事会で、10 月末までの期限を切って完全査察と濃縮活動停止を行うようにイランに要求する修正案が提出され、それまでの宥和的交渉に水を差す動きが見られるようになった。同時に、イランの動

向を極度に警戒するイスラエル政府が「核開発」疑惑の国連安保理への審議付託と制裁討議の見解を表明し、イラン「核開発」疑惑をめぐる国際政治環境は緊迫の度を増した。米国による経済制裁が継続し、経済復興が一向に成果を上げられずにいるとすれば、ハータミー政府の支持基盤であった都市の青年層・女性有権者も、「改革派」の指導力に失望するようになった。

　2005年6月開催の大統領選挙はそうした変化を強く反映した。1993年から4年間、アルダビール州知事を務め、2003年からテヘラン市長職にあったとはいえ、全国レベルでは無名に近いアフマディーネジャード（1956-,）が、他の「保守派」と「改革派」候補をしり目に第一次投票得票率で第2位につけ、第1位のラフサンジャーニーと決選投票を争うことになった。そして、大方の予想を覆し、700万票差をつけたアフマディ-ネジャードが勝利（得票率61.2%）した[11]。多くの有権者がラフサンジャーニーよりも、貧困層から身を起こし、また「保守派」を後ろ盾にした彼の実行力に期待を抱いた結果と見ることができる。この選挙に際して、ブッシュ政権が「25年の圧政」を打破すべく、選挙ボイコットをイラン国民に大々的に呼びかけたが、さほどイランの有権者の投票行動に影響を与えずに終わった。国際的な反イランの動きと同時に、米国政府が行うこうしたプロパガンダが逆にイランの有権者を投票に駆り立てたとさえ見ることができる。

　2005年8月に大統領に就任したアフマディーネジャードは、国際会議やインタビューを通じて「イスラエルの地図上からの消滅」、「ホロコーストの神話（＝虚構）」、さらに「ヨーロッパ人が正直であれば、シオニストが自らの国家を建設できるように、ドイツやオーストリア、その他地域を彼らに与えるべき」といった挑発的な

発言を繰り返した[12]。政治的シオニズムがヨーロッパでの反ユダヤ主義に発したものである限り、かかる発言はイスラエルはもとより、かつて反ユダヤ主義から国内ユダヤ教徒への差別・迫害の歴史と無関係ではなかった欧米諸国を刺激せずにはおかなかった。加えて、彼がNPT体制に基づく現状を、「核のアパルトヘイト」と非難したことで、「核開発」疑惑をめぐっても、イランの国際的孤立化を助長した。そして、2006年2月開催のIAEA理事会では、イラン「核開発」疑惑への安保理への審議付託が決定された。ただし、その4カ月後には軽水炉建設を含むイランの原子力平和利用計画への支持、交渉再開による安保理審議の中止、その約束と引き換えにイランにIAEAへの全面協力とウラン濃縮・再処理活動の停止を呼びかける「包括的見返り案」がP5+1(安保理常任理事国とドイツ)から提示された。しかし、それも強硬姿勢を続けるアフマディーネジャードによって一蹴されただけであった。

　こうしたイラン側の拒否姿勢から、今後この問題に追加措置を導入する旨警告した1696号(2006年7月)を皮切りに、2010年の1929号まで計6本の制裁決議が安保理で可決された[13]。核関連活動の停止をイランに義務付け、国連加盟国にその核関連活動に資する資金・物資・技術の移転防止を呼びかけ、併せて疑惑のあるイラン政府関係者12名の海外渡航の自主規制と関連組織の資産凍結を盛り込んだ1737号(2006年12月採択)、イランとの間での武器・核関連物資の輸出入禁止とミサイル等兵器への技術・金融支援の制限、人道・開発目的を除外した対イラン経済支援の自主規制、13の金融機関ならびに政府関係者15名と政府13機関の資産凍結を内容とした1747号(2007年3月)を筆頭に、制裁対象はその後も拡大され、内容的にもより厳しさを増した。たとえば、2008年3月

に採択された安保理制裁決議1803号では、イランの核・ミサイル関係者の海外渡航全面禁止、禁輸物資輸送の疑いのある船舶への臨検措置、イラン最大手の「国民銀行」（Bank-e Melli）と輸出銀行の本支店と海外子会社との取引警戒措置も盛り込まれている。そして、2009年9月のIAEA報告でイラン中央部に位置する宗教都市ゴム近郊（ファルドゥー）でのウラン濃縮施設の存在も明らかとなり、2009年に政権を引き継いだ米国オバマ政権下でも、金融と石油・天然ガス輸出部門における制裁措置が発動され、対イラン安保理決議を側面から補強した。その過程で、イスラエルが対イラン軍事攻撃の可能性をちらつかせ、オバマ政権に制裁強化を迫ったことは知られている[14]。

　ところで、「核開発」疑惑をめぐるイランの主張をかいま見れば、核兵器開発もその使用も、人道上「イスラーム法に反する」行為であるとの立場が特徴的である。それは、ホメイニーにも、彼の後を継いだハーメネイーにも共通した。それに対して、イスラーム・シーア派ならではの「タギーエ」（危機に際しての自らの信仰の秘匿）や体制利益を第一に据えた信仰行為義務の一時的停止措置などの観点から、最高指導者の見解や宗教令さえも覆える可能性を指摘した議論もある[15]。それはともかく、アフマディーネジャード政府は最高指導者の「反核」の立場を前提に、NPTが核保有国の核兵器独占体制の維持を目的にした条約に過ぎないとして、2010年4月にテヘランで「反核兵器国際会議」を開催し、NPT体制に代わる核廃絶に向けた提案も行っている[16]。米国やその他の核保有国に加え、第二次世界大戦直後からフランスの協力を得て核兵器開発を目指し、今や100発近い核弾頭の保有が国際的に自明視されているイスラエル（NPT未加盟）がその会議で厳しく非難された[17]。

イスラエルに加え、インドやパキスタン、そして北朝鮮の状況を含め、NPT体制の制度的な綻びとIAEAの査察体制の現状を批判し、その是正の必要性を提起するイランの政治的主張が強く打ち出されたことは見逃せない。

　他方、イランの国内問題に眼を移せば、経済復興がいっこうに進展を見ないなかで、アフマディーネジャード政府は「石油収入を国民のテーブルへ」をスローガンに、国内を回り、各地の貧困層と直に接する（遊説）機会を設け、その際に陳情を受付ける政策を採用した。それと関連し、大統領の裁量範囲内で支出可能な予算から特別給付金の支給を行い、公務員給与の引上げ、年金・社会保障や医療・教育関連分野への支出拡大にも配慮した政策も展開した[18]。79年革命前後の「被抑圧者」（モスタザファーン）と言い慣らされた貧しい社会階層向けの政策と、富裕層や特権階層を、「貧困層からパンをかすめ取る輩」として攻撃する「大衆誘導型」（ポピュリズム）政治手法が彼の政治姿勢には目立つ。しかし、こうした政策は「核開発」疑惑を中心に厳しい経済制裁を受けるイランでは、構造改革を抜きにした「バラマキ」政治に等しく、一時しのぎの性格が顕著であったということもできる。

　実際、インフレ率は2005年の11%前後から2008年には25～30%に達し、また失業率もテヘランでは2005/06年に29.3%と報告され、その後も横ばいか上昇傾向が大都市圏を中心に見られている。また、財政赤字は2007年より年々拡大し、イラン統計センターのデータによれば、2006/07年に133兆IRであった赤字は、2011/12年には288兆IRまで膨れ上がった[19]。もちろん、食糧品や工業製品などを諸外国からの輸入にも依存せざるを得ないイランにとって、基軸通貨（米ドル）の確保が外国企業との決済上不可欠

であるが、制裁下では石油輸出も制限され、イラン通貨価値も大幅に下落傾向を辿った。日々変動する対米ドルレートの詳細を語ることはできないが、2010 年 10 月に 10,500 IR であった為替レートは、翌 11 年末に公的レート（11,030 IR）と市況レート（15,300 IR）の2種類が併存するようになり、アフマディーネジャード政府の任期満了まで 1 カ月に迫った 13 年 7 月には前者が 24,797 IR、後者が 2.5 倍の 38,650 IR へと、イラン通貨価値は大幅下落している[20]。こうしたふたつのレート差は 5,000 〜 10,000 IR の間で変動しつつ、ドル高傾向が続いた。

ところで、2009 年 6 月アフマディーネジャードの続投がかかった大統領選挙が実施されている。その投票結果と彼の再選が発表されるや、首都テヘランやその他都市部で「私の票はどこに行ったか」というスローガンの下に、投票結果を疑問視し、公正な選挙結果を要求する抗議運動が数十万人規模の市民の参加で発生した。この抗議運動の先頭に立ったのが、イ・イ戦争中には首相職を長期務め、今回の選挙でアフマディーネジャードの対立候補として「改革派」の支持を受けたムーサヴィーであった[21]。

しかし、彼を指導者に据え高揚し、広く「緑の運動」として知られたこの抗議運動の限界は当初から明らかであった。というのは、組織的脆弱性と新たな秩序構想、さらに国民的な運動へと発展させる戦略の欠如は隠しようもなかった。対イラク戦では継戦を訴え、若者たちを前線に派遣する「急進派」政治指導者の彼が、この抗議運動では一躍リベラルな政治スタンスを前面に打ち出していたことに、違和感を持った者も少なくなかったであろう。そして、運動の主たる目標は選挙のやり直しや「改革」導入にこそあり、ムーサヴィーに現体制に対する徹底した対決姿勢があったわけではない。

それと対照的に、ハーメネイー率いる「保守派」勢力には、体制護持のために革命防衛隊・バスィージ（義勇兵）を動員し、抗議運動を弾圧するだけの十分な組織的軍事力を有する。また、都市・農村部の貧困層への政治的影響力の発動も可能であった。都市の青年や中間層主体の抗議運動参加者たちは、強固な反イラン姿勢を貫く米国の影響に感化され、あるいはその策謀に着手した者たちとして糾弾された。こうした79年革命以来の常套手段は、ここにおいても効力を失っていなかった。

　その結果、9月まで散発的に継続された抗議運動は参加者への容赦ない弾圧、指導者ムーサヴィーやキャッルービー（1989-92年国会議長）の逮捕・自宅軟禁の結果、徐々に縮小し、最終的には鎮静化した。この間、抗議運動参加者70人以上が死亡、全体で2,500人が逮捕された。もちろん、この運動は体制側の選挙結果の改竄を糾弾した点で、「改革派」の下に再結集した民主化運動としての性格を有した。しかし、ハーメネイー指導下で「保守（強硬）」姿勢を貫く現職アフマディーネジャードの再選を阻止できずに終わった。そして、貧困層をも巻き込んだ広範な政治社会運動に発展しなかったことも、この抗議運動の限界を示していた。

ロウハーニー政府と核の「最終合意」

　戦後経済復興がいっこうに進展を見ないばかりか、経済不況さえも国民の生活をいっそう窮地に陥れていた2013年6月、2期8年を務めたアフマディーネジャードの後任を選出する第11回大統領選挙が開催された。候補者6名で争われた選挙の結果、そのなかで唯一の宗教学者であったロウハーニー（1948-）が過半数（50.7%）の得票率を確保し、第二ラウンドに進むまでもなく、第7代大統領

に就任した。彼の当選は、前政府の欧米に対する対決姿勢がイラン
の国際的孤立と窮状を深めたという認識が多くの有権者間で共有さ
れ、ハーメネイーでさえ、その政策路線の継続に見切りを付けた結
果であると考えられる。また、ロウハーニーは「保守（穏健）派」
が大勢を占める宗教界に加え、ラフサンジャーニー率いる「現実
派」、そしてハータミーの「改革派」とも良好な関係を保持し、そ
れらに配慮した慎重な発言を選挙中に繰り返した[22]。さらに、先
に言及した「テヘラン合意」と「パリ合意」のいずれでも、ロウ
ハーニーが実質的な交渉責任者（国家安全保障会議書記）を務め、
「核開発」疑惑の払拭に向け取り組んだ実績も、有権者の期待を高
めたに相違ない。これにより、アフマディーネジャードの後継候補
（ジャリーリー）の得票率もわずか11％にとどまった。さらに、複
数の「保守派」系候補者の一本化に失敗したことも、ロウハーニー
が有利に選挙戦を進めることが可能な条件となった。

　ロウハーニー新政府にとって、もちろん「核開発」疑惑の交渉に
よる早期解決が喫緊の課題であった。その点で、2009 年に大統領
選挙に勝利し、就任早々にプラハ（フラチャニ広場）で核軍縮への
政策方針を明言し、前ブッシュ政権とは異なる政策スタンスを採用
し始めたオバマ政権の存在はロウハーニー政府にとって幸いした。
また、2010 年末のチュニジアで始まり、エジプト、アルジェリ
ア、イエメン、リビア、シリアなど、アラブ諸国の政治体制を揺る
がした反体制市民運動（俗称「アラブの春」）の連鎖的発生も、イ
ランの「核開発」疑惑の解消に向けたひとつの好条件であったと考
えられる。というのも、イランをこれ以上追いつめれば、政治危機
が中東全域にいっそう拡大・深化することが容易に推測可能であっ
たからである。再び交渉により問題解決を図ろうとする政治環境が

【出所】http://www.bbc.co.uk/news/world-middle-east-11927720 をもとに筆者作成.

地図5　イラン主要核関連施設の所在

米・イ間でも整うことになった。

　実際、米・イ両国大統領の接触は、2013年9月17日に開催された第68回国連総会に出席したロウハーニーの帰国直前、オバマ・サイドから接触があり、その後交渉打開に向けた両者の動きが活発化したといわれている[23]。その後、米国務長官（ケリー）とイラン外相（ザリーフ）間での会談が革命後初めて実現し、11月24日にイランとP5+2（安保理常任理事国5カ国とドイツ・EU）間で「共同行動計画」（Joint Plan of Action、「JPOA」）が早くも合意さ

れた。その内容をかいつまんでいえば、イランの核計画を平和目的とすることを確認し、20％の濃縮ウランの半分を希釈し、残りを燃料製造用酸化ウランとして保管すること、5％を超えたウラン濃縮を行わないこと、濃縮施設（ナタンズとファルドゥー）と重水施設（アラーク）での新たな活動を行わないこと、新たな場所でのウランの濃縮と再処理、それに関わる施設建設を行わないこと、軍事部門を含む核関連プログラムへのIAEAの査察に対する協力がイラン側に要求された事項である。代わりに、イランに科された原油販売とそれに関わる保険・輸送サービス・石油化学製品輸出と貴金属等へのEUと米国による制裁停止、米国によるイラン自動車産業への制裁停止、その他新たな制裁発動の停止と人道上必要な貿易の促進を目的とした資金経路の確立がP5+2から約束された。そして、この合意が長期的な包括的解決に至る第一段階（6カ月期限）であることが確認された[24]。

　こうした合意は緊張緩和に向けた朗報であったが、即日イスラエル・ネタニヤフ首相は、JPOAが「歴史的な合意どころか、歴史的な誤り」と批判した。また、米国でも共和党やシオニスト・ロビーを中心に、イラン脅威論に基づく非難が寄せられ、他方イランでは「保守（強硬）派」がこれを厳しく批判した。かかる動きから、JPOAは順調に実行されず、オバマ政権は共和党とイスラエルの反対を意識し、対イラン制裁対象の拡大措置を発表し、イランがそれに反発したことで、12月に交渉がいったん中断している。にもかかわらず、2年近くに及んだ地道な交渉を経た2015年7月14日、イランとP5+1の間で、JPOAをさらに推し進めた「包括的共同行動計画」（Joint Comprehensive Plan of Action,「JCPOA」）の合意成立が発表された。159ページに及ぶその内容のなかで、イランが

表13　イラン側の履行合意事項

・ウラン濃縮用遠心分離機数上限 5,060 機の遵守（期間 10 年）
・ウラン濃縮度上限 3.67％以下の遵守（〃15 年）
・3.67％以下ウラン貯蔵量 300 kg 以下の遵守（〃15 年）
・ウラン濃縮関連研究開発の実施（15 年）
（以上、ナタンズ）
・ファルドゥ施設の核・物理学・技術センターへの転換とウラン濃縮活動の差し止め
（〃15 年）
・兵器級プルトニウム製造に適用不能なアラーク重水炉への設計変更と使用済み核燃
料の国外搬出（〃15 年以上）
・新たな重水製造施設の建設差し止め（〃15 年）
・研究開発向け再処理と同施設の建設差し止め（〃15 年以上）
・IAEA によるウラン鉱山・製鉱への査察等への協力（〃15 年以上）と監視・査察活
動の効率化を目的とした先進技術の利用の事前承認（〃15 年）

【出典】http://www.documentcloud.org/documents/2165399- full-text-of-the-iran-nuclear-deal

履行すべき事項の概要は表 13 のとおりである。

　JCPOA はここに列挙した合意をイラン側が遵守し、核の平和利用の透明性が担保・確証される限り、2006 年〜10 年までに国連安保理において採択された経済・金融制裁決議（計 7 本）と、米国・EU の対イラン独自制裁も解除される旨を明記していた。また、IAEA による査察活動を通じてイラン側の遵守に問題や疑義が生じた場合、原則 15 日以内に解決を目指すものとされたが、それが困難な場合には合同委員会（P5+1、EU およびイランから構成）、さらに第三者を交えた「諮問機関」が慎重に審議、対応を決定し、そこで作成された報告に基づき、国連安保理がイランに対する制裁の継続解除、あるいは制裁復活かを最終判断すると規定された。JCPOA 成立は、12 年以上に及んだイラン「核開発」疑惑をめぐって深刻化した国際的な緊張を解きほぐす第一歩として大いに期待された。

　こうした JCPOA 成立は、イランが譲歩した結果であったことも指摘しなければならない。その点は、最高指導者ハーメネイーが国

内外向けに提示した「レッドライン」(交渉で譲れない絶対的条件)の変化を見れば、明らかである。彼は2015年4月9日段階で、(1) 安保理だけでなくすべての制裁の同時解除、(2) 合意発効の即日すべての制裁解除、(3) 新たな手順と関連付けることのない制裁解除を前提とした交渉実施、(4) イラン国防施設へのIAEAの査察と軍関係者の聴取拒否、(5) イランを特例としない通常外の査察手段受入れ拒否、(6) 科学技術開発の継続、(7) 合意によるイランの同胞への不必要な圧力行使の拒否からなる諸条件を表明していた。しかし、交渉が大詰めを迎えた6月30日 (JCPOA成立2週間前)には、(1) 10〜12年という長期制限の受入れ拒否、(2) 原子力研究開発の継続、(3) 合意署名後のすべての経済・金融制裁の即時解除、(4) 通常外の査察、イラン側関係者への聴取、防衛施設への査察の拒否を交渉上譲れない条件として新たに掲げた[25]。

　ハーメネイーによるかかる条件変更は、彼が制裁解除をいかに緊急の国家的課題に位置付け、より柔軟に交渉に応じる余地をザリーフ外相率いる交渉団に与えようとしたかを知る手掛かりとなる。つまり、上記の4月の条件 (3) と (7) を除外し、(1) と (2)、(4) と (5) を一括提示したことは、それを示している。(7) に記された「同胞」は、イスラエルと敵対し、「テロ」ではなく、抵抗運動を継続していると、イラン側が捉えるレバノンのヒズブッラー(「神の党」) やパレスチナのハマース (「イスラーム抵抗運動」) などを指すと考えられる。他方、短期に制裁・制約からの解放を目指し、(1) を提示したが、その条件は最終的にJCPOAで活かされたとは言い難い。

　こうした妥協に次ぐ妥協から、イラン指導部が制裁解除に向けてJCPOAにいかに一縷の望みを託し、並々ならぬ決意でこの交渉に

臨んだかが理解できる。そして、イラン各地では、数多くの市民が
JCPOA の成立に歓喜したが、それとは対照的に、ロウハーニーや
閣僚と会見したハーメネイーは彼らの労をねぎらう以外の言葉をか
けることはなかった。そして 3 日後の演説でも、彼は合意内容に踏
み込むことなく、「この問題に如何なる運命が待ち受けているかを
我々は注視しなければならない」旨、表明したに過ぎない[26]。こ
うした発言には、先の 6 月末の絶対譲れない交渉の 4 条件のなかの
(2) と (3) がようやく JCPOA に盛り込まれたに過ぎず、合意成
立を手放しで喜べない事情がある。それに加え、JCPOA 実施に今
後横やりが入る可能性も否定できず、それを憂慮したハーメネイー
の現実感覚も読み取れるかもしれない。

　その点で、JCPOA 実施には阻害要因が当初からつきまとった。
米国議会で多数派を占める共和党の反発、それと無関係ではないオ
バマ政権の 1 年半という残任期間の制約から、ポスト・オバマ政権
の対応次第で、JCPOA が順調かつ長期的に実施されるかどうかが
危ぶまれたからである。また、当初から「イラン脅威論」を掲げ猛
反発してきたイスラエルと、AIPAC（アメリカ・イスラエル公共
問題委員会）をはじめとする在米ユダヤ（・シオニスト）ロビーの
活動、さらに激化するシリア内戦でバッシャール・アサド政権にイ
ランが政治的、軍事的支援を与えていることを、「シーア派ベルト」
の拡大・強化の証として懸念し、JCPOA 成立はそうしたイランに
核兵器開発の猶予を与えるに過ぎないと捉えるサウジアラビア、ア
ラブ首長国連邦（UAE）やバハレーンの動向も関わっていた。こ
うした点から、国際政治環境は、確かにイランにとって楽観視でき
るものばかりではなかった。

米国の JCPOA 離脱と深まる混迷

　期待と不安が入り混じるなかで、10 月 13 日にイラン議会で JCPOA に対する採決が取られた。賛成票 161、反対票 59、棄権票 13、さらに投票を行わなかった議員数 17 人、当日登院さえしなかった議員 40 人など、この国際的合意に対する評価と対応は当然分かれたが、ともかく「改革派」・「現実派」、さらに「保守（穏健）派」議員も賛成票を投じた結果、イラン議会は JCPOA を承認した。他方、反対票を投じたのは「保守（強硬）派」であり、そのなかには「イラン国民の権利を米国の狼から勝ち取ることに失敗した」として、JCPOA の交渉団を非難し、また修正案さえ提出する動きも見られた。しかし、それが国会議長（ラーリジャーニー）によって押し止められた結果、上記の採決結果となった[27]。

　JCPOA 成立以降、ヨーロッパからビジネスマンの姿が首都テヘランで数多く見られるようになった。しかし、イラン経済はいっこうに好転の兆しを見せない日々が続いた。また、対外的には翌年早々の 1 月 3 日に、サウジアラビア（東部州）のシーア派高位宗教学者（ニムル・バーキル・アルニムル）を含む 40 名以上の死刑執行に抗議する暴徒が在テヘラン・サウジアラビア大使館を襲撃する事件に端を発し、イラン・サウジ間の外交関係が断絶する事態も発生した。また、同 12 日にはペルシャ湾イラン領海内での米国海軍ボート 2 隻の拿捕事件も起こり、JCPOA の履行が大幅に遅れることも懸念されたが、この拿捕事件から 4 日後の 16 日、対イラン制裁解除が正式発表された。IAEA による核施設査察活動に協力すべきと定められた合意義務（長期検証が必要なものは除く）を、イランが忠実に履行しているとの報告が寄せられた結果であった。これにより、前年 7 月 20 日に安保理で採択されていた決議 2231 号に

基づき、ともかくも対イラン経済・金融制裁が解除されることになる。

　翌2月にはイランで議会選挙が行われた。候補者の得票率が25%に満たない68議席をめぐる第二ラウンドは4月29日に実施されたが、ともかくもJCPOAの成果への将来的な期待から、テヘラン選挙区の全議席（定数30名）が「改革派」系候補で占められた。当選者のうち169人が無所属・新人であったために党派別構成は不明な部分も多いとはいえ、おおむねロウハーニー政府に優利な選挙結果となった。それにより、JCPOAに基づく経済的利益の獲得が内政面でも今後順調に保証されるかに見えた。しかし、その年11月の米国大統領選挙で、共和党候補トランプが民主党候補のクリントンを僅差であれ破って当選したことは、ロウハーニーを含むイラン指導部にとって恐らく予想外の展開であった。

　2017年1月20日に正式発足したトランプ新政権は実際、早くも2月3日にイランの弾道ミサイル発射実験に過敏に反応し、イランの「悪行に寛容過ぎる時代は終わった」として、その実験に関わったとされるイランの個人・企業に対する銀行取引停止の制裁を発表した。こうした反イラン姿勢をいっそう明確化したのが、10月13日に発表した対イラン戦略に関する彼の演説である[28]。そこでは、「脅威に気付かない振りをすればするほど、その脅威がより危険なものとなる」との認識のうえで、イラン政権を「ならず者政権」、「独裁政権」、「親テロ国家」と呼び捨て、中東で発生したありとあらゆる反米的事件、さらに9.11事件さえもイランの関与と結び付けて論じられている。であれば、JCPOAに対する評価も異常なほどに否定的であり、「独裁政権に政治的・経済的ライフラインを投げ与える」に等しく、これによりイランに「1,000億ドル以上

ものテロ資金」を与えることになったという。さらに、イランはこのJCPOAの合意さえ遵守せず、すでに重水貯蔵量の上限を超え、先進的な遠心分離機の稼働制限についても違反を繰り返していると指摘した。そして、トランプは「中東内外で対立・テロ・混乱をたきつけている」イランに対して、同盟国と協調して追加制裁を含む対抗措置を講じる旨、結論付けている。2017年2月にイランがJCPOAの合意を遵守しているとのIAEA報告書が発表され、またそれを受けたティラーソン米国務長官もその点を確認していたが、トランプはそれをいっさい無視し、イランの合意違反の証拠を見つけ出そうとやっきになって指示を出していたとの指摘と無関係ではないに違いない[29]。

　もちろん、直接イランに対する以外のところでも、次々と中東情勢を混乱に陥れるがごとき政策がトランプ政権によって打ち出された。それはイランと緊密な関係にあるシリアのバッシャール・アサド（バアス党）政権が内戦過程で化学兵器を使用したと断定し、2017年4月に対シリア空爆を実施したこと、その翌月に米国大統領としてエルサレム旧市街にあるユダヤ教の聖地「嘆きの壁」を初訪問したトランプが翌18年2月、エルサレムを首都として正式承認したこと（同年5月にテルアビブからエルサレムに米国大使館の移転完了）、さらに1967年6月戦争（「第三次中東戦争」）以来、軍事占領を続けるイスラエルのゴラン高原（シリア領）への主権を承認（2019年4月）したことなどが主たるものとして挙げられる。特に、余りに国際条約や慣行、そして安保理決議さえも軽視した露骨な親イスラエル政策は、シオニスト（「人種差別」）政権としてイスラエルを捉えるイランならずとも批判せざるを得ない政策であったといえる。

それはともあれ、イラン国内ではこの間、2017年5月に行われた大統領選挙でロウハーニーが57.1％（22,350万票）を獲得し、得票率で2位（38.3％）の「保守（強硬）派」候補ライースィー（前検事総長）に800万票近くの差を付けて再選され、彼に対する有権者の期待があった。しかし、その年末には第八代イマーム・レザー廟があり、人口規模でテヘランに次ぐ第二の都市マシュハドで、インフレと生活苦に不満を募らせた貧困層を中心にした抗議運動が開始され、それは瞬く間にエスファハーン、シーラーズなどの主要都市、さらに地方都市にも飛び火し、翌年1月初旬までに抗議運動が展開された都市はその数70以上にまで達した。

　全国規模での抗議運動の組織化にリーダーシップを発揮した政治組織の不在や将来的な秩序構想があるわけではない点で、2009年の騒乱との共通性も見られるが、今回の野火のように広がった、そして現在でも断続的に発生している抗議運動の特徴は、ゴムとともに「保守派」の牙城のひとつであるマシュハドが一連の運動の発火点となり、さらにその支持基盤と目された貧困層が運動の主たる参加者となったことにある。それゆえ、先の大統領選で敗れたライースィー候補がマシュハドの第八代イマーム・レザー廟の管理慈善組織の最高責任者でもあり、「保守（強硬）派」の関与も当初噂された。

　それはさておき、ロウハーニー政府の補助金削減方針がその直前に発表されたことから、それに貧困層が強く反発したことがマシュハドの抗議運動の背景にある。しかも、すでにアフマディーネジャード政府期の「バラマキ」政治を経験し、漸くJCPOAの妥結で光が見え始めた矢先、トランプ政権からの先の制裁再開方針が打ち出されたことが加わり、ショックは倍加したと考えられる。そして、インフレ、失業、生活苦の改善を要求した経済的不満から、政

府の腐敗・堕落、独裁、自由の欠如といった政治的問題、さらに文化や環境の問題まで、都市ごとに抗議運動のスローガンや性格は多様であり、またいずれの階層やグループがその主要な担い手になるかによって変化し広域化した[30]。なかには、明らかにハーメネイーを指したと見られる「独裁者に死を」というスローガンさえ聞かれた。

　2009年の場合と異なって、政府もまたハーメネイー指導部も、革命防衛隊やバスィージを動員し、弾圧すれば済むという問題ではなかった。確かに、ハーメネイーはイランの敵による陰謀として、今回の抗議運動の拡散を位置づけたが、ロウハーニーは政府建物の破壊・占拠、治安部隊への攻撃といった行為を厳重に処罰する違法行為であると警告を発しつつ、「国民には政府を批判する権利がある」旨表明した。こうした発言に、様々な性格を持った抗議運動の峻別が容易ではなく、現体制の主要な支持基盤である貧困層を繋ぎ止めたい指導部の姿勢を見ることもできる。そのため、緊急に財政出動を行ったであろうことも容易に想像される。イラン社会に多様かつ広く蓄積された政治経済的不満の澱（おり）が、遠からず高齢のハーメネイーの後任最高指導者問題とリンクし、政治社会的危機が増幅するのか、あるいは鎮静化に向かうのかは今のところ分からない。

　2018年5月8日、トランプ政権が発表したJCPOAからの一方的離脱と対イラン制裁再開は、こうしたイランにさらに冷水を浴びせかけるとともに、ようやく妥結した国際的合意の枠組みを空中分解させ、中東危機を際限なく深化させるほどの衝撃をもたらした。トランプ政権のこの決定を「深刻な誤り」と批判しただけでなく、「JCPOAがなければ、核武装したイランと中東でのさらなる戦争の間の敗北的な選択肢が最終的に残る」のみと位置づけた前オバマ大統領の意見表明はけっして大袈裟ではない[31]。中国、ロシア、

フランス、イギリス、ドイツのP4+1も米国の一方的な合意離脱の発表を強く憂慮したが、対照的にこの決定を「勇気ある正しい決定」と評したイスラエル（首相ネタニヤフ）に加え、イランを脅威とみなすサウジアラビア、UAEやバハレーンも歓迎の意を表明している。

　他方、イランではこの発表に当然強く反発した。5月9日開催の議会の演壇では、「保守（強硬）派」議員が米国国旗とJCPOA文書に火をつける行為にさえおよび、ロウハーニー大統領と外相ザリーフに辞任を迫るなど、JCPOA締結の責任を追及した。ロウハーニーも国営TVでの生放送でJCPOAが米国抜きの5ヵ国との取引であり、それら諸国との交渉開始を外相に指示した旨、その交渉を通じてイランの国益が保証されない場合には、イラン原子力機関（AEOI）がウラン濃縮を再開すると表明し、対決姿勢を同様に露わにした。既述の9.11事件や「悪の枢軸国」発言の場合と同様に、米国政府の政策が強硬な反米姿勢を打ち出す革命防衛隊や、それを支持基盤のひとつに据える「保守（強硬）派」を勢いづかせ、対米関係の改善を模索する「現実派」、「改革派」に政治的ダメージを与え、窮地に追い込むという構図が今回も繰り返された。

　ともあれ、JCPOA合意からの米国の単独離脱を受けて、その成立に重要な役割を担った英仏独を中心としたEUは、イランに対して弾道ミサイル実験や国際的テロ活動を含む中東での脅威ある活動停止を、強く要求するトランプ政権をいかにJCPOAに復帰させられるか、あるいはイランにはJCPOAの履行合意事項から逸脱しないように訴え、実効性・即効性あるイラン経済再建の手法をいかに提示可能かという、重大な課題を背負うことになった。しかし、トランプ政権が矢継ぎ早に対イラン制裁を拡大していくなかで、それはけっして容易に克服可能な課題ではなかった。

トランプ政権はイラン自動車産業への制裁に加え、同国政府の米ドルの入手阻止、航空機・部品の対イラン輸出と金取引禁止などを明記した制裁第一弾（2018年8月）に続き、イランの外貨収入の7割を占める原油・関連製品輸出、港湾操業・海運・造船分野の制裁対象の設定、さらに中央銀行やイラン主要銀行のコンピューター通信回線を通じた国際金融取引ネットワークシステム（SWIFT）から排除・取引停止、対イラン貿易の保険付保への制裁（11月）を加えた第二弾制裁を11月に発動した[32]。これらの措置に対して、EUは「ブロッキング規制」の発動、800万ユーロの対イラン支援政策のほか、イランとの取引きに従事する事業体に合法的な決済手段を提供する「特別目的事業体」の立ち上げといった打開策を提案した。しかし、いずれもイランの経済的窮状の打開には限界があり、JCPOAによる経済的利益を期待したイラン側の要求に直ちに応えられるものではなかった。

　その結果、イラン政府もJCPOAの履行合意事項からの逸脱という対抗策を次々と打ち出し、EUに圧力をかけた。たとえば、2019年5月には低濃縮ウラン貯蔵量300kgと重水保有量130トンの制限を破り、7月にはウラン濃縮度3.67%という制限を超過した4.5%まで引き上げたことを発表した。9月にはJCPOAで制限された新型遠心分離機導入に向けた研究開発再開、さらに11月初めにファルドゥー地下施設でのウラン濃縮活動の再開も宣言した。これにより、イランは第三国への二次制裁の適用拡大を図る米国と、かかる制裁措置への有効な対抗策を講じられないP4+1双方に向け、自らの屈服しない強硬姿勢で前面に打ち出した。こうした対決スタンスはいうまでもなく、「保守（強硬）派」の主張がJCPOAの合意にゴーサインを出し、それに望みを託したハーメネイーも共有したからに

他ならない。

　この間、突発的な交戦状態に発展しても不思議ではない、きな臭い事態も次々と目撃された。2019年6月のペルシャ湾での日本企業が運航するタンカー攻撃事件や米国無人偵察機撃墜事件（いずれも6月）、サウジアラビア石油施設攻撃（9月）、さらにサウジ沖紅海上でのイラン石油タンカーの爆発事件（10月）がそれである。こうした諸事件は、なおのこと米国・サウジアラビアとイラン間での対立の構図をこれまで以上に鮮明化した。

　JCPOAの履行合意にもはや拘泥しないイラン政府の対応の背景には、輸出入の減少、国家財政の逼迫、2018年6月に前月の67,300IRから90,500IRへ、さらに10月には165,500IRへと対（米）ドル為替レート（市況相場）の著しい低下、それにともなう物不足やインフレ高進、そして都市によっては60%にも達する失業率の悪化という様々な社会経済的な窮状が関わっている。極度に困窮し、生活苦にあえぐ貧困層の間での「臓器売買」や「人身売買」が行われているとのニュースも、メディアを通じて数多く報じられた[33]。米国トランプ政権とイランの間で繰り返される相互非難と敵対的政策の応酬、その両国間で「緩衝役」を担うP4+1の手詰まり状態は、もはやJCPOAに依拠したイラン「核開発」疑惑の解決が、今後不可能ではないかという懸念を著しく強める材料となっている。これにより、ますます厳しい犠牲を強いられるのはイラン社会であり、そうした社会が反政府姿勢を今後いっそう高める方向へと向かうのか、あるいはハーメネイーの説く「抵抗経済」の下で反米スタンスの堅持へと進むのかは、今のところ正直分からない。

　ところで、イランの「核開発」疑惑の問題は「単体」として存在するわけではなく、他の中東の諸問題と相互にリンクし、波動し合

う性格を有している。図3は、いわゆる中東諸問題の成立の歴史を踏まえ、その広がりを素描したものである。既述のように、イランの「核開発」疑惑はイスラエル・ファクターと密接に関係する。それは、79年革命後のイランが常に反対を貫いてきたイスラエルによるパレスチナの軍事占領と支配の継続に止まらず、この国が100発近くの核弾頭をすでに保有しながら、国際社会において一切問題視されない不条理（NPT体制の抱える問題）と重ね合わせた問題であること示している。また、イランに対する対応次第で、長年対イスラエル闘争を続けてきたパレスチナ、レバノン、そして内戦状態にあるシリア、さらに2003年のサッダーム政権崩壊後に成立したイラク（・シーア派主導）の混迷、さらにイエメンのシーア派武装組織「アンサール・アッラー」（「神の支援者」、日本では指導者の名に因み「フーシ派」と呼称）とサウジアラビア間での対立激化といった域内の国際政治動向とも容易にリンクする。さらに、トルコのシリアへの越境攻撃で取り上げられるクルド問題も、直ちに他の域内諸国のクルドの自治要求運動に飛び火し、当該諸国の不安定化や紛争の拡大を惹起する条件ともなる。これら問題群の連鎖と危機の複雑な構造を見据えない限り、イランを含めた域内の平和・安定が実現する可能性は皆無に等しい。

　2020年の大統領選挙で再選を最優先課題に据え、中東危機の拡散と北朝鮮問題を視野に入れながら、対イラン政策を展開しているはずのトランプ政権が体制転覆を目論み、直ちにイランを軍事攻撃することはないとしても、ブッシュ政権が行ったように、2003年のイラク戦争の愚を冒さない保証はどこにもない。その時には、こうした危機の連鎖が一挙に稼働し、中東全体が今以上に混乱を極めることになる。

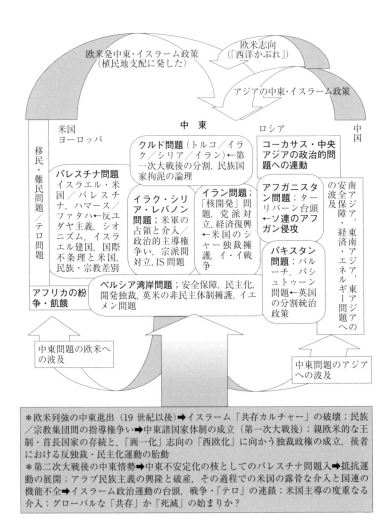

＊欧米列強の中東進出（19世紀以後）➡イスラーム「共存カルチャー」の破壊；民族／宗教集団間の指導権争い➡中東諸国家体制の成立（第一次大戦後）；親欧米的な王制・首長国家の存続と，「画一化」志向の「西欧化」に向かう独裁政権の成立，後者における反独裁・民主化運動の胎動
＊第二次大戦後の中東情勢➡中東不安定化の核としてのパレスチナ問題入➡抵抗運動の展開；アラブ民族主義の興隆と破産，その過程での米国の露骨な介入と国連の機能不全➡イスラーム政治運動の台頭，戦争・「テロ」の連鎖；米国主導の度重なる介入；グローバルな「共存」か「死滅」の始まりか？

図3　イランと中東域内の複合的な紛争・問題群―連鎖と危機の略図

国際社会をリードしてきたはずの欧米諸国が、実のところ、介入と操作を通じて中東の混乱と不安定化に関わる不条理を常に作り出してきたことは歴史が物語っている。そして、そのツケが大規模な難民流出やテロ拡散という形で欧米諸国を悩まし、また日本を含む東アジアにはエネルギー危機や安全保障上の問題を突き動かす重大な条件となっている。局外に位置するかのように見えるロシアや中国の動向も考え合わせれば、不確定要素は余りに多く、イランの「核開発」疑惑だけを切り取って論じることができないことが分かる。

　したがって、イランの「核開発」疑惑は極めて複雑な構造に組み込まれた問題設定のなかで検討されるべきことから、ここで安易に展望を打ち出すことさえ難しい。しかし、歴史に裏打ちされたように、大国（指導者）の「エゴ」に振り回され続け、時にそれに従属し、また抵抗を繰り返してきたイランの人々の政治闘争の強靭さはけっして失われることはないに相違ない。

注　記

序　論

1 ）https://databank.worldbank.org/data/download/GDP.pdf#search=%27gdp+r
anking+2018%27

2 ）黒柳恒男『ペルシア文芸思潮』近藤出版社、1977 年、1-45 頁。

3 ）Markaz-e Amar-e Iran, *Salname-ye Amari-ye Keshvar-e 1395*, Tehran, 1397,
p.158.

第 1 章

1 ）*Tarikh-e Mo'aser-e Iran*, Sal-e Sevvom-e Dabirestan, Vezarat-e Amuzesh va
Parvaresh, Tehran, n.d., p.3.

2 ）M. Reza Ghods, *Iran in the Twentieth Century: A Political History*, Lynne
Rienner Publishers, Boulder, 1989, p.18.

3 ）Ervand Abrahamian, *A History of Modern Iran*, Cambridge University
Press, Cambridge, 2008, p.18.

4 ）*Ibid.*, pp.32-33.

5 ）*Ibid.*, pp.23-24.

6 ）John R. Perry, Haydari and Ne'mati, in Ehsan Yarshater (ed.), *Encyclopaedia
Iranica*, Volume XII, Encyclopaedia Iranica Foundation, New York, 2004,
pp.70-73.

7 ）Ervand Abrahamian, Oriental Despotism: The Case of Qajar Iran, *International
Journal of Middle East Studies*, Vol. 5, 1974, pp.3-31.

8 ）Nikki Keddie, *Iran: Religion, Politics & Society*, Frank Cass, London, 1980, p.92.

9 ）Moojan Momen, *An Introduction to Shi'i Islam*, Yale University Press, New
Haven and London, 1985, pp.117-118, 127-128.

10）J. C. Hurewitz, *Diplomacy in the Near and Middle East: A Documentary Record,
1535-1956*, Vol. I, Archive Edition, Redwood Burn, Oxford, 1987, pp.86-88;
吉村「イギリスとイランの防衛同盟（1814 年）」（歴史学研究会編『世界史史料』
第 8 巻、岩波書店、2009 年）、pp.206-207。

11）Hurewitz, *op. cit.*, pp.96-102.

12）H. Busse, 'Abbas Mirza, in *Encyclopaedia Iranica* (edited by Ehsan
Yarshater), Vol. I, Routledge & Kegan Paul, London, Boston and Henley,

1985, pp.79-84.

13) Peter Smith, *The Babi and Baha'i Religions : from Messianic Shi'ism to a World Religion*, Cambridge University Press, Cambridge, 1987, pp.8-13 ; Momen, *op. cit.*, pp. 225-228 ; Yann Richard, *Shi'ite Islam* (translated by Antonia Nevill), Blackwell, Oxford, 1995, pp.70-71.

14) Mangol Bayat-Philipp, Women and Iran, 1905-1911, in Lois Beck and Nikki Keddie (ed.), *Women in the Muslim World*, Harvard University Press, Cambridge and London, 1978, p.296.

15) *Materials for the Study of Babi Religion* (compiled by E.G. Browne), Cambridge University Press, London, 1961, pp.267-271.

16) N.A. Kuznetsova, L. M. Kulagina and V.V. Trubetskoi, *Pejhuheshhai dar Tarikh-e Novin-e Iran* (tarjome-ye Seirus Izadi va Mitradat Izadi), Nashr-e Varjavand, Tehran, 1383, pp.177-192.

17) Willem Floor, Change and Development in the Judicial System of Qajar Iran (1800-1925), in Edmond Bosworth and Carole Hillenbrand (ed.), *Qajar Iran: Political, Social and Cultural Change, 1800-1925*, Mazda Publishers, Costa Mesa, 1983, pp.119-120.

18) Hosein Makki, *Zendegi-ye Mirza Taqi Khan Amir-e Kabir*, Entesharat-e Iran, Tehran, 1396 (H.Q), p.8.

19) Ahmad Ashraf, *Mavane'-ye Tarikhi-ye Roshd-e Sarmayehdari dar Iran: Doure-ye Qajariyeh*, Entesharat-e Zamineh, Tehran, 1359, pp.48-49.

20) Firuz Kazemzadeh, *Rus va Engelis dar Iran, 1863-1914: Pejhuheshi dar bare-ye Imperyalism* (tarjome-ye Manouchehr Amiri), Ketabha-ye Jibi, Tehran, 1354, pp.96-99.

21) George N. Curzon, *Persia and Persian Questions*, Vol.1, Frank Cass & Co. Ltd., London, 1966, p.480.

22) Mehdi Malekzadeh, *Tarikh-e Enqelab-e Mashrutiyat-e Iran*, jeld-1, Entesharat-e 'Elmi, Tehran, 1363, p.173.

23) Hurewitz, *op. cit.*, pp.205-206.

24) Ann K.S. Lambton, *Qajar Persia: Eleven Studies*, I.B. Tauris & Co. Ltd., London, 1987, pp.225-232.

25) Ebrahim Teymuri, *Tahrim-e Tanbaku: Avvalin Moqavemat-e Manfi dar Iran*, Ketabha-ye Jibi, Tehran, 1358, p.103.

26) *Ibid.*, pp.112-113; Lambton, *op. cit.*, pp.252-254.

27）吉村「近現代イラン政治の展開と宗教的／世俗的ナショナリズム―19世紀
後半から1960年代までを中心に」（酒井啓子・臼杵陽編『イスラーム地域の
国家とナショナリズム』東京大学出版会、2005年）、pp.34-37。

28）Nikki R. Keddie, *Religion and Rebellion in Iran: The Tobacco Protest of 1891
-1892*, Frank Cass & Co. Ltd., London, 1966, p.133.

第2章

1 ）Mehdi Malekzadeh, *Tarikh-e Enqelab-e Mashrutiyat-e Iran*, jeld-e II,
Entesharat-e 'Elmi, Tehran, p.243; Nazem al-Islam Kermani, *Tarikh-e Bidari-
ye Iraniyan*, jeld-e 1, Entesharat-e Bonyad-e Farhang-e Iran, Tehran, 1357,
pp.286-303; Mangol Bayat, *Iran's First Revolution: Shi'ism and the Constitutional
Revolution of 1905-1909*, Oxford University Press, New York, 1991, pp.58-75;
A.K.S. Lambton, *Qajar Persia; Eleven Studies*, I. B. Tauris & Co Ltd., London,
1987, pp.310-317.

2 ）Ahmad Kasravi, *Tarikh-e Mashrute-ye Iran*, Amir Kabir, Tehran, 1340,
pp.159-161.

3 ）Feridun Adamiyat, *Fekr-e Demokrasi-ye Ejtema'i dar Nehzat-e Mashrutiyat-e
Iran*, Entesharat-e Payam, Tehran, 1363, p.4.

4 ）Kermani, *op. cit.*, p.246; Kasravi, *op. cit.*, p.44.

5 ）Kermani, *op. cit.*, p.361.

6 ）Kasravi, *op. cit.* pp.80-81.

7 ）Edward G. Browne, *The Persian Revolution of 1905-1909*, Frank Cass and
Co. Ltd., London, 1966, pp.362-371.

8 ）*Ibid.*, pp.372-384.

9 ）吉村「イラン立憲革命（1905-11年）の終焉」（田中忠治先生退官記念論文集
刊行委員会編『地域学を求めて―田中忠治先生退官記念論文集―』、1994年）、
pp.449-451。

10）Adamiyat, *op. cit.*, p.70, 76, 79-80.

11）Malekzadeh, *op. cit.*, jeld-e II, pp.425; M.S. Iwanov, *Enqelab-e Mashrutiyat-e
Iran*（tarjome-ye Azar Tabrizi）, Entesharat-e Shabgir, Tehran, 1357, p.42-43.

12）'Aliasghar Shamim, *Iran dar Doure-ye Soltanat-e Qajar*, Ibn Sina, Tehran,
1343, pp.391-392.

13）Julian Bharier, *Economic Development in Iran, 1900-1970*, Oxford University
Press, London, 1971, p.10, 108, 113; Seyyed Mohammad'ali Jamalzadeh,

Ganj-e Shayegan ya Ouzaʻ-ye Eqtesadi-ye Iran, Entesharat-e Edare-ye Kaveh, Tehran, 1335, pp.9-11.

14）Nasrollah S. Fatemi, *Diplomatic History of Persia 1917-1923*, Russell F. Moore Co., New York, 1952, pp.312-314; 吉村『レザー・シャー独裁と国際関係─転換期イランの政治史的研究─』広島大学出版会、2007 年、pp.280-281。

15）Browne, *op. cit.*, pp.175-190.

16）Kasravi, *op. cit.*, p.461; Hosein Nazem, *Russia and Great Britain in Iran (1900-1914)*, Doctoral Dissertation Submitted to Columbia University, printed in Tehran, 1954, p.27.

17）Ahmad Qasemi, *Shesh Sal-e Enqelab-e Mashrutiyat-e Iran*, n.p. n.d., p.41.

18）Esma'il Amir-Khizi, *Qiyam-e Azarbayjan va Sattar Khan*, Ketabforushi-ye Tehran, Tehran, 1339, pp.380-384.

19）*Ibid.*, pp.168-169.

20）Browne, *op. cit.*, pp.355-361, 385-400.

21）Malekzadeh, *op. cit.*, jeld-e IV, pp.1322-1323.

22）*Maramnameha va Nezamnameha-ye Ahzab-e Siyasi-ye Iran dar Dovvomin Doure-ye Majles-e Shoura-ye Melli*, be-koshesh-e Mansure Ettehadiye (Nezam Mafi), Nashr-e Tarikh-e Iran, Tehran, 1261.

23）Qasemi, *op. cit.*, p.51.

24）Yahya Doulatabadi, *Hayat-e Yahya*, jeld-e III, Attar, Tehran, 1361, pp.124-125.

25）Kasravi, *Tarikh-e Hejdah Sale-ye Azarbayjan ya Sarnevesht-e Gordan va Deliran*, Amir Kabir, Tehran, 2537, jeld-e I, p.144.

26）Malekzadeh, *op. cit.*, jeld-e VII, pp.1445-1449; W. Morgan Shuster, *The Strangling of Persia*, Greenwood Press, New York, 1968, pp.136-147.

27）Kasravi, *op. cit.* (2537), jeld-e I, pp.237-238.

28）Shuster, *op. cit.*, pp.182-183.

29）*Ibid.*, p.190, 293.

30）Kasravi, *op. cit.* (2537), jeld-e I, p.256.

31）*Ibid.*, jeld-e I, pp.261-274.

第 3 章

1 ）Stephanie Cronin, Britain, Iranian Military and the Rise of Reza Khan, in Banessa Martin (ed.), *Anglo-Iranian Relations since 1800*, Routledge, London

and New York, 2005, p.100.

2）Peter Avery, *Modern Iran*, Ernest Benn Limited, London, 1965, p.168.

3）C. サイクス『ペルシヤのワスムス』（新田潤訳）、協力出版社、1943年（Christopher Sykes, *Wassmuss: The German Lawrence: His Adventures in Persia during and after the War*, Bernhard Tauchnitz, Leipzig, 1937）。

4）Malek al-Sho'ara Bahar, *Tarikh-e Mokhtasar-e Ahzab-e Siyasi-ye Iran,* jeld-e I, Ketabha-ye Jibi, Tehran, 1357, pp.17-21.

5）Zahra Shaji'i, *Namayandegan-e Majles-e Shoura-ye Melli dar Bist va Yek Doure-ye Qanungozari*, Entesharat-e Mo'assese-ye Tahqiqat-e Ejtema'i, Tehran, 1344, p.84.

6）Cronin, *op. cit.*, pp.102-105.

7）Movarrekh al-Doureh Sepehr, *Iran dar Jang-e Bozorg, 1914-1918*, n.p., Tehran, 1336, p.244, 246-247.

8）*Ibid.*, p.308.

9）М.С. Иванов, *Новейшая история Ирана*, Москва；«Мысль», 1965, p.25；J. M. Balfour, *Recent Happenings in Persia*, William Blackwood and Sons, Edinburgh and London, 1922, p.23.

10）Sepehr, *op. cit.*, pp.409-410.

11）Bahar, *op. cit.*, p.27.

12）Wm. J. Olson, *Anglo-Iranian Relations during World War I*, Frank Cass, London, 1984, pp.153-213.

13）Harold Nicolson, *Curzon: The Last Phase, 1919-1925*, Constable, London, 1934, p.121；Clarmont Skrine, *World War in Iran*, Constable and Company Limited, London, 1962, p.56.

14）J. C. Hurewitz, *Diplomacy in the Near and Middle East: A Documentary Record, 1535-1956*, Vol. II, Archive Edition, Redwood Burn, Oxford, 1987, pp.64-66；吉村『レザー・シャー独裁と国際関係―転換期イランの政治史的研究―』広島大学出版会、2007年、pp.282-283。

15）William S. Haas, *Iran*, AMS Press, New York, 1966, p.140.

16）Hosein Makki, *Modarres Qahraman-e Azadi*, jeld-e I, Bongah-e Tarjomeh va Nashr-e Ketab, Tehran, 1358, pp.153-155；Hosein Makki, *Zendegani-ye Siyasi-ye Soltan Ahmad Shah*, Amir Kabir, Tehran, 1357, pp.76-85.

17）'Ali Azari, *Qiyam-e Sheikh Mohammad Kheyabani dar Tabriz*, Safi 'Alishah, Tehran, 1346, pp.29-31.

18) М.Н. Иванова, *Национально-освободительное движение в Иране в 1918-1922гг.*, Москва; Издательство Восточной литературы, 1961, p. 75-76.

19) Иванов, *op. cit.*, pp.87-92; Sepehr Zabih, *The Communist Movement in Iran*, University of California Press, Berkeley and Los Angeles, 1966, pp.26-29.

20) Hosein Makki, *Tarikh-e Bist Sale-ye Iran: Kudeta-ye 1299*, jeld-e I, Amir Kabir, Tehran, 1358, pp.35-36.

21) Cosroe Chaqueri, *The Soviet Socialist Republic of Iran, 1920-1921: Birth of the Trauma*, University of Pittsburgh Press, Pittsburgh and London, 1995, pp.230-234.

22) Telegraph from Mr. Norman to Earl Curzon, June 23, 1920.

23) Makki, *Tarikh-e Bist Sale-ye Iran・・・*, pp.72-75.

第 4 章

1) Hosein Makki, *Tarikh-e Bist Sale-ye Iran: Kudeta-ye 1299*, jeld-e I, Amir Kabir, Tehran 1358, p.141 ; Peter Avery, *Modern Iran*, Ernest Benn Ltd., London, 1965, p.222.

2) Ahmad Ashraf, Conspiracy Theories, in Ehsan Yarshater (ed.), *Encyclopaedia Iranica*, Volume VI, Mazda Publishers, Costa Mesa, 1993, pp.138-147.

3) Makki, *op. cit.*, pp.189-190.

4) Denis Wright, *The English Amongst the Persians*, Heinemann, London, 1977, p.184.

5) Telegraph from Earl Curzon to Mr. Norman, February 28, 1921; Telegraph from Mr. Norman to Earl Curzon, March 3, 1921.

6) Yahya Armajani, *Iran*, Prentice Hall, Eaglewood Cliffs, 1972, p.136.

7) 吉村『レザー・シャー独裁と国際関係─転換期イランの政治史的研究─』広島大学出版会、2007 年、pp.43-44。

8) Makki, *op. cit.*, p.373.

9) *Ibid.*, pp.246-247.

10) Rouhollah K. Ramazani, *The Foreign Policy of Iran, 1500-1941: A Developing Nation in World Affairs*, University Press of Virginia, Charlottesville, 1966, p.172.

11) Makki, *op. cit.*, pp.358-396.

12) *Ibid.*, pp.512-513.

13) Stephanie Cronin, *The Army and the Creation of the Pahlavi State in Iran*,

1910-1926, Tauris Academic Studies, London and New York, 1997, p.108.

14) 吉村前掲書、p.83。

15) Intelligence Summary from Frazer, June 13, 1925.

16) Jalase-ye Devist o Dahom-e Surat-e Majles-e 'Asr-e Panjshanbeh Haftom-e Aban Mah-e 1304, *Mozakerat-e Majles-e Shora-ye Melli doure-ye Panjom*, Edare-ye Ruzname-ye Rasmi-ye Keshvar-e Shahanshahi-ye Iran, Tehran, n.d.; Bastani Pariizi, *Talash-e Azadi*, Novin, Tehran, 2536 (1977/78), p.459.

17) Telegram from Lorein to Chamberlain, November 6, 1925.

18) Mohammad Gholi Majd, *Great Britain & Reza Shah: The Plunder of Iran, 1921-1941*, University Press of Florida, Gainesville, 2001, p.101.

19) Amin Banani, *The Modernization of Iran, 1921-1941*, Stanford University Press, Stanford, 1961, pp.64-65.

20) Haj Mokhber al-Saltaneh Hedayat, *Khaterat va Khatarat*, Zobbar, Tehran, 1363, p.403.

21) 吉村前掲書、pp.146-147。

22) Mostafa Elm, *Oil, Power, and Priciple: Iran's Nationalism and its Aftermath*, Syracuse University Press, Syracuse, 1992, p.39.

23) Baqer 'Aqeli, *Teymurtash dar Sahne-ye Siyasat-e Iran*, Sazman-e Entesharat-e Javidan, Tehran, 1371, pp.333-345.

24) Najafqoli Pesiyan va Khosrou Mo'tazed, *Az Savadkuh ta Jhohanesburg: Zendegi-ye Reza Shah Pahlavi*, Nashr-e Sales, Tehran, 1382, pp.569-587.

25) Hosein Makki, *Tarikh-e Bist Sale-ye Iran*, jeld-e IV, Nashr-e Nasher, Tehran, 1361, pp.282-288; Peter Avery, *Modern Iran*, Earnest Benn, London, 1965, p. 288.

26) Despatch from C.K. Daly, Consul General at Meshed to Mr. H.M. Knatchbull-Hugessen, July 15, 1935.

27) Emam Khomeini, *Tarikh-e Mo'aser-e Iran az Didgah-e Emam Khomeini*, Setad-e Bozorgdasht-e Yek Sadmin Sal-e Tavallod-e Emam Khomeini, Tehran, 1378, p.105, 111.

28) Hamid Sedghi, *Women and Politics in Iran: Veiling, Unveiling and Reveiling*, Cambridge University Press, Cambridge, 2007, pp.84-90.

29) Sepehr Zabih, *The Communist Movement in Iran*, University of California Press, Berkeley and Los Angeles, 1966, pp.52-59.

30) 吉村前掲書、pp.217-218。

31) Miron Rezun, *The Iranian Crisis of 1941: Actors, Britain, Germany and the Soviet Union*, Böhlau Verlag, Köln, 1982, pp.332-333.

32) F. Eshraghi, Anglo-Soviet Occupation of Iran in August 1941, *Middle Eastern Studies*, Vol. 20, No. 1, January 1984, pp.41-42.

第5章

1) J. C. Hurewitz, *Diplomacy in the Near and Middle East: A Documentary Record, 1535-1956*, Vol. II, Archive Edition, Redwood Burn, Oxford, 1987, pp.232-234.

2) I. C. B. Dear (ed.), *The Oxford Companion to World War II*, Oxford University Press, Oxford, 2001, p.682.

3) JAMI (Jebhe-ye Azadi-ye Mardom-e Iran), *Gozashteh Cheragh-e Rah-e Ayandeh Ast: Tarikh-e Iran dar Fasele-ye Do Kudeta, 1299-1332*, Qoqnus, Tehran, 1377, p.158.

4) *Ibid.*, p.159.

5) Stephen Lee McFarland, Kalbod-shekafi-ye Yek Tajammo'-e Siyasi dar Iran: Balva-ye Nan dar Desambr-e 1942/Azar-e 1321 dar Tehran (tarjome-ye Nader Mir Sa'edi), *Tarikh-e Mo'aser-e Iran*, No.31, Tehran, 1383, pp.84-101; Seyyed Mehdi Farrokh, *Khaterat-e Siyasi-ye Farrokh*, Amir Kabir, Tehran, 1347, pp.612-624; Military Attache's Intelligence Summary No.50, for the Period December 9-15, 1942, enclosed in the Despatch from Sir R. Bullard to Mr. Eden, December 15, 1942.

6) Hurewitz, *op. cit.*, pp.237-238.

7) A. H. Hamzavi, *Persia and the Powers: An Account of Diplomatic Relations, 1941-1946*, Hutchinson & Co. Ltd, London, 1946, pp.24-25.

8) M. Reza Ghods, *Iran in the Twentieth Century: A Political History*, Lynne Rienner Publishers, Boulder, 1989, p.133.

9) Sir Clarmont Skrine, *World War in Iran*, Constable and Co. Ltd., London, 1962, p.227.

10) Ervand Abrahamian, *Iran Between Two Revolutions*, Princeton University Press, Princeton, 1982, p.186.

11) Sepehr Zabih, *The Communist Movement in Iran*, University of California Press, Berkeley and Los Angeles, 1966, pp.80-81.

12) Military Attache's Intelligence Summary No.40 for the Period 16th-22nd, 1944 & No. 41 for the Period 23rd October to the 29th October, 1944.

13) Hosein Kei-Ostovan, *Siyasat-e Movazene-ye Manfi dar Majles-e Chahardahom*, jeld-e 1, Entesharat-e Ruzname-ye Mozaffar, Chap-e Taban, Tehran, 1327, p. 199.

14) Ghods, *op. cit.*, p.138.

15) Abrahamian, *op. cit.*, p.175.

16) Nader Enteshar, *Kurdish Ethnonationalism*, Lynne Rienner Publishers, Boulder and London, 1992, pp.18-19; Khosro Mo'tazed, *Tarikh-e Panjah-o-haft Sale-ye Pahlavi: Fa'aliyatha-ye Jodasari va Tajziyetalabaneh dar 'Asr-e Pahlaviha*, Entesharat-e 'Elmi, Tehran, 1380, pp. 678-682.

17) Gerard Chaliand (ed.), *A People Without A Country: The Kurds and the Kurdistan*, Zed Books Ltd., London, 1993, pp.105-106, 127-128.

18) Fakhreddin Azimi, *Iran: Crisis of Democracy*, I.B. Tauris, London and New York, 2009, p.148.

19) Amir Hassanpour, The Nationalist Movements in Azarbaijan and Kurdistan, 1941-1946, in John Foran (ed.), *A Century of Revolution: Social Movements in Iran*, University of Minnesota Press, Minneapolis, 1994, pp.96-97; JAMI, *op. cit.*, pp.426-436.

20) Hosein Makki, *Ketab-e Siyah*, Entesharat-e Nou, Tehran, pp.38-43.

21) Homa Katouzian, *The Political Economy of Modern Iran, 1926-1979*, New York University Press, New York and London, 1981, pp.182-183.

22) Seyyed Jalal al-Din Madani, *Tarikh-e Mo'aser-e Iran*, jeld-e 1, Entesharat-e Eslami, Tehran, 1361, p.179; Abrahamian, *op. cit.*, pp.254-255.

23) Fo'ad Rouhani, *Tarikh-e Melli Shodan-e San'at-e Naft-e Iran*, Sahami, Tehran, 1353, pp.109-112.

24) Baqer 'Aqeli, *Nakhost Vaziran-e Iran az Moshir al-Douleh ta Bakhtiyar*, Entesharat-e Javidan, Tehran, 1370, pp.715-722; JAMI, *op. cit.*, pp.541-544.

25) Kei-Ostovan, *op. cit.*, p.193.

26) *Ibid.*, pp.147-148, 181, 265-266.

27) Ghods, *op. cit.*, p.183.

28) Abrahamian, *op. cit.*, p.256 ; Katouzian, *op. cit.*, p.170.

29) Mehdi Moslem, *Factional Politics in Post-Khomeini Iran*, Syracuse University Press, Syracuse, 2002, p.264.

30) Abrahamian, *op. cit.*, p.257.

31) Yann Richard, Ayatollah Kashani: Precursor of the Islamic Republic?,

translated by Nikki R. Keddie, in Nikki R. Keddie (ed.), *Religion and Politics in Iran: Shi'ism from Quietism to Revolution*, Yale University Press, New Haven and London, 1983, pp.105-108.

32) J. H. Bamberg, *The History of British Petroleum Company*, Vol. 2 (Anglo-Iranian Years, 1928-1954), Cambridge University Press, Cambridge, 1994, pp. 438-469; Benjamin Shwadran, *The Middle East and the Great Powers*, John Wiley and Sons, New York and Toronto, 1973, pp.98-109.

33) Mostafa Elm, *Oil, Power and Principle: Iran's Oil Nationalization and Its Aftermath*, Syracuse University Press, Syracuse, 1992, pp.166-167.

34) *Ibid.*, p.146.

35) 読売新聞戦後史班編『昭和戦後史イラン石油を求めて―日章丸事件』冬樹社、1981 年。

36) Hosein Makki, *Vaqaye'-ye Siyom-e Tir-e 1331*, Entesharat-e Bongah-e Tarjomeh va Nashr-e Ketab, Tehran, 1360, pp.19-24, 62-64, 86-87.

37) *Ibid.*, p.235.

38) JAMI, *op. cit.*, pp.527-528.

39) Mohammad 'Ali Movahhed, *Khab-e Ashofte-ye Naft: Doktor Mosaddeq va Nefzat-e Melli-ye Iran*, jeld-e 1, Nashr-e Karnameh, Tehran, 1386, pp.498-501; Abrahamian, *op. cit.*, p.320; Ghods, *op. cit.*, p.186.

40) 『アイゼンハワー回顧録』Ⅰ（沖晃・佐々木謙一訳）、みすず書房、1965 年、pp. 145-148。

41) Homa Katouzian, Oil boycott and the political economy: Musaddiq and the strategy of non-oil economics, in James A. Bill and WM. Roger Louis (ed.), *Musaddiq, Iranian Nationalism, and Oil*, University of Texas Press, Austin, 1988, pp.203-227; Sussan Siavoshi, Oil Nationalization Movement, 1949-53, in Foran (ed.), *op. cit.*, pp.119-122.

42) Siavoshi, *op. cit.*, pp.126-127.

43) Kermit Roosevelt, *Countercoup: The Struggle for the Control of Iran*, McGRAW-HILL, New York, 1979, p.166; Fariborz Mokhtari, Iran's 1953 Coup Revisited: Internal Dynamics versus External Intrigue, *The Middle East Journal*, Vol.62, No.3, Summer 2008, pp.475-485 ; Donald N. Wilber, *Regime Changing in Iran: Overthrow of Premier Mossadeq of Iran November 1952-August 1953*, Spokesman, Nottingham, 2006.

44) J. C. Hurewitz, *Diplomacy in the Near and Middle East: A Documentary Record,*

1535-1956, Vol.II, Archive Edition, Redwood Burn, Oxford, 1987, pp.348-383.

第 6 章

1) Mark J. Gasiorowski, *U.S. Foreign Policy and the Shah: Building a Client State in Iran*, Cornell University Press, Ithaca and London, 1991, p.86; Homa Katouzian, *The Political Economy of Modern Iran: Despotism and Pseudo-Modernism, 1926-1979*, New York University Press, New York and London, 1981, pp. 193-195.

2) Gasiorowski, *op. cit.*, p.94.

3) Benjamin Shwadran, *The Middle East, Oil and the Great Powers*, John Wiley and Sons, New York and Toronto, 1973, p.161; Ervand Abrahamian, *Iran Between Two Revolutions*, Princeton University Press, Princeton, 1982, p.420.

4) Baqer 'Aqeli, *Nakhost Vaziran-e Iran az Moshir al-Douleh ta Bakhtiyar*, Entesharat-e Javidan, Tehran, 1370, pp.753-754.

5) Mozaffar Shahedi, *Se Hezb: Mardom, Melliyun, Iran-e Novin*, Mo'assese-ye Motale'at va Pejhuheshha-ye Siyasi, Tehran, 1387, p.54.

6) Mas'ud Behnud, *Doulatha-ye Iran az Esfand 1299 ta Bahman 1357*, Nima, Tehran, 1367, p.423.

7) Gasiorowski, *op. cit.*, pp.177-179；H.E. Chehabi, *Iranian Politics and Religious Modernism: The Liberation Movement of Iran under the Shah and Khomeini*, Cornell University Press, Ithaca and London, 1990, pp.142-145.

8) Mahmud Tolu'i, *Bazigaran-e 'Asr-e Pahlavi: Az Forughi ta Ferdoust*, jeld-e 1, Nashr-e 'Elm, Tehran, 1374, pp.426-433; 'Aqeli, *op. cit.*, pp.921-923.

9) Fred Halliday, *Iran: Dictatorship and Development*, Penguin Books, Middlesex, 1979, p.110; A.K.S. Lambton, *The Persian Land Reform 1962-1966*, Clarendon Press, Oxford, 1969, pp.60-86.

10) Eric J. Hooglund, *Land and Revolution in Iran, 1960-1980*, University of Texas Press, Austin, 1982, p.61, 72.

11) Habib Ladjevardi, *Labor Union and Autocracy in Iran*, Syracuse University Press, Syracuse, 1985, pp.221-222；Baqer Moin, *Khomeini: Life of the Ayatollah*, I. B. Tauris, London and New York, 1999, p.72.

12) Gasiorowski, *op. cit.*, pp.184-185; Chehabi, *op. cit.*, pp.163-167.

13) Hooglund, *op. cit.*, pp.62-63, 68-71; 根岸富二郎・岡崎正孝編『イラン—その国土と市場』科学新聞社出版局、1981 年、pp.162-166。

14) Reza Arasteh, *Education and Social Awakening in Iran*, E.J. Brill, Leiden,

1962, p.28, 68, 89.

15) Gholam-Reza Vatandoust, The Status of Iranian Women during the Pahlavi Regime, in A. Fateh (ed.), *Women and the Family in Iran*, E.J. Brill, Leiden, 1985, pp.111-112.

16) *Ibid.*, pp.114-121; Azadeh KIAN-THIÉBAUT, *Secularization of Iran: A Doomed Failure?*, Peeters, Paris, 1998, pp.144-145; Hamid Sedghi, *Women and Politics in Iran: Veiling, Unveiling and Reveiling*, Cambridge University Press, Cambridge, 2007, pp. 133-151.

17) 根岸・岡崎前掲書、pp.146-149。

18) Richard W. Cottam, *Iran and the United States: A Cold War Case Study*, University of Pittsburgh Press, Pittsburgh, 1988, p.129.

19) Ruhollah Musavi Khomeini, *Kashf-e Asrar*, n.p. n.d.

20) Moin, *op. cit.*, p.70.

21) Shahrough Akhavi, *Religion and Politics in Contemporary Iran: Clergy-State Relations in the Pahlavi Period*, State University of New York Press, Albany, 1980, p.103.

22) Baqer ʻAqeli, *Ruzshomar-e Tarikh-e Iran az Mashruteh ta Enqelab-e Eslami*, jeld-e 2, Nashr-e Goftar, Tehran, 1370, pp.463-465.

23) Gasiorowski, *op. cit.*, p.118, 124-125.

24) Reza Zareʼ, *Ertebat-e Nashenakhteh: Barrasi-ye Ravabet-e Rejhim-e Pahlavi va Esraʼil (1328-1357)*, Moʼassese-ye Motaleʼat-e Tarikh-e Moʼaser-e Iran, Tehran, 1384, pp.78-79.

25) ʻAlireza Amini, *Tahavvolat-e Siyasi va Ejtemaʼi-ye Iran dar Douran-e Pahlavi*, Seda-ye Moʼaser, Tehran, 1381, pp.284-287.

26) United Nations, *Treaty Series*, vol. 776 (1971), nos. 11051-64, New York, 1975, pp.289-302.

27) Richard Pfau, Legal Status of American Forces in Iran, *Middle East Journal*, vol.28 (1974), p.150; Roy Parviz Mottahedeh, Iranʼs Foreign Devils, *Foreign Policy*, No.38 (Spring 1980), p.27.

28) ʻAqeli, *op. cit.* (*Ruzshomar-e Tarikh-e Iran*・・), pp.465-468.

29) Emam Khomeini, *Tarikh-e Moʼaser-e Iran az Didgah-e Emam Khomeini*, Setad-e Bozorgdasht-e Yeksadmin Sal-e Tavallod-e Emam Khomeini, Tehran, 1378, pp.386-389.

30) Robert Graham, *The Iran: The Illusion of Power*, Croom Helm, London, 1978,

p.144.

31） Ann Tibbitts Schulz, *Buying Security: Iran under the Monarchy*, Westview Press, Boulder, San Francisco & London, 1989, pp.134-135.

32） Ervand Abrahamian, *A History of Modern Iran*, Cambridge University Press, Cambridge, 2008, p.126.

33） Gasiorowski, *op. cit.*, p.103.

34） Mansoor Moaddel, *Class, Politics, and Ideology in the Iranian Revolution*, Columbia University Press, New York, 1993, p.57.

35） Gasiorowski, *op. cit.*, pp.113-114.

36） Halliday, *op. cit.*, p.138.

37） Z. Heyat, *Iran: A Comprehensive Study of Socio-Economic Condition*, Eastern Publishing Society, n.p., 1983, p.172.

38） Moaddel, *op. cit.*, pp.127-128; Azizollah Ikani, *The Dynamics of Inflation in Iran 1960-1977*, Tilburg University Press, Hague, 1987, p.254; Misagh Parsa, *Social Origins of the Iranian Revolution*, Rutgers University Press, New Brunswick and London, 1989, pp.141-142.

39） Hooglund, *op. cit.*, p.77.

40） *Ibid.*, p.119.

第 7 章

1 ） Mohsen M. Milani, *The Making of Iran's Islamic Revolution: From Monarchy to Islamic Republic*, Westview Press, Boulder and London, 1988, pp.180-190.

2 ） *Ibid*, 190; Richard W. Cottam, *Iran & the United States: A Cold War Case Study*, University of Pittsburgh Press, Pittsburgh, 1988, p.163.

3 ） *Ettela'at*, Dey 17, 1356 (January 7th, 1978).

4 ） 吉村『イラン・イスラーム体制とは何か――革命・戦争・改革の歴史から』、書肆心水、pp.84-85。

5 ） Michael A. Ledeen and William H. Lewis, Cater and the Fall of the Shah: The Inside Story, *The Washington Quarterly*, Spring 1980, pp.3-40; Gary Sick, *All Fall Down: America's Tragic Encounter with Iran*, Random House, New York, 1985, pp.65-101.

6 ） R.M. ホメイニー『イスラーム統治論・大ジハード論』（富田健次編訳）、平凡社、2003 年、pp.11-206。

7 ） 八尾師誠「イラン・パフラヴィー体制の崩壊」（『国際年報』第 20 巻）、1982

年、pp.318-323。

8) Ervand Abrahamian, *Radical Islam: The Iranian Mojahedin*, I.B. Tauris, London, 1989, pp.103-104, 122-125.

9) Milani, *op. cit.*, pp.255-260.

10) Hamid Sedghi, *Women and Politics in Iran: Veiling, Unveiling and Reveiling*, Cambridge University Press, Cambridge, 2007, p.204.

11) *Ettela'at*, Ordibehesht 3, 1358 (April 23, 1979).

12) *Ettela'at*, Khordad 26, 1358 (June 16, 1979).

13) Shaul Bakhash, *The Reign of Ayatollahs: Iran and the Islamic Revolution*, Basic Books, New York, 1984, pp.75-80; David Menashri, *Iran: A Decade of War and Revolution*, Holme & Meier, New York and London, 1990, p.85.

14) Sick, *op. cit.*, pp.175-216; Menashri, *op. cit.*, pp.145-147.

15) *Ettela'at*, Aban 26, 1358 (November 17, 1979).

16) 吉村前掲書、pp.166-167。

17) 吉村「中東諸国家体制とクルド問題」(『思想』No.850)、1995 年、pp.55-59。

18) Charles Tripp, *A History of Iraq*, Cambridge University Press, Cambridge, 2002, pp.220-222; Christine Moss Helms, *Iraq: Eastern Flank of the Arab World*, Brookings Institution, Washington, D.C., 1984, pp.28-29.

19) Sepehr Zabih, *The Iranian Military in Revolution and War*, Routledge, London and New York, 1988, pp.174-202.

20) 富田健次『アーヤトッラーたちのイラン』、第三書館、1993 年、pp.37-38；Bakhash, *op. cit.*, pp.125-165, 223, 239.

21) Shahram Chubin and Charles Tripp, *Iran and Iraq at War*, Westview Press, Boulder, 1988, p.38.

22) *Ibid.*, p.40.

23) Anthony H. Cordesman, *Iran's Military Forces in Transition: Conventional Threats and Weapons of Mass Destruction*, Praeger, Westport, 1999, pp.128-130, 135-136.

24) *Tahlili bar Jang-e Tahmili-ye Rajhim-e 'Eraq 'alaihe Jomhuri-ye Eslami-ye Iran*, jeld-e 2, Daftar-e Hoquqi-ye Vezarat-e Omur-e Khareje-ye Jomhuri-ye Eslami-ye Iran, Tehran, 1367, pp.159-183; 山口勉「国連とイラン・イラク戦争」(『中東研究』1987 年 7 月号)、pp.1-19。

25) George Lenczowski, *American Presidents and the Middle East*, Duke University Press, Durham and London, 1990, pp.233-242.

26) *Ibid.*, pp.243-54.

27) Ervand Abrahamian, *A History of Modern Iran*, Cambridge University Press, Cambridge, 2008, p.171, 175; Amatzia Baram, The Iraqi Invation of Kuwait: Decision-making in Baghdad, in Amatzia Baram and Barry Rubin (ed.), *Iraq's Road to War*, Macmillan, Houndmills and London, 1994, p.6.

28) 吉村前掲書、pp.225-233。

29) *Qanun-e Asasi-ye Jomhuri-ye Eslami-ye Iran*, Entesharat-e Guya, Esfahan, 1375.

30) Jahangir Amuzegar, *Iran's Economy under the Islamic Republic*, I.B. Tauris, London and New York, 1993, pp.303-304.

31) Elton L. Daniel, *The History of Iran, Greenwood Press*, Westport and London, 2001, pp.229-231.

32) *Ibid.*, p.232.

33) 吉村前掲書、pp.242-259。

34) Sasan Fayazmanesh, *The United States and Iran: Sanctions, Wars and the Policy of Dual Containment*, Routledge, London and New York, 2008, pp.70-79.

35) David Menashri, *Post-Revolutionary Politics in Iran: Religion, Society and Power*, Frank Kass, London, 2001, pp.82-87.

36) 吉村「イラン学生運動の真相」(『世界』第665号、1999年9月号)、pp. 180-181。

37) *Hamshahri*, Dey 19, 1376 (January 9, 1998).

38) David Menashri, *Iran: A Decade of War and Revolution*, Holmes & Meier, New York and London, 1990.

第8章

1) *Iran Times*, September 14, 2001; Sasan Fayazmanesh, *The United States and Iran: Sanctions, Wars, and the Policy of Dual Containment,* Routledge, London and New York, 2008, pp.104-105.

2) *Iran Times,* September 21, 2001.

3) *Ibid.,* September 28, 2001.

4) *Ibid.,* October 12, 2001 & November 2, 2001.

5) https://www.washingtonpost.com/wp-srv/onpolitics/trans- cripts/sou012902. htm; *Iran Times*, February 8, 2002.

6) *Iran Times,* February 8, 2002.

7) Ervand Abrahamian, The U.S. Media, Hantington, and September 11, *Third*

World Quarterly, Vol.24, No.3, 2003, pp.529-544.

8）Anoushiravan Ehteshami, *Nuclearisation of the Middle East,* Brassey's for the Gulf Center for Strategic Studies, London, 1989, pp.124-125; Mansour Farhang, Iran's Nuclear Program and U.S.-Iranian Relations, in Mary Susannah Robbins（ed.）*Peace Not Terror: Leaders of the Antiwar Movement Speak Out Against U.S. Foreign Policy Post 9/11,* Lexington Books, Lanham, 2008, pp.217-219; Mark Katz, Russian-Iranian Relations in the Ahmadinejad Era, *The Middle East Journal,* Vol.62, No.2, Spring 2008, p.204.

9）*Iran Times,* August 23, 2002.

10）鈴木均「ハータミー政権末期の全国選挙とイランにおける民主化の挫折—歴史的転換としての第 7 回イラン国会選挙（2004 年 2 月）—」（『現代の中東』、ジェトロ・アジア経済研究所、No.42、2007 年 1 月）、pp.2-17.

11）吉村「第 9 回イラン大統領選挙の諸相—予想と実相の乖離に寄せて」（同志社大学 21 世紀 COE プログラム『一神教の学際的研究—文明の共存と安全保障の視点から 2005 年度研究成果報告書』2006 年）、454-466 頁。

12）Ray Takeyh, *Hidden Iran: Paradox and Power in the Islamic Republic,* A Holt Paperback, New York, 2006, p.189; Anoushiravan Ehteshami and Mahjoob Zweiri, Iran under Ahmadinejad: When Crisis becomes a Pattern, Ehteshami and Zweiri（eds.）, *Iran's Foreign Policy From Khatami to Ahmadinejad,* Ithaca, Reading, Berkshire, 2011, p.142.

13）https://www.armscontrol.org/factsheets/Security-Council-Resolutions-on-Iran

14）Torita Parsi, A Single Roll of the Dice: Obama's Diplomacy with Iran, Yale University Press, New Haven and London, 2012, p25 & pp.229-231.

15）http://farsi.khamenei.ir/treatise-content?id=228#2790; https://fpif.org/ayatollah-khomeini-may-savage- drew-line-nukes/

16）吉村「イラン核問題と NPT 体制」（HIROSHIMA RESEARCH NEWS、第 37 号、広島市立大学広島平和研究所、2010 年 7 月）、p.3.

17）吉村「中東の核問題と紛争」（吉川元・水元和美編『なぜ核はなくならないのか II—核なき世界への視座と展望』法律文化社、2016 年）、pp.115-121。

18）貫井万里「核合意後のイラン内政と制裁下に形成された経済構造の抱える問題」（『国際問題』日本国際問題研究所、No.656、2016 年 11 月）、pp.24-25。

19）*Salname-ye Amari-ye Keshvar, 1395,* Markaz-e Amar-Iran, Teran, 1397, p.752.

20）http://www.farsinet.com/toman/exchange.html

21）吉村「『6月危機』とイラン革命 30 年」（『歴史学研究』第 864 号，2010 年 3 月）pp.35-42。

22）吉村「ハサン・ロウハーニーと 2013 年イラン大統領選挙」（『アジア社会文化研究』第 15 号、2014 年 3 月）pp.1-20; Shahram Akbarzadeh & Dara Conduit, *Iran in the World: President Rouhani's Foreign Policy,* Palgarave, London, 2016, pp. 1-3.

23）鈴木均「ロウハーニー大統領の登場から核協議の進展へ—米国オバマ政権の対イラン外交の転換と日本—」（『中東レビュー』ジェトロ・アジア経済研究所、Vol.1（Feb. 2014）、pp.56-58。

24）"Joint Plan of Action," Geneva, 24 November 2013, http://www.theguardian.com/world/interactive/2013/nov/24/iran-nuclear-deal-joint-plan-action; 戸崎洋史「『共同行動計画』—イランの意図のテスト」（『軍縮・不拡散問題コメンタリー』Vol.2, No.4、2013 年 12 月 11 日，http://www.cpdnp.jp/pdf/tosaki/CPDNP%20 Com- mentary-2013.12.pdf#search=%27%E5%85%B1%E5%90%8C%E8%A1%8C%E5%8B%95%E8%A8%88%E7%94%BB%27

25）*Iran Times,* April 17, 2015 & July 3, 2015.

26）*Ibid.,* July 17, 2015 & July 24, 2015.

27）*Ibid.,* October 16, 2015.

28）Remarks by President Trump on Iran Strategy; https://www.whitehouse.gov/briefings-statements/remarks-president-trump-iran-strategy/

29）Farhad Rezaei, *Iran's Foreign Policy After the Nuclear Agreement:Politics of Normalizers and Traditionalists,* Palgrave Macmillan, London, 2019, pp.33-34.

30）https://www.csis.org/analysis/irans-protests-and-threat -domestic-stability; https://www.inss.org.il/publication/the-economic-crisis-and-the-protest-movement-in-iran-one-year-after-the-renewal-of-sanctions/

31）https://www.bbc.com/news/live/world-us-canada-44032008

32）https://www2.jiia.or.jp/RESR/column_page_pr.php?id=324; https://www.bbc. com/news/world-us-canada-46071747

33）https://women.ncr-iran.org/2018/09/19/modern- slavery-brief-study-human-trafficking-iran/; https://iranprimer.usip.org/blog/2019/jun/20/us-report-human-trafficking-iran;https://ir.usembassy.gov/2018-trafficking-in- persons-report-iran/；『朝日新聞』朝刊、2018 年 11 月 7 日 ; https://www.theguardian.com/society/2015 /may/10/kidneys-for-sale-organ-donation-iran

改訂増補版　あとがき

　本書は、2011年に刊行した初版を改訂し、2001年から2019年に至るイラン政治と国際政治の動向を論じることを目的に、新たに第8章を加えた増補版である。ここに新たな版を出版するに至った理由としては、前の版で9.11事件から2010年までの動向をわずか5頁程度にまとめ、駆け足で論じた経緯がある。当時は、「核開発」疑惑をめぐって対イラン安保理制裁決議が次々と打ち出され、そうした動きに真っ向から対決姿勢を採用したアフマディーネジャード政府の時代であった。イラン政府のこうした強硬姿勢に変化がない限り、問題はいっこうに好転・解決しないとの諦念にも似た感覚が働いていたように思う。しかし、2013年に「現実派」を中心に広く支持を集め、また実務派としても知られたロウハーニー率いる政府が誕生したことで、イラン政治に大きな転換期が訪れた。そして、オバマ政権の積極的姿勢にも応えた結果、2015年にJCPOAがイランとP5+1との間で成立した。ここまでは、一種予測の範囲内であった。だが、2017年成立のトランプ政権がJCPOAからの一方的離脱を決定し、制裁を再開するに及んで、イランがさらなる混迷の時代に突入しようとは、恥ずかしながら考えもしなかった。

　これまで、イランは「何が起きても不思議ではない国」と周囲に語ってきたが、今回米国も同様の国であることを正直思い知らされた。もちろん、米国歴代政権は第二次大戦後、パレスチナ問題に加え、ソ連を敵視した反共政策と石油利権重視に基づいて中東における独

裁政権への擁護・支援政策に見られるように、幾度となく歴史的な汚点といえる様々な政策を展開してきた。冷戦後では、G.W ブッシュ政権による「反テロ戦争」の強行もその一例として挙げられる。だが、トランプ政権は歴史的評価を冷静に見つめることもなく、唯我独尊の「アメリカ第一主義」を貫き、中東に対して「横紙破り」の政策を採用し続ける点で、その異常さは特別のように思う。

ところで、2011 年度版で記したように、イランは「19 世紀以来、特に 20 世紀初頭の立憲革命を手始めに、今なお続く従属と抵抗に彩られた歴史的性格が顕著」である。そのことは、第 8 章の主要なテーマである 2002 年以来の「核開発」疑惑をめぐる動きにも一貫して認められる。そして、イラン政府がいっこうに戦後経済復興の成果を上げられず、むしろ経済の低迷が深刻化するなかで、社会の側でも新たな動きが確認されるようになった。青年層を中心に都市中間層が繰り返し展開してきたそれまでの抗議運動とは異なり、2017 年末から現在まで断続的に繰り返される抗議運動には、多くの地方都市の貧困層も政府の失政・腐敗を糾弾し、持続的な抵抗を試みているからである。

かつてホメイニー指導下で「被抑圧者救済」をひとつの旗頭に、シャー独裁体制打倒を成し遂げた革命により成立したはずの現イスラーム共和体制は、「革命と戦争の 10 年」、そしてホメイニー死後の「党派対立と核開発疑惑に彩られた 30 年」を経て、今や大きな曲がり角に差し掛かりつつあることを思い知らされる。トランプ政権の対イラン制裁再開がかかる大規模な抗議運動を引き起こした背景のひとつにあるとしても、それだけを取り上げて理解されかねないことに危惧を抱かざるを得ない。たとえ多く人命が犠牲になろうとも、彼の政策がこの国の「政治変動」や「民主化」をもたらした

功績であるかのごとく吹聴され、彼の対中東政策全般が肯定的に捉えられかねない危険性を孕んでいるからである。さらに付言すれば、2020年11月に予定される大統領選挙の結果、トランプ再選に結果するか、あるいは民主党候補が勝利するかで、イラン、そして中東をめぐる事態に大きな変化も予想される。しかし、イスラエル・ファクターや大国政治に振り回される国際社会の脆弱性と法治主義の形骸化の現実は容易に変わりそうにない。

　2011年版の末尾で、「いずれにしても、重要なことは国内的、国際的諸条件がせめぎ合うなかで、歴史が実証してきたように、イランの多くの人々は専横な権力への従属状況に沈黙し続けることがないことである」（第7章、p.197）と記した。その考えに今も変わりはない。ただ付言すれば、現在の「イスラーム法学者の統治」体制を熱烈に支持する人々、それに激しい反感を抱く人々、今ある体制に関心がなく、日々の生活に汲々とする人々、欧米の価値観に憧れ、移住さえ夢見る人々など、多種多様な人々がイランにはいる。それに応じて、対政府観や対欧米観も一様ではなく、またそれは時代の移り変わりとともに微妙に、時にドラスティックに変化を遂げる。

　一外部者に過ぎない私たちは、そうした多様性や可変性を同時に見据えることなく、イラン人という存在を画一的に捉えがちである。イラン人として十把一絡げにされることを嫌い、「自らはペルシャ人だ」と名乗らざるを得ない人たちがいるにもかかわらず、私たちは彼らのアイデンティティの苦悩を軽視し、理解しようとしない。米国からの制裁圧力に直面し、イラン人、ムスリム、シーア派ムスリムとしての団結を強く意識するにせよ、それを放棄して自らを「ペルシャ人」と位置づけるにせよ、本書の副題「従属と抵抗」の狭間で揺れ動く彼らの現実認識を注視する必要がある。今後状況

がいかに変化し、従属を余儀なくされようと、誇り高きイランの人々が自立に向けた抵抗を再開することは忘れてはなるまい。

　研究は多くの先行研究や史料だけでなく、恩師、先輩、同僚、後輩といった研究者を中心に、多くの人々との出会いがなければ、続けることが難しい仕事であるように思う。学部生や大学院生への教育も、常に刺激を受ける貴重な経験として研究に活かされる。生来怠け癖の多い私がここまでイラン現代史の研究を続けられたのは、その点で恵まれた環境にあったからである。特にこの改訂・増補版の出版に際して、2011 年度版刊行で大変御世話になった有志舎社主の永滝稔氏からの依頼がなければ、実現することはなかった。そして、前の版にあったケアレスミスなどもこの際修正していくということも御了解頂いた。改めて、御厚情を賜った永滝氏に深く感謝申し上げたい。併せて、2011 年度版について多くの方々から御指摘や御助言を頂いたことを、改訂作業のなかで活かすように心掛けた。今回、それらをふまえて十分改訂できたかどうか、正直自信はないが、ともかくそうしたすべての方々に心から感謝の意を表したい。今後も忌憚のない御指導を頂戴できれば幸いである。

　最後に、『イラン現代史』（近藤出版、1975 年）とその他数多くの研究成果を残されてきた加賀谷寛先生が、2019 年 7 月に御逝去されたとの悲報に接した。授業を通じて直接加賀谷先生のご指導を仰いだことはないが、先生が私の恩師のおひとりであることに相違ない。衷心より加賀谷先生のご冥福をお祈りしたい。

2019 年 11 月 17 日、広島大学総合科学研究科研究室にて

吉村慎太郎

日本語主要文献リスト

池内恵『【中東大混迷を解く】シーア派とスンニ派』、新潮選書、2018 年。

伊藤秀一「エフサヌッラー・ハンの『回想』について」(『内田吟風博士頌儒寿記念東洋史論集』)、1978 年。

岩崎葉子『「個人主義大国」イラン』、平凡社新書、2015 年。

臼杵陽『世界の中のパレスチナ問題』、講談社現代新書、2013 年。

岡崎正孝編『中東世界—国際関係と民族問題』、世界思想社、1992 年。

加賀谷寛「現代イランにおけるイスラーム近代主義の展開— A. カスラヴィーの文化革命思想を中心として—」(『東洋文化研究所紀要』、第 16 冊)、1958 年。

加賀谷寛「ペルシア語によるイラン立憲革命史文献——覚え書き——」(『西南アジア研究』7)、1961 年。

加賀谷寛「イラン立憲革命の性格について」(『東洋文化研究所紀要』第 26 冊)、1962 年。

加賀谷寛「近代イラン権利闘争史と立憲革命」(『仁井田陞博士追悼論文集』第 2 巻)、1966 年。

加賀谷寛『イラン現代史』、近藤出版社、1975 年。

柿崎崇『私のイラン 25 年—モサディクからホメイニまで』、東京新聞出版局、1980 年。

加納弘勝『イラン社会を解剖する』(オリエント選書 4)、東京新聞出版局、1980 年。

加納弘勝・駒野欽一共著『イラン 1940-80 —現地資料が語る 40 年』、財団法人中東調査会、1982 年。

黒田賢治『イランにおける宗教と国家—現代シーア派の実相—』、ナカニシヤ出版、2015 年。

黒田卓「イラン立憲革命におけるラシュト蜂起」(『史林』67 巻 1 号)、1984 年。

黒田卓「第一次大戦期におけるジャンギャリー運動 (Ⅰ)、(Ⅱ)」(『香川大学教育学部教育報告第Ⅰ部』第 74-75 号)、1988-89 年。

黒田卓「ハイダル・ハーンと近代イラン」(『西南アジア研究』No.36)、1992 年。

黒田卓「イラン立憲革命と地域社会——ギーラーン州アンジョマンを中心に」(『東洋史研究』第 53 巻第 3 号)、1994 年。

黒田卓「ジャンギャリー運動に見る中央—地方関係— 1915-1920 年」(後藤晃・鈴木均編『中東における中央権力と地域性—イランとエジプト』、アジア経済

研究所研究双書 No.479）、1997 年。

黒田卓「18 世紀後半インド在住イラン家系出自ムスリムの訪欧旅行記」（『国際
　文化研究科論集』第 20 号）、2012 年。

小牧昌平「Malkom Khān の初期の政治活動をめぐって―イラン近代史上の一問
　題―」（『史学雑誌』第 92 編第 8 号）、1983 年。

小牧昌平「Malkom Khān の "Qānūn" について」（『アジア・アフリカ言語文化研
　究』第 25 号）、1983 年。

駒野欽一『変貌するイラン―イスラーム共和国体制の思想と核疑惑問題』、明石
　書店、2014 年。

酒井啓子『中東の考え方』、講談社現代新書、2010 年。

酒井啓子編『中東政治学』、有斐閣、2012 年。

酒井啓子『9.11 後の現代史』、講談社現代新書、2018 年。

酒井啓子『現代中東の宗派問題―政治対立の「宗派化」と「新冷戦」』、晃洋書房、
　2019 年。

坂本勉「イランの立憲派ウラマーとイスタンブル」（『歴史学研究』第 633 号）、
　1992 年。

桜井啓子『シーア派―台頭するイスラーム少数派』、中公新書、2006 年。

桜井啓子『イランの宗教教育戦略―グローバル化と留学生』、山川出版社、2014
　年。

佐藤規子「近代イランにおける宗教と政治」（『オリエント』第 34 巻第 2 号）、
　1992 年。

佐野東生『近代イラン知識人の系譜―タギーザーデ・その生涯とナショナリズ
　ム』、ミネルヴァ書房、2010 年。

嶋本隆光「イラン立憲革命（1905-1911）初期におけるウラマーの役割と公正（'adl)
　について」（『アジア経済』第 22 巻第 6 号）、1981 年。

嶋本隆光『シーア派イスラーム―神話と歴史』、京都大学学術出版会、2007 年。

嶋本隆光『イスラーム革命の精神』、京都大学出版会、2011 年。

鈴木均「ハータミー政権末期の全国選挙とイランにおける民主化の挫折―歴史
　的転換としての第 7 回イラン国会選挙（2004 年 2 月）―」（『現代の中東』、ジェ
　トロ・アジア経済研究所、No.42）、2007 年。

高橋和夫『燃え上がる海―湾岸現代史』（中東イスラム世界⑤）、東京大学出版会、
　1995 年。

ダバシ、ハミッド『イラン、背反する民の歴史』（田村美佐子・青柳伸子訳）、作
　品社、2008 年。

タバータバーイー、モハンマド＝ホセイン『シーア派の自画像─歴史・思想・教義』（森本一夫訳）、慶應義塾大学出版会、2007 年。

椿原敦子『グローバル都市を生きる人々──イラン人ディアスポラの民族誌』、春風社、2019 年。

富田健次『アーヤトッラーたちのイラン』、第三書館、1993 年。

富田健次訳『イランのシーア派イスラーム学教科書』（世界の教科書シリーズ 22）、明石書店、2008 年。

富田健次『ホメイニー　イラン革命の祖』、山川出版社、2019 年。

永田雄三・加藤博『西アジア　下』（地域からの世界史─第 8 巻）、朝日新聞社、1993 年。

永田雄三編『西アジア史⑪』、山川出版社、2002 年。

貫井万里「モサッデグ政権期におけるテヘラン・バーザール勢力の役割─ティール月 30 日（1952 年 7 月 21 日）蜂起を中心にして」（『日本中東学会年報』No.18-1）、2003 年。

貫井万里「核合意後のイラン内政と制裁下に形成された経済構造の抱える問題」（『国際問題』、日本国際問題研究所、No.656）、2016 年。

根岸富二郎・岡崎正孝共編『イラン─その国土と市場』（科学新聞社海外市場調査シリーズ⑭）、科学新聞社、1981 年。

根岸富二郎・岡崎正孝共編『イラン─その国土と市場─』、科学新聞社出版局、1981 年。

八尾師誠「イラン立憲革命におけるタブリーズ蜂起」（『イスラム世界』第 12 号）、1977 年。

八尾師誠「イラン・パフラヴィー体制の崩壊」（『国際年報』第 20 巻）、1982 年。

八尾師誠「イラン立憲革命と新聞──『Anjoman』紙の分析にむけて」（護雅夫編『内陸アジア・西アジアの社会と文化』）、山川出版社、1983 年。

八尾師誠「イスラムと近代西欧の出会い──イランのシーア派イスラムの場合」（森本公誠編『イスラム・転変の歴史』（講座イスラム 2）、筑摩書房、1985 年。

八尾師誠「イラン「立憲革命」におけるウラマーの役割の再検討──研究史的側面から」（『史潮』20 号）、1986 年。

八尾師誠『イラン近代の原像─英雄サッタール・ハーンの革命』（中東イスラム世界⑨）、東京大学出版会、1998 年。

ハリデー、フレッド『イラン─独裁と経済発展』、法政大学出版局、1980 年。

パーレビ、モハマド・レザー『私は間違っていたのか─歴史への証言』（横山三四郎訳）、講談社、1980 年。

藤井守男「デホダーと立憲革命―『チャランド・パランド』について―」（『東京外国語大学論集』32）、1982 年。

藤井守男「ターレボフの人と思想」（『東京外国語大学論集』第 33 号）、1983 年。

藤井守男「アーホンド・ザーデ Akhond-zade (1812-78) に見る『イラン・ナショナリズム』の諸相」（『オリエント』第 29 巻第 2 号）、1987 年。

ヘイカル、モハンマド『イラン革命の内幕』（佐藤紀久夫訳）、時事通信社、1981 年。

ホメイニー、R.M.『イスラーム統治論・大ジハード論』（富田健次編訳）、平凡社、2003 年。

松永泰行「ホメイニー師以後のヴェラーヤテ・ファギーフ論の発展とそれを巡る論争」（『オリエント』第 42 巻第 2 号）1999 年。

松永泰行「イラク戦争後のイラン国内対立の激化―岐路に立つイラン・イスラーム体制と「改革路線」（『国際問題』No. 522）、2003 年。

松永泰行「革命後イランにおける「ナショナル・アイデンティティ」―イラン・ネイションの「イスラーム革命」」（酒井啓子・臼杵陽編『イスラーム地域研究叢書⑤　イスラーム地域の国家とナショナリズム』）、東京大学出版会、2005 年。

松永泰行「イランの戦略文化と覇権問題―原則的抗米姿勢と抑止力追求の背景―」（『国際政治』、167 号）、2012 年。

松永泰行「「イランの核合意・制裁解除―その意義、背景と余波」（『歴史学研究』、948 号）、2016 年。

松永泰行「トランプ政権とイラン核合意の行方―米国単独離脱とその影響―」（『国際問題』、671 号）、2018 年。

水田正史『近代イラン金融史研究―利権／銀行／英露の角逐』、ミネルヴァ書房、2003 年。

宮田律『物語　イランの歴史―誇り高きペルシアの系譜』、中公新書、2002 年。

モハンマド・ホセイン・タバータバーイー『シーア派の自画像―歴史・思想・教義』（森本一夫訳）、慶應義塾大学出版会、2007 年。

守川知子『シーア派聖地参詣の研究』、京都大学学術出版会、2007 年。

山内昌之「ロシア革命と西アジア―イスラム世界における国際革命と民族解放の接点」（『歴史学研究』409 号）、1974 年。

山岸智子「史書・教書・殉教語り――イラン人にとってのカルバラーの悲劇」（義江彰夫／山内昌之／本村凌二編『歴史の文法』）、東京大学出版会、1997 年。

山岸智子「イマーム『お隠れ』千年後―19 世紀イラン社会を考察するための一視角」（『歴史学研究』724 号、1999 年。

山岸智子編『現代イランの社会と政治―つながる人びとと国家の挑戦』、明石書店、2018 年。

山崎和美「イランにおける女子近代教育の発展と女子教育に関する言説」(『イスラム世界』73)、2009 年。

吉井武史「第一次世界大戦期イランにおける民族防衛委員会の活動について」(『史泉』第 64 号)、1986 年。

吉井武史「1915 年秋のイラン政変について」(『中近東文化史論叢』)、1992 年。

吉村慎太郎「中東諸国家体制とクルド問題」(『思想』No.850)、1995 年。

吉村慎太郎「近現代イラン政治の展開と宗教的／世俗的ナショナリズム―19 世紀後半から 1960 年代までを中心に」(酒井啓子・臼杵陽編『イスラーム地域研究叢書⑤　イスラーム地域の国家とナショナリズム』)、東京大学出版会、2005 年。

吉村慎太郎『イラン・イスラーム体制とは何か―革命・戦争・改革の歴史から』、書肆心水、2005 年。

吉村慎太郎『レザー・シャー独裁と国際関係―転換期イランの政治史的研究―』、広島大学出版会、2007 年。

吉村慎太郎「イラン核問題の底流にあるもの―内外情勢の変容の狭間で―」(吉村慎太郎・飯塚央子編『核拡散問題とアジア―核抑止論を超えて』)、国際書院、2009 年。

イラン現代史略年表

年　号	事　項
1796	アーガー・モハンマド、ガージャール朝（〜1925年）興す。
1804-13	第一次イラン・ロシア戦争。ゴレスターン条約により、イラン、カフカーズ地方の領土の一部を喪失。
1807	イラン・フランス同盟条約（フィンケンシュタイン条約）締結。
1814	英・イラン防衛同盟条約締結。
1826-28	第二次イラン・ロシア戦争。イラン、アルメニアの領土の割譲のほか、治外法権を認め、関税自主権を喪失（トルコマンチャーイ条約）。
1837	イラン、ヘラート攻撃に失敗。
1841	英・イラン通商条約締結。英国も、ロシアと同様に「最恵国待遇」を獲得。
1848-52	バーブ教徒の反乱発生。ガージャール朝により徹底弾圧。同時期、アミーレ・キャビール主導の改革実施。
1856-57	英・イラン戦争。敗北したイランの従属化深まる。
1862	イラン・インド間電信線敷設利権を英国に譲渡。
1872	ロイター卿に包括利権譲渡。ロシアの抗議により後日撤回。
1880	吉田正春使節団、イランを訪問。
1886	カスピ海南岸全域の漁業利権をロシアに譲渡。
1889	紙幣発行権を持つ「ペルシァ帝国銀行」開設利権、ロイターに譲渡。
1890	タバコの栽培・販売・輸出に関する利権、英国人タルボトに譲渡。ロシアに「貸付銀行」開設利権譲渡。改革派知識人マルコム・ハーンによる『ガーヌーン』紙発行。
1891-92	タバコ・ボイコット運動。タバコ利権破棄。
1896	第四代国王ナーセロッディーン・シャー暗殺。
1901	石油利権、ウィリアム・K. ダーシーに譲渡。
1904-05	日露戦争。1905-07年にロシア革命。
1905-11	イラン立憲革命。国民議会が開設、憲法公布（1906年）。
1907	第五代国王モザッファロッディーン・シャー死去。英露協商調印。憲法補則公布。
1908	第六代モハンマド・アリー・シャーによる反革命クーデター、議会を砲撃・解散。タブリーズ市民武装蜂起開始。
1909	ラシュト市民、バフティヤーリー部族蜂起。立憲派、テヘラン解放に成功。第二次立憲制開始。
1910	立憲派ウラマー、ベフバハーニー暗殺。立憲派内部の分裂加速。

1911	米国人財政顧問シャスター、職務開始。ロシア、最後通牒によりシャスター解任要求。ロシアの軍事介入により、第二次立憲制終わる。
1914	第一次世界大戦勃発。イラン政府、「中立」宣言。
1915	ゴムで「民族防衛委員会」成立、ドイツ工作員による反英活動、オスマン軍、イラン領に侵入。イラン「臨時政府」結成（1916年）。
1917	ロシア革命に伴い、露軍、翌年からイラン領から撤退開始。
1919	イランの単独保護国化を目的とした英・イラン協定調印。
1920	アーザルバーイジャーン革命政権成立（4～10月）。アンザリーに上陸したソヴェト赤軍の後援によりギーラーン共和国成立、政治危機が深化。
1921	フート月3日クーデター発生、ズィヤー政府成立（2～5月）。レザー・ハーン台頭。ソヴェト・イラン友好条約調印。ズィヤー失脚後、ホラーサーン革命政権成立（7～10月）。ギーラーン革命政権崩壊。
1922	ミルズボー財政顧問団、来イ、1927年まで職務実施。
1923-25	レザー首相期。共和制樹立運動（1924年）は挫折。しかし、その後権力闘争に勝利。
1925	第5議会で砂糖・茶専売法、徴兵制法案、ガージャール朝廃絶法案成立。制憲議会でレザーを国王にパフラヴィー朝の創設決定。
1927	縦貫鉄道建設法案成立。法制度改革実施。イラン共産党第二回大会で、レザー・シャー政権批判。
1928	対欧米不平等条約撤廃。政府留学生派遣法成立。レザー政権、第7議会選挙に介入、以後議会は形骸化。服装統一令導入。
1929	ガシュガーイーを中心とする南部部族反乱発生。
1930	日本との外交関係成立。
1931	反共立法、外国貿易独占法成立。
1932	ダーシー石油利権破棄、英・イ間で石油利権論争発生。
1933	APOCとの間で新石油利権契約成立。宮廷相テイムールターシュ失脚・獄死。
1934	29年蜂起の部族関係者の大量処刑。レザー・シャー、トルコ訪問。「フィルダウスィー生誕一千年祭」開催。
1935	ヒジュラ暦に代わるイラン・イスラーム暦採用。「ペルシァ」から「イラン」に国名変更。テヘラン大学開設。ゴーハルシャード・モスク事件発生。
1936	ヴェール着用非合法化、「女性解放」が宣言。
1937	宗教権威ハーイェリー・ヤズディー死去。サーダーバード条約調印。
1938	イラン縦貫鉄道開通。
1939	独・ソ不可侵条約締結。第二次大戦勃発。イラン、「中立」を宣言。

1940	共産主義指導者タギー・アラーニー獄死。独・イ通商協定調印。
1941	独・ソ戦開始。英・ソ両軍、イランに共同進駐。レザー・シャー退位、国外に追放。モハンマド・レザー、第二代国王に即位。トゥーデ党（親ソ派共産党）結成。
1942	英国・ソ連・イラン「三国条約」締結。米国で「武器貸与法」成立。イラン、対日外交関係断絶。クルディスターン復興委員会結成。テヘランでパン暴動発生。
1943	財務長官ミルズポーを筆頭に米国顧問、職務開始。対独宣戦布告。米・英・ソ三国首脳（ローズヴェルト、チャーチル、スターリン）によるテヘラン会談開催。
1944	「イラン労働者・勤労者組合統一評議会」結成。レザー・シャー、ヨハネスブルグで死去。第14議会で石油利権論争、モサッデグ提出の「石油利権交渉禁止法」可決。
1945	イラン、対日宣戦布告。広島・長崎への原爆投下、第二次世界大戦終結。アーザルバーイジャーン民主党成立。アーザルバーイジャーン自治政府の成立が宣言。
1946	クルディスターンで、「マハーバード共和国」成立。イラン北部を占領していたソ連軍撤退。ガヴァーム政府、アーザルバーイジャーン、クルディスターン自治運動を軍事力で解体。
1947	米・イラン軍事協定調印。
1949	シャー暗殺未遂事件発生。トゥーデ党非合法化。AIOC との「補則協定」調印。モサッデグ指導下で「国民戦線」成立。
1951	首相ラズムアーラー暗殺。石油産業国有化法案、上下両院で可決。モサッデグ首相に就任。アーバーダーン精油所接収、英国人技術者を強制退去。英国、国際的な対イラン石油ボイコットを主導。
1952	シャーのガヴァーム首相任命に反対する「ティール月30日蜂起」発生、トゥーデ党も石油国有化運動を支持。モサッデグ、首相に復帰、非常大権要求。国民戦線、徐々に内部分裂を開始。
1953	「日章丸事件」発生。モサッデグ、議会解散。米英支援のモサッデグ政府打倒クーデター発生。シャー政権による国民戦線・トゥーデ党への弾圧実施。
1954	国際石油合弁企業と新協定により、メジャーによるイラン石油独占体制成立。モサッデグ、国家反逆罪により有罪判決。
1955	イラン、バグダード条約機構に正式加盟。
1957	シャー権力強化の憲法修正。国家情報治安機構（SAVAK）創設。米国との間で「原子力平和協定」調印。人民党と国民党からなる二政党制導入（〜 1958）。

1959	米国・イラン相互防衛条約調印。
1960	イラン、イスラエルを国家承認。
1961	宗教権威ボルージェルディー死去。「自由運動」結成。パフラヴィー財団創設。
1962	アミーニー政府により農地改革令発表。大学生を中心とする反対運動発生、弾圧。
1963	シャーにより農地改革や女性参政権を含む6項目からなる「白色革命」発表、国民投票で承認。「ホルダード月15日蜂起」発生、ホメイニーが反体制運動指導者として台頭。第21議会選挙で初めて女性が選挙権行使。
1964	「米軍地位協定」、議会で可決。ホメイニー、拘束、国外追放。
1965	首相マンスール、暗殺。ホヴェイダー長期内閣成立（〜1977年）。
1967	モサッデグ、死去。「家族保護法」成立。
1968	英国、スエズ以東からの撤退を発表。イラン、核不拡散条約（NPT）に調印（1970年、イラン議会批准）。
1969	シャットル・アラブ川航行権を要求。「ニクソン・ドクトリン」発表。
1971	「建国2500年祭」開催。イラン・イスラーム暦に代わる帝国暦採用。ホメイニーの『イスラーム法学者の統治論』刊行。
1973	国際石油合弁企業との契約破棄。
1974	イラン原子力庁創設。シャー政権、イラク・クルド自治要求運動に支援、イラク内戦状況。
1975	イラク・バアス党政権との間で「アルジェ協定」調印、シャットル・アラブ川国境線修正。シャー政権、「復興党」創設「一党制」導入。
1977	民主化要求の公開書簡提出。年末、カーター米大統領、イラン訪問。
1978	ペルシア語新聞にホメイニー中傷記事掲載、イラン革命に結果する反シャー運動発生。レックス映画館放火事件、「黒い金曜日」事件。ホメイニー、パリに移動。NIOC石油労働者のストライキ。
1979	シャー、国外退去。ホメイニー、帰国。シャーの残したバフティヤール政府崩壊、イラン革命達成。イスラーム化に抗議する女性中心のデモ実施。国民投票により「イスラーム共和制」の採用決定。バーザルガーン暫定政府から新憲法草案発表。シャー、米国入り。在テヘラン米国大使館占拠・館員人質事件発生（〜1981年）。専門家会議作成の新憲法、国民投票で承認、ホメイニーを最高指導者とする「イスラーム法学者の統治体制」導入。この間、IRPの単独支配確立。年末にソ連軍、アフガニスタンに侵略。
1980	革命後初の議会召集。米国、対イラン外交関係断絶。シャー死去。イラン・イラク戦争開戦（〜1988）。

1981	初代大統領バニーサドル、国外逃亡。IRP本部爆破事件、首相府爆破事件発生。選挙によりハーメネイー、大統領選出（1985年に再選）。ムーサヴィー、首相に選出（〜1989年）。
1982	イランの対イラク「逆侵攻」開始。
1983	トゥーデ党員一斉逮捕。イラクに対する「本格的攻勢」実施。
1984	米国レーガン政権、対イラク外交関係復活。
1985	米国、対イラン秘密武器取引。「イランゲート」（「イラン・コントラ」）スキャンダル発覚（1986年）。
1987	IRP活動停止。安保理停戦決議598号採択。メッカでイラン巡礼団とサウジ警察間の衝突事件。米国、イ・イ戦争に直接軍事介入。
1988	「ミサイル都市戦争」激化。イラク、自国領クルドに化学兵器使用。米海軍艇による民間航空機撃墜事件。イラン、安保理決議598号受諾、イ・イ戦争終結。敗戦責任と戦後復興問題浮上、党派対立激化。
1989	「悪魔の詩」事件。モンタゼリー、最高指導者後継者資格剥奪。ホメイニー死去。大統領ハーメネイー、最高指導者に任命。国民投票で憲法改正案承認。選挙でラフサンジャーニー大統領に選出（1993年に再選）。ラフサンジャーニー政府、五ヵ年開発計画発表。クルディスターン民主党首ガーセムルー、ウィーンで殺害。日本・イラン石油化学会社（IJPC）合弁事業解消について最終合意。
1990	イラク、クウェイト侵攻。翌年湾岸戦争。
1992	イラン第4議会選挙。クルディスターン民主党書記長シャラフキャンディー、ボンで殺害。
1993	日本・イラン相互査証免除協定停止。イラン・トルコ安全保障協定調印。
1995	ブーシュフル原発建設工事に関する契約をロシアとの間で締結。米国クリントン政権、米系企業・個人による対イラン貿易・投資禁止措置を発表。
1996	米国、「イラン・リビア制裁法」導入。
1997	ハータミー、大統領選に勝利（2001年に再選）。
1998	ハータミー大統領、米国CNNとのインタビューで、「米国民との対話」姿勢を明確化。国連で2001年を「文明間対話」年とする決議採択。
1999	一連の反体制知識人殺害事件（前年）への情報省関係者の関与から、情報相辞任。言論弾圧に端を発した学生の大規模抗議運動発生。
2000	第6議会選挙で「改革派」圧勝。ハータミー大統領、初来日。
2001	米国、イランのWTO（世界貿易機関）への加盟申請を拒否。米国同時多発テロ発生。米国主導の「アフガニスタン戦争」強行。
2002	ブッシュ米国大統領、一般教書演説で北朝鮮・イラクとともに、イラ

ンを「悪の枢軸」として名指しで非難。イラン「核（兵器）開発疑惑」浮上。

2003	イラン地方選挙で、「保守派」勝利。米主導の「イラク戦争」強行。シーリーン・エバーディー、ノーベル平和賞受賞。古都バムを中心に大規模地震発生。
2004	第7議会選挙で、「改革派」惨敗。「保守派」優位の議会成立。「核問題」をめぐり、イラン・EU間で「パリ合意」成立。
2005	アフマディーネジャード、大統領選に勝利（2009年に再選）、就任早々、「地図上からイスラエルの消滅」など挑発的発言相次ぐ。
2006	安保理常任理事国プラス1（ドイツ）による核問題をめぐる「包括的見返り案」が提示、イラン拒否。イランにウラン濃縮・再処理活動停止を義務付ける安保理決議（1696号）採択。核・ミサイル開発関連物資・資金・技術移転防止を国連加盟国に義務付ける同決議（1737号）採択。
2007	核・ミサイル開発に関わる個人・団体の資産凍結を含む安保理決議（1747号）採択。
2008	制裁対象の拡大のほか、イラン向け船舶臨検措置を含む安保理決議（1803号）採択。過去3度の制裁の継続実施を内容とする安保理決議（1835号）採択。
2009	米国オバマ政権成立。アフマディーネジャード再選に繋がる大統領選挙結果の「不正」に対する大規模な抗議運動発生。元最高指導者後継者モンタゼリー死去。
2010	テヘランで「反核兵器国際会議」開催。
2012	イラン北西部で大規模地震発生（死者300人以上と発表）。
2013	大統領選挙でロウハーニーが選出、ロウハーニー政府成立。イランの「核開発」疑惑をめぐるJPOA（「共同行動計画」）成立。
2014	ウィーンでイランとP5+1の核協議再開。
2015	イランとP5+1の間でJCPOA（「包括的共同行動計画」）が合意。
2016	在イラン・サウジアラビア大使館襲撃事件発生、その後両国外交関係が断絶。JCPOAに基づき、対イラン制裁解除。
2017	ラフサンジャーニー元（第4代）大統領死去。米国トランプ政権が発足。ロウハーニー大統領再選。イラン議会建物とホメイニー廟へのIS系組織による武装攻撃事件発生（6月）。12月末に宗教都市マシュハドでの大規模抗議運動が翌年1月にかけて約70都市に波及。
2018	トランプ政権、JCPOAからの一方的離脱を発表、その後制裁の一部を再開。
2019	安倍首相、イランを訪問、ハーメネイー最高指導者と会見。ペルシャ

湾内でのタンカー攻撃。79年革命後、初めてサッカースタジアムでのイラン人女性の観戦許可。米国大使館占拠・人質事件から40年を迎え、ハーメネイー最高指導者、対米交渉への期待は「誤り」と表明。イラン政府、フーゼスターンに530億バーレルの新油田発見を発表。

索　引

260

著 者 略 歴

吉村　慎太郎（よしむら・しんたろう）
1955 年生まれ，東京大学大学院社会学研究科博士課程単位取得退学，現在，広島大学大学院人間社会科学研究科教授，一橋大学言語社会研究科博士（学術）．
専門はイラン近現代史と中東国際関係．
〔主要著書・論文〕
『核拡散問題とアジア―核抑止論を超えて』（飯塚央子共編，国際書院，2009 年）
『レザー・シャー独裁と国際関係―転換期イランの政治史的研究―』（広島大学出版会，2007 年）
『イラン・イスラーム体制とは何か―革命・戦争・改革の歴史から―』（書肆心水，2005 年）
「近現代イラン政治の展開と宗教的／世俗的ナショナリズム―19 世紀後半から1960 年代までを中心に―」（酒井啓子・臼杵陽編『イスラーム地域研究叢書 5―イスラーム地域の国家とナショナリズム―』東京大学出版会，2005 年）
「中東諸国家体制とクルド問題」（『思想』No.850，1995 年）

改訂増補　イラン現代史　従属と抵抗の 100 年

2020 年 4 月 25 日　第 1 刷発行

著　者　吉村慎太郎

発行者　永滝　稔

発行所　有限会社　有　志　舎

　　　　〒166-0003　東京都杉並区高円寺南 4-19-2
　　　　　　　　　　　クラブハウスビル 1 階

　　　　電話　03（5929）7350　FAX　03（5929）7352

ＤＴＰ　言海書房

装　幀　折原カズヒロ

印　刷　モリモト印刷株式会社

製　本　モリモト印刷株式会社